作者简介

▶ 亚历山德罗·安纳雷利（Alessandro Annarelli），博士，意大利罗马大学（Sapienza University of Rome）助理教授，讲授项目管理课程。研究领域聚焦于数字化能力、网络安全、服务化及产品服务系统等相关主题。其论文曾刊登于众多权威的国际学术期刊，如 *Omega-The International Journal of Management Science, Technological Forecasting and Social Change*，以及 *Journal of Cleaner Production* 等。同时担任 *Journal of Business Research* 编辑评审委员。

▶ 钦齐亚·巴蒂斯泰拉（Cinzia Battistella），博士，意大利乌迪内大学（University of Udine）管理工程学副教授，讲授创新管理、项目管理及业务流程再造课程。研究领域聚焦于创新和战略管理，重点关注领域内的前瞻性主题，如由数字化、可持续发展、服务化推动的商业模式创新及开放式创新。到目前为止发表论文一百多篇。其代表作多刊登于 *Technological Forecasting & Social Change, Journal of Business Research, Journal of Engineering and Technology Management*，以及 *Journal of Technology Transfer* 等期刊。同时担任 *Learning Organisation* 编委会成员。专著有《企业预测》（*Corporate Foresight*）和本书。担任意大利政府数字化变革专家顾问。

▶ 法比奥·诺尼诺（Fabio Nonino），博士，意大利罗马大学（Sapienza University of Rome）企业与项目管理专业教授。主要在管理领域内开展研究，重点关注创新管理、运营与服务管理及组织行为发展等相关主题。到目前为止发表论文一百五十多篇。专著有《增材制造管理》（*The Management of Additive Manufacturing*）和本书，均由斯普林格（Springer）出版社出版。

主译者简介

李靖华,博士,浙江工商大学管理学教授,讲授新产品开发管理、技术创新管理、服务创新课程。研究领域聚焦于服务型制造(制造服务化)主题,论文发表于 *Journal of Knowledge Management*,以及《科学学研究》《科研管理》《科学学与科学技术管理》《研究与发展管理》等期刊。出版专著《制造服务化的兴起》,译著包括《制造服务化手册》《为服务而制造》《服务供应与采购》《服务创新》等。担任中国服务型制造联盟专家委员会委员。

刘尚文,硕士,工业和信息化部电子第五研究所高级工程师,中国服务型制造联盟常务副秘书长,服务型制造院长。主要研究方向为服务型制造、计算机与信息技术,作为主要编委参与编制《中国服务型制造发展报告(2022)》《中国服务型制造发展报告(2021)》《中国服务型制造发展报告(2018—2019)》《服务型制造:助力建设现代化产业体系》《服务型制造典型模式解读》等专著。

课题资助

本书获得服务型制造研究院专项课题、国家自然科学基金面上项目"不确定环境下我国制造企业服务化的资源编排机理研究"(71872166)及"不确定环境下服务型制造企业对供应商的关系管理研究"(72274174)的资助

服务型制造之路

产品服务系统实施指南

THE ROAD TO SERVITIZATION
How Product Service Systems Can Disrupt Companies' Business Models

[意] 亚历山德罗·安纳雷利
　　 钦齐亚·巴蒂斯泰拉　著
　　 法比奥·诺尼诺

服务型制造研究院 — 译
李靖华　刘尚文 — 主译

电子工业出版社
Publishing House of Electronics Industry
北京·BEIJING

The Road to Servitization: How Product Service Systems Can Disrupt Companies' Business Models
by Alessandro Annarelli, Cinzia Battistella and Fabio Nonino
Copyright © Springer Nature Switzerland AG, 2019
This edition has been translated and published under licence from Springer Nature Switzerland AG.
本书中文简体版授予电子工业出版社独家出版发行。未经书面许可，不得以任何方式抄袭、复制或节录本书中的任何内容。

版权贸易合同登记号　图字：01-2023-1335

图书在版编目（CIP）数据

服务型制造之路：产品服务系统实施指南 /（意）亚历山德罗•安纳雷利（Alessandro Annarelli），（意）钦齐亚•巴蒂斯泰拉（Cinzia Battistella），（意）法比奥•诺尼诺（Fabio Nonino）著；服务型制造研究院译；李靖华，刘尚文主译 . —北京：电子工业出版社，2023.5
书名原文：The Road to Servitization: How Product Service Systems Can Disrupt Companies' Business Models
ISBN 978-7-121-45570-4

Ⅰ.①服… Ⅱ.①亚… ②钦… ③法… ④服… ⑤李… ⑥刘…　Ⅲ.①产品管理—指南　Ⅳ.①F273.2-62

中国国家版本馆 CIP 数据核字（2023）第 081568 号

责任编辑：杨雅琳
文字编辑：刘　晓
印　　刷：北京盛通印刷股份有限公司
装　　订：北京盛通印刷股份有限公司
出版发行：电子工业出版社
　　　　　北京市海淀区万寿路 173 信箱　邮编：100036
开　　本：720×1000　1/16　印张：18.25　字数：281 千字　彩插：1
版　　次：2023 年 5 月第 1 版
印　　次：2023 年 5 月第 1 次印刷
定　　价：108.00 元

凡所购买电子工业出版社图书有缺损问题，请向购买书店调换。若书店售缺，请与本社发行部联系，联系及邮购电话：（010）88254888，88258888。
质量投诉请发邮件至 zlts@phei.com.cn，盗版侵权举报请发邮件至 dbqq@phei.com.cn。
本书咨询联系方式：010-88254210，influence@phei.com.cn，微信号：yingxianglibook。

献给我们所爱的 Pietro。
——Cinzia 和 Fabio

**献给我的家人,他们以我为荣,
尽管他们仍在试图搞明白我在研究什么。**
——Alessandro

译者序

服务型制造是基于制造、面向服务的新兴产业形态,通过提高制造企业产品价值,延伸制造业产业链而形成的制造新模式,是推动我国制造业高质量发展的重要途径。国家先后出台《发展服务型制造专项行动指南》(工信部联产业[2016]231号)、《关于进一步促进服务型制造发展的指导意见》(工信部联政法[2020]101号)等文件,我国的服务型制造获得了蓬勃发展。然而,制造企业实现服务化的成功转型也绝非易事,亟需服务型制造基本知识的普及和转型领先企业的示范。

在服务型制造基本知识的普及方面,近六年来,服务型制造研究院、中国服务型制造联盟陆续出版了《服务型制造典型模式解读》《中国服务型制造发展报告(2018—2019)》《中国服务型制造发展报告(2021)》《服务型制造:助力建设现代化产业体系》《中国服务型制造发展报告(2022)》等图书,浙江工商大学服务型制造研究团队(浙江省软科学研究基地"服务型制造与创新平台研究基地")也在同一时期陆续出版了专著《制造服务化的兴起》及译著《制造服务化手册》《为服务而制造》《服务供应与采购》,积极助力我国服务型制造的知识普及和实践指导。随着企业实践的持续深入,我们都深感具有前沿性和可操作性的服务型制造科普图书仍严重不足,这也是推出本译著的一个重要缘由。

由书名——《服务型制造之路:产品服务系统实施指南》可以看出,本书旨在给出企业层面的实现制造企业服务化转型的实践知识框架,特别是将产品服务系统作为从传统制造企业向服务型制造企业转变的具体路径和手段。本书的核心理念是：制造的价值聚焦于客户需求，而非产品手段，制造价值需要制造企业和客户共同创造；时代的发展（经济-环境-社会）使这一逻辑成为可能，服务型制造与产品服务系统则使这一可能变成现实。综上，本书是一本具有超前意识、时代气息和实践价值的服务型制造与产品服务系统领域的科普读物。

全书共分六章。第一章给出服务型制造与产品服务系统的基本概念和辨析，第二章基于价值重新定义的视角在服务型制造中引入客户参与，第三章结合时代背景（经济-环境-社会）介绍了服务型制造的市场竞争情境，第四章从企业战略管理层面介绍了产品服务系统的战略优势，第五章从服务设计和运营层面给出了产品服务系统最终落地的操作实践指南，第六章运用商业模式画布工具将全书所有内容进行了概括性、系统性的总结。目前，商业模式画布已经成为整体性理解和实施产品服务系统的有效工具。

本书的体例编排丰富多样，各章内容均包括正文、要点、图表、案例卡片、原版书参考资料，以及译者注。通过梳理大量文献和案例，正文给出了内容丰富的服务型制造与产品服务系统的知识总结，其中一些核心内容以项目符号条目的形式突出呈现；正文中穿插了大量图表和案例卡片，使得本书所介绍的内容更加通俗易懂。每章末尾的参考资料，则为感兴趣的读者提供进一步阅读的线索。此外，译者根据我国读者的阅读需要，增加了几十个译者注。这些译者注大致可分为以下几种情形：相关学术术语解释，易混淆概念的辨析，相关企业或市场信息的补充更新，为图表增加的图例和注释，相关科普图书推荐，以及译本对原文做出必要更改的说明解释。

如本书第一章所言，本领域研究和实践具有新兴性、前沿性，存在较多相关联的术语。即使已经做了一定的概念辨析，但在具体行文中也存在一定的交替使用现象。服务型制造、（制造）服务化、产品服务系统（PSS）是本书最核心的三个名词，服务型制造体现了一种目标状态，（制造）服务化强调了一个转型过程，产品服务系统（PSS）则呈现了一种实操方法。Servitization 在一般情况下翻译为服务型制造，但在转型语境和数字化语境下，则翻译为（制造）服务化；Product Service System 在本书中大多是以英文缩写 PSS 的形式出现的，但在章节的标题上，以及每章和每节起始的地方，它会以产品服务系统的形式出现。

　　此外，为符合中文表达习惯和便于我国读者理解，经慎重考虑，我们在翻译过程中也对原书的一些体例和文字做了微调，主要包括以下三个方面。一是进行文字增减和段落分合处理，对于一些过长的段落根据意群做了拆分，对于一些过短的段落则做了合并；各章引言部分大多做了扩充；对不符合中文表达习惯、过于"啰唆"的个别句子做了适当简译，对逻辑跳跃、不易理解的个别地方做了适当增译。二是在行文体例方面进行了调整，绝大部分图形做了纯黑白化处理，图中文字的字体、字号也进行了统一；因原书卡片 1-1 过于学术化，故将其移到书末改作附录 A；书中相对完整的文献引文都改为与正文不同的字体，大段引文还做了独立缩进。三是个别部分的译文并未与原文保持一致，主要是在第五章对表 5-1 的内容及相关正文进行了一定程度的改写，以及对该章第四节第二部分（供应商关系）进行了较大程度的改写，上述改写都是在对本书引用的参考资料进行仔细阅读和深入理解的基础上进行的。

　　本书的翻译工作是在 2022 年完成的，翻译团队由浙江工商大学服务型制造研究团队和服务型制造研究院团队组成。具体的分工如下：全书统稿（主译）工作由李靖华、刘尚文完成，第四章和第五章的翻译工作由朱建涛、谢宽完成，第三章和第六章的翻译工作由周加豪、关昊完成，第一章和第二章的翻译工作由韩尚搏、林甲嵘完成。此外，全书图表的绘制由周加豪、韩尚搏完成。中文版序言、英文版序言、引言、词汇表的翻译工作由朱建涛完成。翻译团队与出版社编辑的对接由林甲嵘承担。在翻译过程中，整个翻译团队也进行了多次富有建设性的研讨，对体例统一、词句理解、脚注增设、译句增删等都进行了反复推敲，力求译文通俗易懂。

　　本书的翻译工作，得到服务型制造研究院专项课题、国家自然科学基金面上项目"不确定环境下我国制造企业服务化的资源编排机理研究"（71872166）、"不确定环境下服务型制造企业对供应商的关系管理研究"（72274174）的资助，译者在此表示衷心感谢。我们还要感谢浙江工商大学工商管理学院的盛亚教授，他对译者们的服务型制造研究毫无保留的支持和鼓励，是本书得以面世的重要内在动因。

感谢电子工业出版社杨雅琳编辑的辛勤劳动，她的专业能力和敬业精神是本书顺利出版的重要保障！

本书内容丰富、体例多样、通俗易懂、易于实践，希望能够为企业界和学术界所有对服务型制造与产品服务系统感兴趣的读者提供帮助！

李靖华
浙江工商大学工商管理学院
刘尚文
服务型制造研究院
2023 年 5 月 17 日

中文版序言

产品服务系统是将产品与服务结合起来进行销售，以满足特定客户需求的一种服务型制造实施形态。其目的是最大限度地延长供应中物理部件的使用寿命；其显著特征是专注于出售整体解决方案，而不是产品的所有权。

以前最受欢迎（也是最独特）的经营方式是将产品直接卖给客户。在这种交易方式下，客户用资金来交换并取得实体产品的所有权，以解决一个特定问题或满足特定需要。在服务型制造的经营模式下，其目的则是直接解决问题或满足需要。在交付产品的交易方式下，产品的使用寿命受使用频率的影响，这些产品只能为客户提供有限的效益。在服务型制造经营模式下，客户再也不需要为取得这些产品的所有权付费了。例如，一辆汽车停放的时间相较于实际使用的时间要长得多，共享汽车概念的诞生正是为了解决这种资源浪费。最大限度地减少汽车停放时间，以最大限度地提高汽车利用率。这种方式可以扩展到大量不同种类的产品上，如家用电器、发动机（特别是用于船舶或飞机的发动机）及办公电子设备。

服务型制造的核心意义在于，通过围绕产品的服务交易来直接满足（或简化）购买实体产品背后的需求，从而使交易回到一种手段，而不是一个目的的真正本质。这种方式可以减少产品的销售总量，从而减少生产过程中所消耗的原材料、部件和能源。同时，使用率的最大化可以确保从产品中取得更高的价值，从而保持而不是危及企业的经济价值创造。这种供给上的转变会在环境层面产生直接而明确的作用。当今气候变化和环境挑战的核心因素之一便是消费方式，该转变意在通过影响和挑战消费方式来实现社会维度上的可持续发展。得益于服务型制造和制造服务系统，专注于所有权并且利用率较低的传统商业模式正在被共享、租赁、解决方案定制这些新的商业模式所取代。这些新的商业模式同样能够满足客户需求，与此同时还减少了资源消耗。就可持续发展的经济维度而言，新的商业模式使价值获取最大化，经济发展得以维持并且实现了持续提升。

如今，服务型制造这一主题在企业界已经发展为一个坚实且成熟的概念。人们普遍将其视为支撑可持续发展三个维度（经济-环境-社会）的有效途径之一。实际上，服务型制造是一项重大的战略变革，旨在将企业的经营方式从以产品为中心向以产品-服务联合为中心转变。借助于产品服务系统这种商业模式可以实现这一转变。

在全球价值网络格局发生巨大变化的背景下，服务型制造已成为跨国企业转型升级的重要战略。中国制造业一直处于全球价值网络的核心区域，创造了大量的出口附加价值。尽管中国制造业中的某些龙头企业和特色企业在服务化转型方面的发展初具成效，但大多数企业只负责生产制造，其服务业务依旧处于初级阶段，甚至缺乏一个完整的服务发展规划。不管怎样，中国制造业正在逐渐向服务导向转变。据报道，中国企业的服务型制造水平在短期内得到了快速提升，但从英文文献检索结果来看，中国国内对服务化的研究仍然相对不足。

服务型制造水平影响着制造企业的国际竞争力，这也是服务型制造在中国有巨大发展空间的原因。中国企业在尝试提供服务时应考虑到各种各样的挑战。例如，战略的制定（如与合作伙伴制定目标时要考虑目标一致性）和实施（如人力资源管理；发展战略制定的自主权——是提供定制化服务以满足特定需求，还是提供标准化服务），以及文化特征（如人际关系、人情互惠、相互尊重）等。

服务型制造的类型或程度也将对企业局部所需的能力产生影响。重点考虑的因素包括合格的工人所具备的专业知识及管理人员对服务型制造的了解程度。这本书的写作目的便是帮助从业者进一步了解与服务型制造相关的知识和技能。

中国企业应增强自身的服务能力，以提高核心竞争力。然而，服务化过程并非立竿见影、一帆风顺的。因此，希望本书的中文版能为广大学者和实践者提供一些借鉴与启示。本书对过去几年的学术文献中的相关发现进行了总结，目的是整理出对服务型制造这一问题的关键见解，并将其清晰地展现给读者。本书还引用了大量案例，旨在介绍实施服务型制造的各种方式。通过这些方式，产品服务系统能够与不同的商业模式相匹配，进而帮助企业完成服务化转型。

本书的内容结构安排由浅及深，逐渐引导读者清晰地了解服务型制造这一有趣的主题。首先，我们介绍了服务型制造和产品服务系统背后所有的关键概念；其次，我们将这些概念与环境、社会和经济可持续发展的要素联系起来；再次，我们呈现和解释了服务型制造的战略优势，并从运营角度阐释如何实施服务型制造；最后，我们将所有因素融入一个包罗万象的商业模式框架中。

亚历山德罗·安纳雷利（Alessandro Annarelli）
法比奥·诺尼诺（Fabio Nonino）
意大利罗马大学
钦齐亚·巴蒂斯泰拉（Cinzia Battistella）
意大利乌迪内大学
2022 年 7 月 27 日

英文版序言

如今，很多行业的企业都在实施服务型制造，力图实现差异化竞争和高客户价值。这是一个从实物产品提供商向服务或产品服务系统提供商的转型过程，旨在增加利润、稳定收益、提供差异化，以及创造高客户满意度。产品服务系统的通常例子有，以提供空间流动性来代替乘用车销售，以提供处理结果来代替实物工具销售，以提供可靠的下游绩效或产出来代替产品及维护销售。产品服务系统兴起的一个默认前提是，与客户进行价值共创存在着巨大的市场潜力，因为提供高度个性化的解决方案有助于有效解决客户的问题。尽管越来越多的企业已经认识到了这一点，但仍有很多企业不知道应该如何从服务型制造中获益。

本书有以下三个特征。一是从实践者视角展示应该如何实现面向产品服务系统的转型。无论您是B2B还是B2C业务的经理，本书都提供了能力开发、新组织引入、价值链合作的必要知识，特别是应如何摒弃以产品为中心的商业模式。二是提供服务型制造与产品服务系统的文献整合。目前学术界对它们的界定还不尽一致，呈现出很多类似的概念，如产业产品服务系统（industrial product service systems）、混合产品（hybrid product）、服务创新（service innovation），以及服务提供（service offerings），本书对此进行了梳理。三是提供很多真实的企业案例，如施乐、宜家、罗尔斯·罗伊斯等，这有助于理论联系实际。

本书共分六章。第一章介绍了什么是产品服务系统，并描述了实施服务化转型所面临的挑战。第二章将制造企业的视野扩展到如何与客户进行价值共创。第三章引入产品服务系统的可持续发展属性，展示了通过提供服务可以实现可持续发展的目标。在这一章，我们同时探讨了产品服务系统与循环经济、共享经济、数字经济等新兴趋势的联系。第四章阐释了产品服务系统的战略优势，为此我们使用了路径依赖、战略选择等较为通俗的学术术语。第五章呈现了产品服务系统的内部操作实践。这些实践需要在产品服务系统的战略实施意义上不断加以修正或更新。这些实践包括新战略引入、资源多元化、与价值链关键伙伴合作等。第六章以产品服务系统商业模式为名，囊括了此前所有的讨论。毋庸置疑，商业模式是产品服务系统实现的关键瓶颈。该章以实例展示了从产品导向到使用导向再到结果导向的变迁过程中，商业模式各要素的形态，从而展示了在商业模式创新意义上的产品服务系统对传统模式的突破。

我已经研究服务型制造和产品服务系统十多年，发表了超过一百篇的论文，并建立了许多领先企业的研究数据，包括 ABB、爱立信、沃尔沃、山特维克、SCA、小松、世冠、美卓等。即使是这些领先的企业，也面临着商业模式创新的挑战，即从产品导向商业模式转向产品服务系统商业模式。解决这些挑战的唯一方式就是直面它们，并尝试着理解它们。愿本书能助力正在开始服务型制造与产品服务系统之旅的年轻学者和业界实践者。在此，我也祝贺本书作者能够完成这样一项卓越的工作，并祝他们与读者一样，在服务型制造的道路上越走越远、越飞越高！

Vinit Parida
创业与创新讲席教授
瑞典吕勒奥理工大学
2019 年 4 月

目 录

导 读 001

第一章　什么是产品服务系统 007
第一节　产品服务系统：三个词汇，多重含义_009
第二节　服务化转型的挑战：产品与服务的集成和捆绑_022
原版书参考资料_034

第二章　客户的新角色：由产品所有者转变为价值共创者 039
第一节　服务化作为一种新的价值主张_041
第二节　客户管理中的关键议题_057
原版书参考资料_065

第三章　产品服务系统的竞争市场 069
第一节　当代社会经济背景_071
第二节　B2B 和 B2C 市场中的产品服务系统_087
第三节　传统制造业的产品服务系统_090

第四节　可持续发展驱动产业的产品服务系统_094

第五节　数字驱动产业的产品服务系统_108

原版书参考资料_116

第4章　触发产品服务系统的战略优势　119

第一节　将产品服务系统转化为竞争战略_121

第二节　产品服务系统驱动的传统战略_128

第三节　产品服务系统竞争优势的驱动因素_139

第四节　产品服务系统竞争优势的可持续性评价_155

原版书参考资料_172

第5章　将产品服务系统战略转化为运营实践　177

第一节　运营和服务战略的新角色_179

第二节　产品服务系统设计的关键活动_181

第三节　产品服务系统实施中的关键资源_194

第四节　产品服务系统实施中的关键合作伙伴_202

原版书参考资料_212

第6章　以产品服务系统颠覆企业商业模式　217

第一节　分解产品服务系统商业模式_219

第二节　产品服务系统商业模式的关键要素_226

第三节　产品服务系统商业模式案例_235

原版书参考资料_251

附录A　服务型制造相关概念的本体论和认识论解读　253

附录B　词汇表　265

导 读
Introduction

产品服务系统是对产品和服务进行混合提供的商业模式，是在可持续发展、循环经济和非物质化趋势下，为解决复杂的实际问题，客户对产品和服务的协同消费新方式。产品服务系统的价值主张聚焦于终端用户而非产品。这使得满足需求的系统设计更为容易，而且其对环境和社会的（负面）影响也是最小的。

产品服务系统的知识有助于我们理解共享经济、循环经济所带来的新竞争力量。在当代经济社会背景下，产品设计与制造已经不再是竞争优势和差异化的唯一来源，产品与服务的集成解决方案为价值增值提供了新的可能。额外的服务实际上延长了产品的生命周期（在可持续发展意义上），同时也为客户提供了更高的满意度和更丰厚的经济利益。产品服务系统对可持续发展三个维度（经济-环境-社会）的支撑，同时提升了企业在服务领域和制造领域的竞争力。

实践者和学术界越来越关注如何重塑商业模式这一议题。近年来，商业模式研究中关于可持续发展的议题也日趋成熟，这些议题事实上也与产品服务系统有关。对产品服务系统的研究已逾20年且仍在升温，此时我们更需要好好地理解产品服务系统的商业模式。

产品服务系统中的很多要素，因其复杂性及交互性，都可能带来大量的障碍和壁垒。分析产品服务系统的战略价值，就是要分析其产生不连续发生和可持续发展的价值主张的能力。因此，将产品服务系统看作价值主张的源泉，有助于我们分析企业实施产品服务系统的实际绩效。

产品服务系统及其实现具有多样性，或者说它具有不同程度的变化性，目前我们仍然缺乏实施产品服务系统的有效指南。换言之，大部分的实业界人士仍然缺乏产品服务系统提升企业竞争力的实践和理论知识，这些知识包括产品服务系统如何帮助企业实现战略目标，产品服务系统如何作用于其战略价值，以及如何实施产品服务系统，等等。

本书始于对产品服务系统现状的描述，提供了相关知识的分类框架；接着介绍了产品服务系统在不同产业间的演进和传播路径，给出了当前的应用情况；然后又指出了产品服务系统对于战略和管理、运营和可持续发展的真正价值。更进一步,我们给出了如何从整体观上加强产品服务系统设计和实现的建议。

本书所回应的问题如下:

- 产品服务系统与服务型制造、循环经济和协同消费有什么关系?
- 产品服务系统带来了怎样的情境变化?
- 企业如何基于产品服务系统获得竞争优势?
- 产品服务系统商业模式中的核心要素有哪些?
- 企业如何实现产品服务系统?

本书共包括六章,逻辑结构如图0-1所示。图中给出了在朝着服务型制造与产品服务系统迈进时实践者需要考虑的基础性要素及框架。它

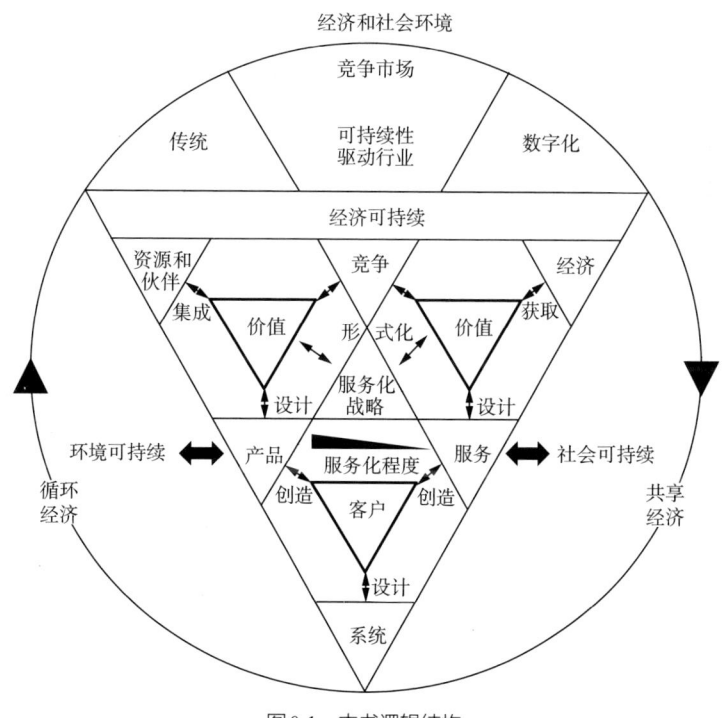

图0-1 本书逻辑结构

有助于读者理解产品服务系统实际和潜在的应用，书中的科学证据和演示案例都有助于读者理解这种新商业模式的成功实现。当然，对于身处不同产业环境下的读者，本书也有助于其因地制宜地做好相应的选择。

第一章负责引入服务型制造与产品服务系统的概念。本章第一节介绍了产品服务系统的分类，以及相关术语的界定；第二节讨论了将产品和服务加以集成的关键议题，包括服务化的程度、收益、壁垒、动因，以及服务化悖论等，并引出了下一章的主题——客户在服务型制造情境下扮演的新的中心角色。

第二章首先以新价值主张的方式引入服务型制造（本章第一节），为此我们详细分析了服务提供、客户价值、价值共创和价值获取（access）这些核心概念；第二节从关系管理、客户交互、信息共享、销售渠道、合约切入，详细讨论了客户的介入（involvement）。

第三章分析了服务型制造的竞争性市场和服务型制造发生的情境。可持续发展孕育了产品服务系统，共享经济和循环经济等趋势的作用也是类似的（本章第一节）；第二节分析了B2B与B2C情境下产品服务系统的发展差异；接下来我们分别分析了传统制造业（第三节）、可持续发展驱动产业（第四节）和数字化驱动产业（第五节）的情形。

第四章聚焦于产品服务系统的战略价值、战略内容及其独特的竞争优势。本章第一节解释了战略规划的概念和路径依赖的作用，以及战略规划在服务型制造与产品服务系统情境下的重要性；第二节分析了传统竞争战略（成本领先战略、产品和服务差异化战略、利基市场战略）及其在产品服务系统相关情境下的发展；第三节讨论了战略优势的核心及其驱动力；第四节通过风险分析、可持续性测定、工具使用来预测和评估服务型制造的战略价值，从而介绍如何评估产品服务系统竞争优势的可持续性。

第五章介绍了如何从业务战略转向运营战略。本章第一节讨论了服务型制造情境下运营战略和服务战略的新角色，并介绍了运营的核心要素；第二节分析了产品服务系统设计、架构、传递和功能集成的关键活动；第三节探讨了产品服务系统实施中的关键资源；第四节探讨了合作伙伴和合作网络的重要作用。

第六章概括了服务型制造对整体商业模式所带来的影响。本章对本书所涉及的管理情境和议题进行了总结。本章第一节给出了分析或分解商业模式的两个模型；第二节解析了产品服务系统商业模式的关键要素；第三节给出了相应的若干案例。

本书主要基于科学理论和业界实践，提供了大量的实证证据。除了大量的图形、表格，还有很多案例，其中的四个原创案例系首次公开发表，其余十个案例是从文献中精心挑选出来的。挑选的原则是能够清晰呈现服务型制造的战略和运营框架，并且在实业界也是居于前沿的实践。

第一章

Chapter 1

什么是产品服务系统

本章深挖服务型制造和产品服务系统的概念，主要从学术研究与从业者经验两个视角对其进行展示。第一节介绍产品服务系统的分类，以及相关术语的界定；第二节讨论将产品和服务加以集成的关键议题，包括服务化的程度、收益、壁垒、动因，以及服务化悖论等。

第一节 产品服务系统：三个词汇，多重含义

服务型制造是指企业从只关注产品或只关注服务，转向关注产品和服务的集成系统或将产品和服务捆绑销售，并且服务在其中发挥至关重要的作用。

虽说服务型制造首次出现于20世纪80年代末（Vandermerwe 和 Rada，1988），但直到20世纪90年代末产品服务系统（Product Service System，PSS）这一术语第一次出现的时候，服务型制造战略这一主题才得到真正的发展。PSS最初的定义为"针对市场营销的、能够满足客户需求的产品和服务的组合。它可由一家公司提供，也可由多家公司组成的联盟提供。它为众多产品（或仅一种产品）提供附加服务，或为一种服务提供附加产品。对于功能的实现而言，产品与服务同等重要"（Goedkoop等，1999）。

PSS的定义强调三种要素——产品（Product）、服务（Service）和系统（System）。

- **产品**：一种有形要素，为了回应客户需求、满足客户需要而构思、设计及制造的物品。
- **服务**：一种行为或活动，旨在帮助他人，尤其是客户，完成一项工作、任务。服务本身具有价值，并以一种商业化的方式进行交换与呈现。在通常情况下，服务具有四种特征——无形性（服务不能

被清点、呈现、交流）、异质性（服务传递和客户满意度取决于服务提供商和客户自身的行为）、不可分割性（客户参与并影响一项服务的创造及传递）、非持久性（服务不能被储存、退回、转售）。

- **系统**：一组相互联系的要素，既包括各种要素本身，又包括要素之间的各种关系。

这三种要素的组合界定了PSS的定义，即用于满足客户需求的一整套产品和服务的组合。

PSS的概念与其他一些完全不同的概念紧密地联系在一起，从"系统"和"集成观"到"商业模式"，从"战略"到"所有权"和"定制化"。图1-1展示了Boehm和Thomas（2013）将定义中反复出现的概念绘制成的一幅完整的图。该图对PSS和服务化概念中出现的众多要素进行了统计。这三个方面分别表示与定义相关的三种领域，(a)为信息系统，(b)为商业管理，(c)为工程和设计。有一些要素反复出现，如商业模式、更低的环境影响、生态效率、集成观、问题解决方案、定制化、混合性，并考虑了一些最可预测的元素，如产品、服务、系统、捆绑销售、客户、需求、满意度、解决方案等。

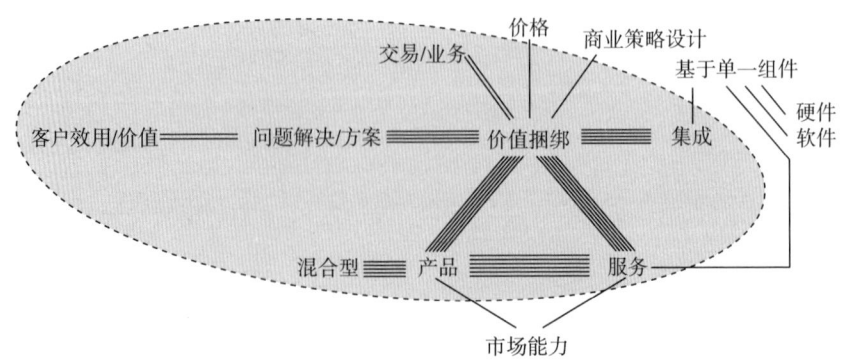

（a）信息系统领域PSS定义的相关概念

第一章 | 什么是产品服务系统 • 011

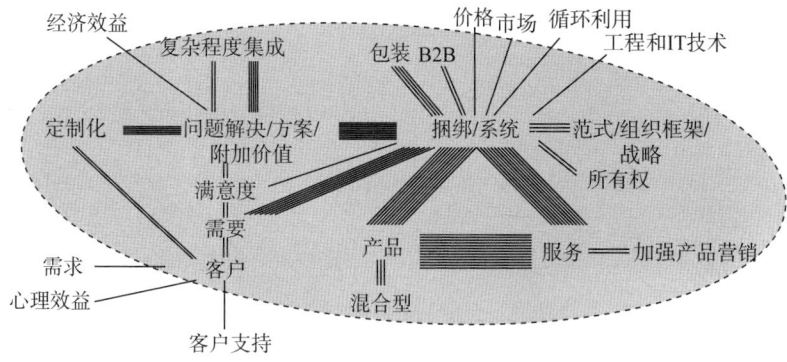

（b）商业管理领域PSS定义的相关概念

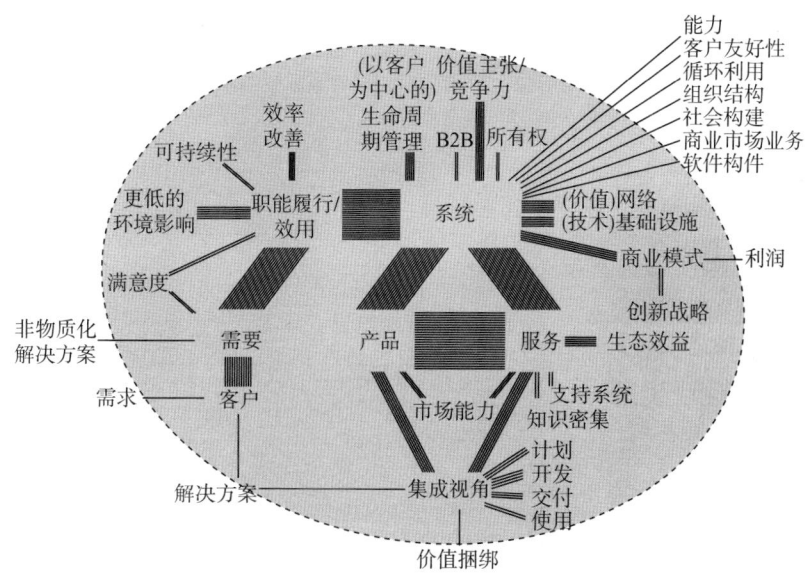

（c）工程和设计领域PSS定义的相关概念
图1-1　不同领域PSS定义的相关概念[①]

资料来源：Boehm和Thomas（2013）。

---

① 该组图中以每一个概念为一个点，当相关概念在定义中同时出现时，对其进行连线配对。如果一对概念在不同的定义中多次出现，则在两个概念之间绘制相应的多条线段。最终，那些出现频次最高的核心概念，如阴影部分中的相关概念，构成了PSS的定义。——译者注

一、产品服务系统的分类

PSS有众多分类方式，其中，基于合同目标及所有权转移对PSS进行分类，是接受度最高且被广泛使用的一种方法（Tukker，2004）。

在图1-2中，分类方案展现了PSS的三种主要类型（产品导向、使用导向、结果导向），以及它们在产品-服务连续统一体内所处的位置。

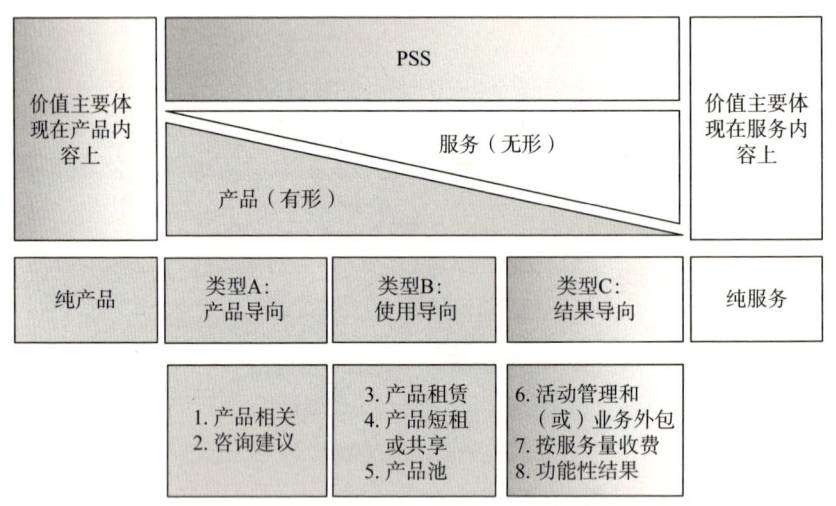

图1-2　PSS分类

资料来源：Tukker（2004）。

第一种类型是产品导向的PSS，将关注的焦点放在了产品上。例如，PSS以产品销售为导向，并附加额外服务。在这种情况下，存在两种可能的服务配置：

- **与产品相关的服务**。提供与产品使用阶段相关的服务，如预防性的维护或备件供应。
- **咨询与建议服务**。如对物流优化、产品使用的教育和培训或对金融服务提供建议。

第二种类型是使用导向的PSS，将关注点从产品销售转移到了使用的可达性上。在一个有限的时间范围内，通过租赁和（或）共享等不同形式，使同一件产品能够被不同的客户所使用。在这种情况下，服务还可能存在以下区别：

- **产品租赁**（lease）。在相当长的一段时间内，客户为产品的可达性和使用付费。在合约期间，客户获得一种排他性（个别的及无限制的）的产品使用权。
- **产品短租**（rent）或共享。即使在同一天，不同的客户也可以相继地短租和使用同一件产品。短租与共享的区别主要在于所提供服务及短租方式的动态性。
- **产品池**（Product pooling）。在同一时间，不同的客户可以同时使用同一件产品。

第三种类型是结果导向的PSS，正如名称本身所强调的那样，将关注的焦点放在了产品能够提供的最终结果上。在这种情况下，制造商保有产品的所有权。因此，从某种程度上可以说，制造商将产品本身的使用权让渡给了客户。这种类型的服务可以细分为以下几类：

- **活动管理和（或）业务外包**。制造商与客户就业务外包达成一致承诺。
- **按服务量付费**。与使用导向的服务呈现出略有不同的相似特征，在这种情况下，客户直接为输出的基本单位付费。
- **功能性结果**，可以将其视为服务化（PSS）最激进的一种形式。客户与制造商仅就服务传递的最终结果达成一致，对于如何传递这一结果通常不做出严格的约束。

服务化程度越激进，客户需求就会变得越"抽象"。这一特征带来了一定程度的行动自由，并由此产生了双元的机会或威胁。一方面，对于如何传递一种结果存在行动自由；另一方面，对于如何具体理解客户的抽象需求，又存在着一定程度的潜在困难。

如何研究和理解PSS商业模式及相关供应（offerings），存在如图1-3所示的五种关键要素（Lay等，2009）。

元素		选项			
所有权	使用阶段	制造商	租赁银行	合资企业	客户
	处置阶段	制造商	租赁银行	合资企业	客户
人员配备	制造	制造商		合资企业	客户
	维护/服务	制造商		合资企业	客户
运营地点		制造商的场地		贴近客户的场地	客户的场地
所服务客户的数量		多客户并行运作			单客户运作
支付模式		按产品支付	按可用性支付	按服务单位支付	固定费率

图1-3　理解PSS框架

资料来源：Lay等（2009）。

所有权：产品与实体部件的所有权，基于产品使用阶段可分为如下两类。

- **使用阶段的所有权**。由制造商保有，或者由类似租赁银行或负责运营的合资企业等中间参与者保有，或者将其转移给客户。
- **处置阶段的所有权**。由制造商保有，或者为了产品部件的重新使用或再制造而将产品的所有权返还给制造商。

企业应谨慎管理所有权状态。例如，如果在处置阶段拥有产品实体部件的所有权，企业可能会得到部件回收、重新使用、再制造的相关机会；如果在使用阶段将产品的所有权转移给客户，就意味着企业将失去对产品部件磨损程度的控制，从而造成不必要的绩效下滑。然而，企业必须同样意识到，保有产品所有权会产生不可忽视的、负面的经济影响，特别是提高了资产负债表中的资产总额。

人员配备：鉴于服务的提供方式，企业必须将他们的人力资源分为两种类型——聚焦于产品制造，或者聚焦于供应维护或服务。生产人员和维护人员的责任，也可能由制造商、负责运营的合资企业或客户来负责。

运营地点：可以在制造商的场地，也可以在客户的场地。但是可能还存在第三种方式，即制造商建立一个"围栏到围栏的供应园区"（fence-to-fence supply park）以贴近客户，便于与客户进行更加密切的合作。

所服务客户的数量：同时服务客户的数量可能会有所不同——从一次只服务一家客户到同时服务多家客户。这一特征在很大程度上取决于供应中所涉及产品和服务部件的数量。就这方面而言，企业自由度受到一定程度的约束。

支付模式：客户可以按照传统的购买模式支付设备款（按产品支付），或者采用其他灵活的支付模式。例如，按实际使用时间付费（按可用性付费）、按实际生产的单位付费或按时间单位付费（固定费率）。

PSS实施存在着大量合适的选项，在图1-3"选项"的右侧，可以找到与传统的仅购买解决方案相关的所有选项。例如，制造商将设备出售给客户，由客户负责设备的操作、维护，以及设备生命周期结束时的报废管理。与之相反，在图1-3"选项"的左侧，则是另外一个极端，包含与完整外包供应（offering）相关的所有选项。制造商拥有设备的所有权，保证设备的正常运行，安排人员完成设备制造、维护的任务。第二章第一节还将更加详细地介绍该框架中与所有权相关的关键方面。

二、三种学术视角

服务型制造和PSS的研究受益于来自不同领域的研究贡献。实际上

PSS研究伊始，由于它社会技术系统的本质特征，它吸引了众多设计研究者的兴趣。20世纪90年代末，Emery和Tristst首次提出这一术语并阐释道："这是一个涉及人、机器和工作系统环境的复杂交互系统。"根据这一定义，当使用"社会技术系统设计方法"（Socio-Technical Systems Design methods）来促进这个系统的开发时，我们需要考虑三大类因素——人、机器、工作环境（Baxter和Sommerville，2011）。

PSS为众多来自不同领域的研究者带来了有趣的话题和具有挑战性的任务，所以PSS是一个跨学科的研究领域。企业管理领域侧重于从营销角度来研究产品与服务的绑定；工程和设计领域则将焦点放在PSS的设计、开发及将其传递给终端用户等方面。由于PSS与技术之间的关系日益密切，信息技术和信息系统领域也逐渐对PSS产生了兴趣。

这些来源不同的知识共同形成这一主题。伴随着各种新兴观点的涌现，这一主题又得到不断的丰富。的确，根据服务型制造文献的内容，可以将其划分为以下几类：聚焦于服务业务和（或）商业模式的设计，或聚焦于环境（和相关社会）议题及能够从服务化模式中得到的总体收益，还有一些学者施以经济学洞察。

（一）设计视角

在PSS这一主题下，大量的学术成果源于工程和设计领域，主要聚焦于产品的设计、建造和运营条件。在此领域，许多研究者致力于对PSS或其近义词做出明确的定义，这些近义词诸如功能销售（functional sale）、功能产品（functional products）、总代理产品（total care products）、广义产品（extended products）和服务化（servicification）等。这个群体同样包含有关新服务开发和服务工程话题的出版物。

在这个群体中，存在着对PSS未来开发有重大影响且被其他文章频繁引用的文献，如Vandermerwe和Rada（1988）、Roy（2000）、Mont（2002）、Manzini和Vezzoli（2003）、Oliva和Kallenberg（2003）、Baines等（2007），以及Meier等（2010）的作品。这些论文主要提供了PSS特

征和开发潜力的总体概述，并以建立一个清晰的理论为目的，将它们归纳到了一个理论框架之中。然而，这个群体中显现出来的主要研究子领域是PSS的设计和开发。同样，如果众多的论文聚焦于PSS战略方面，那么研究者的最终目标就是为一个高效的PSS设计过程提供指导、工具和（或）方法论。

这个群体与其他群体的最大差异之处在于对设计的看法，其他群体认为设计是一个次要话题，或是一个根本不需要考虑的话题。然后，似乎可以说，PSS的开发、设计与经济、社会、环境分析形成截然相反的对照。一种趋势是朝着设计方向，另一种趋势是朝着经济、社会、环境分析方向。此外，在这两种趋势的背后，人们对PSS看法的不同是十分明显的。同样，从时间角度来看：第一种趋势（设计）着眼于未来及能够做什么；第二种趋势（经济、社会、环境分析）回顾过去及已经做到了什么，这种思考方式能够帮助我们识别未来研究的需求。因此需要实现两种趋势融合，促进两种趋势共存，特别是要将经济、社会、环境分析的结果融入未来PSS的设计中，并考虑这一考量所带来的潜在收益。[①]

PSS在本质上是一种社会技术系统，这是PSS不受重视的一个重要原因。Roy（2000）首次公开发表文章阐述PSS的这一特征，并指出PSS能够提供关键的终端使用功能；相较传统的（仅仅是）产品销售（的方式），PSS能够更好地提供环境保护和提高消费绩效水平。继这篇文章之后，来自设计领域的学者们主要关注方法论和（或）工具的设计。在最近几年，PSS作为社会技术系统这一概念终于获得了人们的重新认知（Ceschin, 2014; Rivas-Hermann等，2015）。

特别地，Ceschin（2014）认为有必要对消费习惯和产品习惯进行颠覆性定义，以保证可持续性PSS的成功实施。他还认为，PSS不仅是一种新的供应方式，还应被视为一种社会创新，以及一个更大范围的社会

[①] 在本书的第五章第二节中，作者基于相关文献资料介绍了八种产品服务系统设计的理念和方法。——译者注

技术改变。

　　这一根本性的改变必然涉及确定出最合适的战略和途径，以支持并加快可持续发展PSS的引入和扩散。正因为如此，本书作者认为引入激进创新，需要先对社会技术试验进行部分保护。保护措施使得激进社会技术结构能够在主流市场的环境选择中存活下来，并趋于成熟。

（二）环境视角

　　在环境视角流派中，研究者对PSS产生的潜在环境保护作用颇感兴趣。他们从环境压力角度分析PSS的贡献，并以不同的方式提出了分析的工具与框架，如废物产生减少、生产循环减少或生产投入降低。

　　仅有一小部分文献对PSS的环境、社会影响进行了分析，但是从2012年到2015年，对环境、社会影响进行分析的文献数量有所上升。

　　大多数研究十分明确地将其关注点放在了可持续性上，其他论文则将焦点分别放在了战略、生产和设计上。因此，对环境、社会影响的分析可以与可持续性和战略方面联系在一起。

　　具体来讲，首先，相较于经济视角来说，这种分析在本质上更加倾向于定性分析。Dewberry等（2013）为"家居生命周期"提供了一个分析框架，用于解决PSS的设计与开发过程，主要考虑了以下四个方面：规格和销售、使用、处置、转售与使用。Halme等（2004）在其对家庭服务的环境、社会评估工作中，提出了一个"持续性指标的可操作化"（operazionatilization of sustainability indicators）概念，他们使用一个量表评估PSS变化所产生的影响。Maxwell和van der Vorst（2003）描述了一种可持续的产品和服务开发方法的特点，描述了整个过程，并分析如何将其纳入组织的过程和系统。Briceno和Stagl（2006）则通过调查组织者和参与者考察PSS的社会效应。Evan等（2007）为评估和展现"中小企业员工解决方案的环境改进"，提供了一个非常有用的工具。Tasaki等（2006）以一种更加科学的方式提出了一个定量的方法，来评估在"电器和电子设备的租用及循环使用系统"中物料的使用和消耗水平。

Firnkorn 和 Müller（2011）对汽车共享系统进行了分析，此系统能够监控汽车使用流程，反映汽车的各项参数，通过此系统可以整体评估汽车共享对环境产生的影响。

（三）经济视角

经济视角流派中的论文主要聚焦于PSS对经济和财务的影响，主要目标是了解PSS对整体商业维度的实际贡献，如收入的增加或成本的减少。从时间跨度来看，从2009年到2012年，此领域中的论文数量呈上升趋势。绝大多数论文聚焦于PSS的战略价值，经济分析或评价大多出自战略的考虑。我们注意到，这一流派中所有的论文都没有将其侧重点放在可持续性上。

学者们用不同的方法对PSS的经济影响进行了分析。Azarenko等（2009）提出对机床提供商进行现金流量分析，以预测未来20年PSS能产生的预期经济效益，并比较产品导向、使用导向和结果导向模式能获得的利润收益。同样地，其他的作者（Nishino等，2012；Kreye等，2014）聚焦于成本估计，并尝试以一种有意义的方法对PSS的转型成本进行定量评估[①]。

例如，Richter等（2010）提出了一种经济分析，用定量化的方式评估应用PSS时商业模式的演变。不过，该分析仅适用于使用导向的PSS，目的是通过估计成本、收入和利润的变化，将成本加成的服务化转型与固定价格的合同相比较，从而显示对于客户和供应商而言，PSS是一种双赢策略。

又如，Neely（2009）根据公司规模和公司侧重点（单纯制造组织或服务型组织）对企业进行比较，得到了有趣的结果。在企业规模较大的情况下，相较于纯制造企业，服务型企业获得了更高的收入，却得到了

[①] 在本书译者此前翻译的《制造服务化手册》一书中，第17章也介绍了一种制造服务化企业的高级管理会计方法。——译者注

更少的利润；对于不到3000名员工的较小规模企业来说，得到的结果完全相反。这又被称为"服务悖论"。最后，Friebe等（2013）在低收入市场中评估了PSS对于太阳能家居系统的经济潜力。Komoto等（2012）展示了如何将PSS的经济分析应用到设计阶段，以提高设计过程和PSS整体的绩效表现。

然而，就目前的研究而言，绝大多数文献是从设计角度出发来对PSS进行探索的（Annarelli等，2016）。这种不均衡的现象清晰地表明，PSS对经济、环境、社会的影响价值仍缺乏深入的研究。

三、从产品服务系统到服务型制造：不同的术语表达了相同的概念

在这些年，学者们创造了几个不同的术语来表达一个相同的概念：

- 产业产品服务系统（Industrial Product-Service System）。最显著的特征表现为在B2B情境中集成的规划、开发，以及产品使用和服务的共享。产业产品服务系统代表了一种知识密集型社会技术系统（Meier等，2010）。
- 服务型制造或服务化（Servicification）[1]。在使用、生产、销售中增加服务（European Commission, 2014）。
- 后大规模生产范式（Post Mass Production Paradigm）。目标是将经济增长与资源（能源）的消耗和污染的产生进行解耦。通过扩大制造企业的服务范围，实现从产品数量的充足供应到产品质量的充分满足这一转型（Tomiyama, 1997）。

---

[1] Servitization 和 Servicification 都译为服务化，但它们之间存在差异。Servitization 是由 Vandermerwe 和 Rada（1988）提出的基于本体论的服务化，体现了强烈的本体论与认识论的主观主义倾向。Servicification 是由 Lodefalk（2010）提出的基于认识论的服务化，体现了强烈的本体论与认识论的客观主义倾向。——译者注

- **功能性销售**（Functional Sale）。由企业决定如何通过功能性产品（functional products）、总代管产品（total care products）和集成解决方案（integrated solutions）来实现客户所购买的功能（Davies, 2004）。
- **混合产品**（Hybrid Product）、**混合价值捆绑**（Hybrid Value Bundles）和**混合价值创造**（Hybrid Value Creation）。为满足特定客户需求并产生附加价值而设计的产品和服务的集成解决方案。

为了阐明多种术语之间的差异性和相似性，本书还讨论了这些术语背后的本体论和认识论观点[①]。

---

① 鉴于这部分内容相对晦涩，中文版中将此卡片移入附录A，有兴趣的读者可以做进一步阅读。

第二节 服务化转型的挑战：产品与服务的集成和捆绑

追求服务型制造战略的企业，都应该意识到产品与服务集成带来的所有机遇和挑战。PSS经营战略提出了一种新的价值主张，关注终端用户的需求而不是产品本身（Baines等，2007）。这使得我们更容易实现一种满足客户需求的系统设计，同时极大地降低这个设计对环境和社会效益的影响（Baines等，2007）。

让我们先看一个具体例子。图1-4展示了传统复印机购买的"服务化转型"。通常，制造商出售复印机及其基本服务组件，以确保设备的安装和运行。制造商出售产品，客户为产品付费，这个交易就完成了。之后，客户成为复印机的所有者，负责复印机的使用、维护和消耗性部件的更换。当然，客户还负责设备的选择和报废处置。所有权的转移意味着所有的这些责任和其他责任，都由制造商转移给了客户。

在PSS商业模式下则不存在所有权转移。在所示案例中，出现了"文档管理解决方案"的转型。制造商成为服务提供商，负责管理设备和相关耗材，负责监控设备性能和维护设备运行。此外，制造商可以选择最合适的设备和服务水平以满足客户的需求，同时还负责设备的回收和处置。客户不需要为购买产品付费，而是基于设备使用时间或使用量（如复印数量）支付设备使用费。

图1-4所展现的案例有助于我们理解PSS如何提供一种基于服务的

产品交易，PSS如何将传统的"制造商-客户"交易关系转变为中长期服务关系，以提高供应客户的水平，并为传递结果和解决方案提供大量的可能选择，从而以更有效的方式更好地满足客户需求。

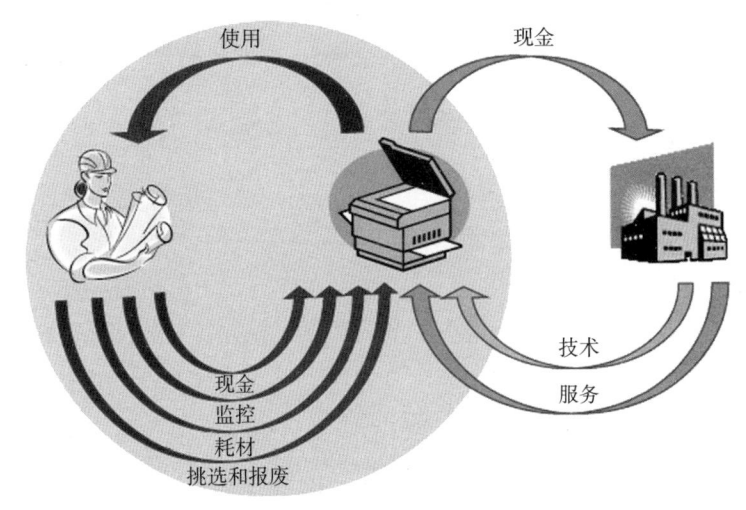

（a）生产系统交付

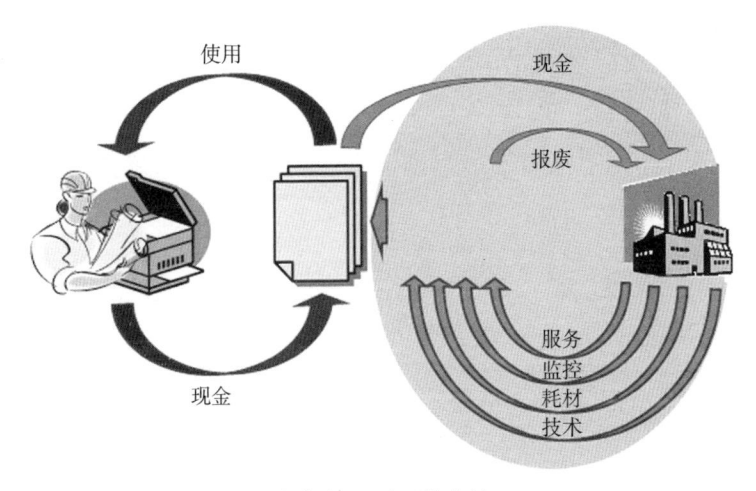

（b）产品服务系统交付

图1-4 价值的演变和关注点的改变

资料来源：Lee和AbuAli（2011）。

这不可避免地改变了制造商与客户的互动方式和制造商设计产品的方式。这样制造商就可以为终端用户提供全套的服务包，并享受资产最大化利用所带来的好处。保有设备所有权和生产运营的责任，使得制造商能更好地利用其技术优势，提高维护服务水平（在预防基础上安排计划），减少停机时间，延长产品生命周期，增加重新使用或再制造部件和产品的机会。

传统制造企业认识到，产品与服务相结合可以带来更高的利润（Becker等，2010；Lockett等，2011）。随着产品与服务之间的界限变得模糊，PSS得到了越来越广泛的关注：这就是为什么PSS似乎是企业可持续发展的最佳"战略选择"（Park和Yoon, 2015）。正如Morelli（2006）所指出的那样，"从以产品为中心的大规模消费向以个人行为为中心的高度个性化消费的跨时代转变，正在促使企业重新思考自身的产业供应。"例如，高度定制化解决方案（Highly Customized Solutions, HiCS）研究项目组开发了一个名为"Punto X"的解决方案："这是一个产品、服务和专业知识系统，该系统能够提供个性化的饮食解决方案，以满足特定环境的需求。通过灵活的膳食结构、恰当的配送和传递，以及及时的服务和消费者联络，可以完美实现个性化的饮食解决方案。"（Krucken和Meroni, 2006）

PSS使现代组织在满足这些新需求的同时，也对可持续发展需求保持密切关注。相较而言，在具有绿色创新意识的组织的核心业务中，可持续发展需求更为迫切（Cook等，2006）。通过这种方式，企业进行供应转型的同时，可以确保自身的竞争力和可持续发展性（Azarenko等，2009; Beuren等，2013）。

对于给定的客户满意度水平，图1-5展示了产品与服务之间有各种可能的组合。我们可以将此定义为产品-服务比（product-service ratio），它是PSS的一个关键特征。

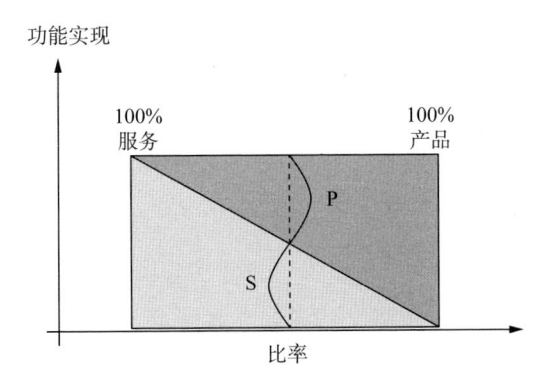

图1-5 产品(P)-服务(S)比

资料来源：Goedkoop等（1999）。

此外，我们可以考虑如图1-6所示的情形，产品-服务比与服务化演变过程中的单一时刻相关。但是，我们还必须考虑产品-服务比会随时间的变化而变化，而这又会对客户满意度产生影响。

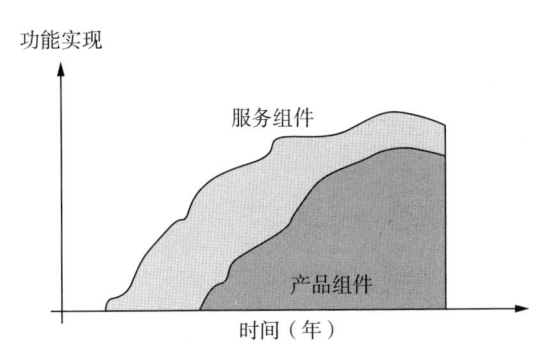

图1-6 随时间变化的产品-服务比

资料来源：Goedkoop等（1999）。

不同的产品-服务组合可以实现（满足）相同的功能（需求），即实施PSS可以同时追求不同目标。例如，将环境需求与经济绩效解耦；又如，两种不同的PSS可能满足相同的需求，但是，其中一种情况——主要服务组件的存在，可以减少材料消耗、减少相关材料的使用、降低生产成本和减少污染物产生。

一、产品-服务连续统一体上的服务化程度

企业应该分析其服务化程度的"现状",以预测企业"将来"的状态,并研究可能的提升路径。图 1-7 展现了一个框架,其中包含三个问题,分别是"今天能提供什么?""为什么要扩展你的服务?""为什么不想走得更远?"在有意愿扩展其"服务化基础"的企业中,管理者应认真考虑这三个问题。事实上,一家企业可以从批判性和自我意识方面入手,分析当前自身在产品-服务连续统一体上的位置,以便从持续提升的角度规划通往既定目标的扩张路径。

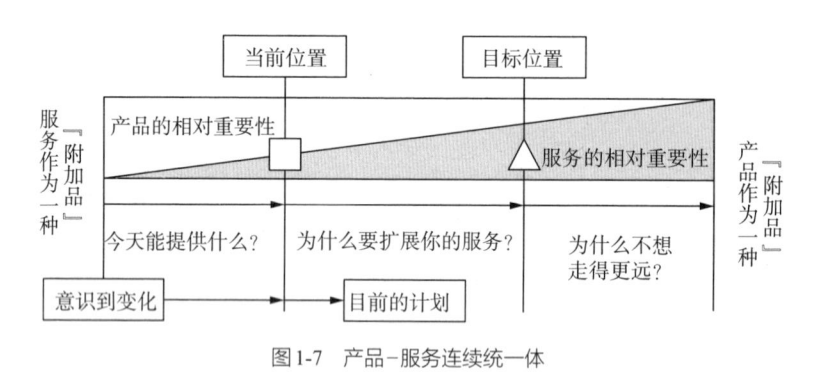

图 1-7 产品-服务连续统一体

资料来源:Oliva 和 Kallenberg(2003)。

企业在产品-服务连续统一体上的演变过程(Dimache 和 Roche, 2013)如图 1-8 所示。在理想情况下,企业向三种不同服务化程度的 PSS 类别演变。该模型考虑了雷达图中所描述的八个特征,以更加精确的方式描述 PSS 的演变——有形性、产品复杂度、产品所有权、客户类型、创新性、产品耐用性、客户参与度和生产流程。对于框架中已经确定的五个位置(从 A 到 E)都提供了相对应的雷达图——服务程度越深,图中的面积就越小。这些维度可以作为一种描述企业和相关 PSS 现状的手段。同时,基于这八种特征,企业将以一种更加及时的方式来规划未来的开

发。此外，该框架可用于任何类型的服务化，因为其具有非常高的定制化程度，能够描述任何可能的产品与服务组合。这些产品与服务组合可以定义在连续统一体中任意可能的点，而不必对应于三种类别中的某一个（但可将这三种服务化类型作为参考点）。

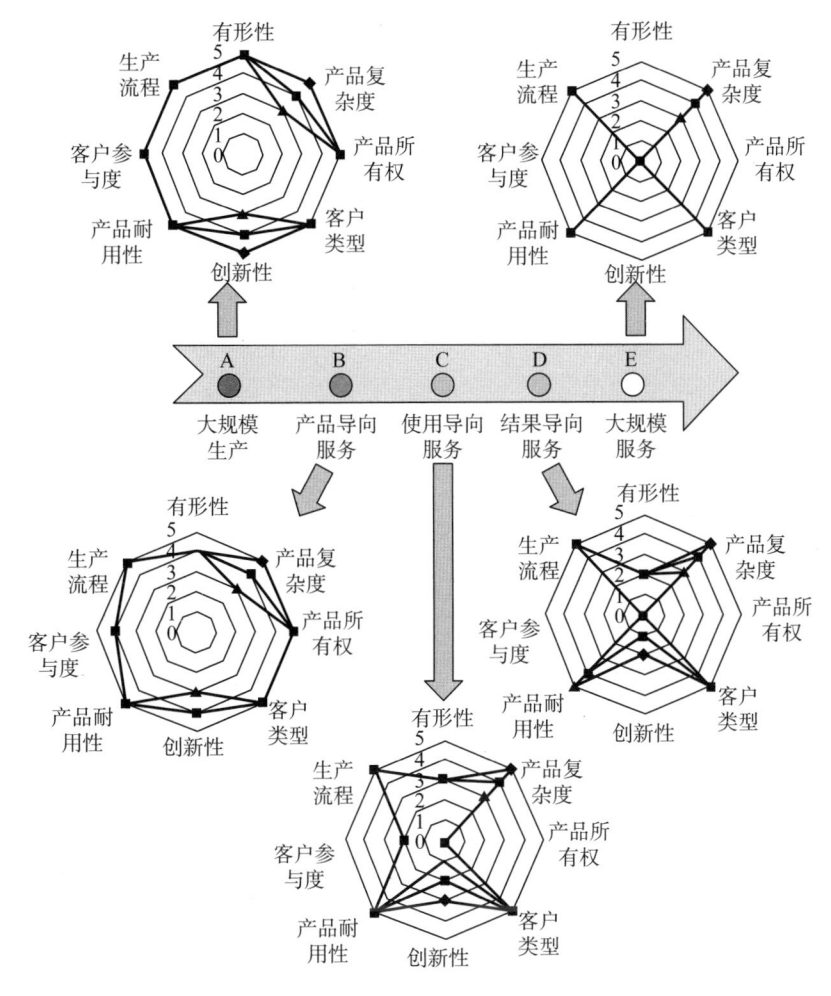

图1-8 在产品-服务连续统一体上的演化

资料来源：Dimache和Roche（2013）。

二、服务化的驱动因素

PSS本身带来了不可忽视的价值，这些价值源自各种产品-服务组合，并为企业带来了多种不同的驱动因素。这些驱动因素可能对正在进行服务化的每一类企业都具有价值：

- 与客户建立牢固持久的关系。
- 与官方合作，在立法方面取得进展，培育、采用环境友好型解决方案。
- 降低环境成本，尤其是与污染生产相关的成本。
- 扩展现有供应。
- 提高企业资产利用效率。
- 寻求独特销售主张（Unique Selling Proposition, USP）。
- 保护市场份额。
- 打击潜在市场上的进入者。
- 具备使用或短租方面的灵活性。
- 与供应商合作，建立更牢固、更持久的关系。
- 各种类型供应模式的可用性。
- 抓住再制造、回收、再利用的机会。

由此可见，PSS的潜力涵盖了经济和环境层面的可持续发展。并且，随着PSS在市场上的有效实施，所涉及产品和实体部件（可能由服务实现）的生命周期延长，也可能对社会层面的可持续发展产生影响，如对客户的消费方式产生巨大影响。

三、服务化的收益和障碍

实施PSS的收益有以下几点。第一，减少对环境的影响，通常伴随着服务化和环境友好型定位所带来的企业形象的改善。第二，商业方面的一个主要收益或优势与差异化机会相关。PSS能提供战略市场机会，人们也认为PSS是标准化大规模生产的替代品。最根本的收益是通过增加服务元素来提高客户的总价值（Baines等，2007）。此外，服务化的采用使企业能够将环境压力与经济绩效解耦，与此同时，保持企业对客户需求的持续关注。因此，企业将服务化视为一个具体且意义重大的战略机遇。更详细地说，不同学者（Tukker和Tischner, 2006; Baines等, 2007; Sundin等, 2009; Aurich等, 2009; Mittermeyer等, 2011; Tan, 2010）分别考虑了服务化对客户产生的收益和对企业产生的收益。

对客户来说，服务化可以满足其以下几个方面的需求：

- 更高的价值传递。
- 更灵活的服务。
- 更个性化的供应。
- 更高的质量水平。
- 更高的需求满意度。
- 由产品和服务组合提供的新功能。
- 无须担心设备状态。
- 无须担心设备生命周期结束时的处置。

对企业来说，能够从以下几个方面获益：

- 创造新的市场机会。
- 获得新的竞争优势。
- 获得与产品使用及其绩效表现相关的可用性信息。
- 用服务替代产品，为企业带来更高的利润。
- 与客户建立更紧密的关系，提高客户黏性和信任度。
- 供应中的服务元素为企业带来新的创新潜力。

- 获得产品及其部件的再利用或再制造机会。

此外，PSS可以对环境和社会的可持续性产生直接影响：

- 减少投入。
- 减少生产过程中的污染和副产品。
- 减轻在环境问题上的公众压力。
- 增加服务供应。
- 创造和开发新的工作机会。

  PSS的实施同样存在着不可忽视的障碍。服务化转型的主要阻力来自客户和企业员工。客户在改变消费习惯和消费方式时表现出的抵触主要与PSS最激进的形式有关，如使用导向和（或）结果导向的服务类型（Ceschin和Vezzoli，2010）。此外，消费方式的变化并不总是像预期的那样带来显著的效益，还可能在整个服务化过程中带来新的风险。阻碍高级服务开发的原因众多，多年来学术界一直试图找出这些原因。例如，在新的客户角色中也发现了一些障碍。

  PSS的引入也带来了组织文化的转变，主要与商业价值观念的改变有关。此外，PSS供应通常会产生对新定价政策的需求。伴随着新定价政策的出现，会产生不可忽视的风险。众多制造企业在服务设计和服务传递方面缺乏经验，与此同时，服务公司则缺乏技术能力，这两方面都会产生风险，也都会提升对相应技术人员的需求（Cavalieri和Pezzotta，2012）。

  一般来说，这两个主要障碍往往与利益相关者的抵触同时出现，尤其是在服务化企业供应链中运营的合作伙伴和供应商。这些参与者的合作是确保PSS成功实施和开发的关键。要实现三方（供应商、制造商和客户）共赢战略（Annarelli等，2016），这一承诺至关重要，因此供应商与制造商的关系需做出改变，需从交易关系转变为长期关系。

四、服务化悖论

阻碍高级服务开发的另一个关键元素是，企业普遍害怕出现所谓的"服务化悖论"（Gebauer 等，2005）：众所周知，服务业务的成长会带来营收的增加，但是服务型制造的发展并不总是与利润的增加亦步亦趋。正如从大量案例中观察到的那样，提供服务业务通常意味着固定成本增加，再加上服务化的可扩展性较差，因此，服务业务可能会侵蚀大部分利润，致使这种商业模式起到相反的作用。

然而，数字化的出现有助于突破这一障碍，使 PSS 政策的过渡更具延展性，破坏性更小。由于技术进步，企业现在可以选择使其价值链逐步实现"服务化"，并能够评估是否从这个角度开发后台部门或前台部门。对后台部门的开发指的是使用数字工具优化组织的生产效率，以及使用已有的知识向客户提供咨询服务。对前台部门的开发指的是专注于开发数字接口，使客户可以参与产品的开发，同时为客户提供查看和管理数据的工具。然而，一般来说，为了开发高级服务并获得利润，企业需要深入地更新其服务传递系统，使自身有能力管理实施 PSS 所带来的新成本和新风险，这需要大量的资源。

在这一点上，存在着不同的宏观领域干预，以改变组织的现实，例如从与供应商的关系，到人力资源技能的开发，再到组织流程的重新设计。最重要的是，要有一个靠近客户的物理设施网络，能高效地为客户提供服务，并与客户建立良好的合作氛围（Baines 和 Lightfoot, 2013）。

在一般情况下，不要依赖外部服务提供商，要由自己亲自管理企业与客户的内部接口。事实上，针对服务化商业模式，我们强烈建议企业使用该接口。因为通过此接口，企业可以获得客户的宝贵数据，并与客户建立良好的合作气氛（Kowalkowski 和 Brehmer, 2008）。

这就需要大量的资产投资，对于希望实施服务化商业模式的企业来说，这可能是一个重大的经济障碍。现在，可以通过引入数字化这一新技术来缓解企业的经济压力。例如，通过远程监控系统，企业能够为客户提供远程服务，而不需要到处建立分支机构。

五、客户的新角色

服务型制造和PSS的复杂本质取决于以下各因素：服务型制造和PSS的定义、设计与开发、为满足客户需求做出的所有必要努力等。

客户需求分析是整个服务化过程的起点和终点，企业不能忽视最终客户所扮演的角色。因为在大多数时候，最终客户都积极地参与服务化解决方案或PSS的传递。实际上，我们将在第二章讨论客户在服务型制造情境中所扮演的核心角色。客户不仅是传递最终产品的代理人，也属于价值创造流程的一部分。服务型制造（PSS）与价值共创这一概念密切相关——在服务传递过程中，客户扮演着积极的角色。因为服务的无形性使得服务的生产和消费同时发生。在一些专注于共享经济概念的商业模式中，客户的参与是一个关键点。这就是为什么在服务型制造（PSS）的背景下，客户对合同的关注度也有所增加。此外，客户拒绝改变和（或）接受改变是决定PSS成功的另一个关键因素。

可以确定有两种不同类型的客户——被动的客户和主动的客户（Carlborg等，2018）。被动的客户主要依赖提供商的服务交付能力，因为他们缺乏时间、资金或积极参与服务部署的激励。在这些情况下，客户与服务提供商的直接互动水平较低，技术扮演了相关的中介角色。主动的客户在更强大的驱动因素引导下，会直接参与服务传递过程。这种情况主要存在于从设计阶段就开始的高度定制化解决方案。此外，相较于B2C环境，这种情况可能在B2B环境中出现得更为频繁。

客户类型决定了服务质量（Baines和Lightfoot，2013）。基于企业与客户共同开发的价值主张，存在以下三类客户：

- **想要自己亲自做的客户**。他们不打算与制造商合作，因此，他们只依赖制造商提供的基础服务（如产品和备件的供应）[1]。
- **想要与制造商一起做的客户**。除了依赖制造商提供的产品，他们还请求制造商提供中级服务（如重大维修和改进）[2]。在这种情况下，制造商与客户的关系并不会随着产品销售和装运过程的结束而结束，在售后阶段会继续存在。但是，两者间的关系十分薄弱。
- **希望制造商为其服务的客户**。客户与制造商仅就必须提供的能力和绩效签订合同，并让制造商承担大部分（在某些情况下）的资产管理活动。这种情况，我们称之为对双方都具有最大潜力和效益的高级服务[3]。

因此，实施服务化最大的障碍之一往往只是"客户难以接受新的商业模式"。说服一个习惯于购买实体资产的客户为互补的服务付额外的费用，或说服其为绩效付费，确实是件不容易的事（Baines等，2007）。这一障碍，再加上公司内部对变革的抵制，无疑是开发服务化商业模式的巨大障碍。

然而，随着时间的推移，市场已经发生了变化。我们看到客户的心态也正在发生变化。越来越多的证据表明，客户的消费观念发生了改变——既要购买实体产品又想获得绩效服务（Gao等，2011）。

---

[1] 基础服务聚焦于产品提供，如产品及其零部件提供。——译者注
[2] 中级服务聚焦于产品保养，如定期保养、帮助台、修理、大修、操作员培训、状态监测、现场服务。——译者注
[3] 高级服务聚焦于提供高性能产品的服务能力、客户支持协议、风险分担和收益分享计划、基于使用量的收费方案、租赁协议。——译者注

本章小结

- 制造服务化意味着转向开发产品-服务组合，目标是取代产品销售。
- PSS由众多元素和特征构成，使得服务化存在各种各样的选项，并表现出不同的程度。
- 产品导向的PSS，其关注的重点仍然是产品销售及一些额外的附加服务。
- 使用导向的PSS，在不改变产品所有权的情况下，客户为使用产品（通常根据时间单位）付费。
- 结果导向的PSS，客户为传递的功能结果付费。
- 服务化可能存在"悖论"，服务化的实施可能会降低企业利润。
- 实施服务型制造最大的障碍之一往往只是"客户难以接受新的商业模式"。

原版书参考资料

T. Alonso-Rasgado, G. Thompson, B.O. Elfström, The design of functional (total care) products. J. Eng. Des. **15**(6), 515–540 (2004)

A. Annarelli, C. Battistella, F. Nonino, Product service system: a conceptual framework from a systematic review. J. Cleaner Prod. **139**, 1011–1032 (2016)

J.C. Aurich, N. Wolf, M. Siener, E. Schweitzer, Configuration of product-service systems. J. Manuf. Technol. Manage. **20**(5), 591–605 (2009)

A. Azarenko, R. Roy, E. Shehab, A. Tiwari, Technical product-service systems: some implications for the machine tool industry. J. Manuf. Technol. Manage. **20**(5), 700–722 (2009)

T.S. Baines, H. Lightfoot, E. Steve, A. Neely, R. Greenough, J. Peppard, R. Roy, E. Shehab, A. Braganza, A. Tiwari, J. Alcock, J. Angus, M. Bastl, A. Cousens, P. Irving, M. Johnson, J. Kingston, H. Lockett, V. Martinez, P. Michele, D. Tranfield, I. Walton, H. Wilson, State-of-the-art in product-service systems. Proc. Inst. Mech. Eng. Part B: J. Eng. Manuf. **221**(8), 1543–1552 (2007)

T. Baines, H.W. Lightfoot, Servitization of the manufacturing firm. Int. J. Oper. Prod. Manage. **34**(1), 2–35 (2013)

G. Baxter, I. Sommerville, Socio-technical systems: from design methods to systems engineering. Interact. Comput. **23**(1), 4–17 (2011)

J. Becker, D.F. Beverungen, R. Knackstedt, The challenge of conceptual modeling for product-service systems: status-quo and perspectives for reference models and modeling languages. IseB **8**, 33–66 (2010)

F.H. Beuren, M.G.G. Ferreira, P.A.C. Miguel, Product-service systems: a literature review on integrated products and services. J. Cleaner Prod. **47**, 222–231 (2013)

M. Boehm, O. Thomas, Looking beyond the rim of one's teacup: a multidisciplinary literature review of product-service systems in information systems, business management, and engineering & design. J. Cleaner Prod. **51**, 245–260 (2013)

T. Briceno, S. Stagl, The role of social processes for sustainable consumption. J. Cleaner Prod. **14**, 1541–1551 (2006)

P. Carlborg, D. Kindstrom, C. Kowalkowski, Servitization practices: a co-creation taxonomy, in *Practices and Tools for Servitization—Managing Service Transition*, ed. by Kohtamaki et al. (Palgrave MacMillan, Cham, 2018), pp. 309–321

S. Cavalieri, G. Pezzotta, Product-Service Systems Engineering: State of the art and research challenges. Comput. Ind. **63**, 278–288 (2012)

F. Ceschin, C. Vezzoli, The role of public policy in stimulating radical environmental impact reduction in the automotive sector: the need to focus on product-service system innovation. Int. J. Autom. Technol. Manage. **10**(2–3), 321–341 (2010)

F. Ceschin, How the design of socio-technical experiments can enable radical changes for sustainability. Int. J. Des. **8**(3), 1–21 (2014)

M. Cook, T.A. Bhamra, M. Lemon, The transfer and application of product service systems: from academia to UK manufacturing firms. J. Cleaner Prod. **14**, 1455–1465 (2006)

W. Coreynen, P. Matthyssens, R. De Rijck, I. Dewit, Internal levers for servitization: how product-oriented manufacturers can upscale product-service systems. Int. J. Prod. Res. **56**(6), 2184–2198 (2018)

A. Davies, Moving base into high-value integrated solutions: a value stream approach. Ind. Corp. Change **13**(5), 727–756 (2004)

E. Dewberry, M. Cook, A. Angus, A. Gottberg, P. Longhurst, Critical reflections on designing product service systems. Des. J. **16**(4), 408–430 (2013)

A. Dimache, T. Roche, A decision methodology to support servitization of manufacturing. Int. J. Oper. Prod. Manage. **33**(11–12), 1435–1457 (2013)

European Commission, *For a European Industrial Renaissance, Communication from the Commission to the European Parliament, The Council, The European Economic and Social Committee and the Committee of the Regions.* (COM/2014/014 final). Brussels (2014)

S. Evans, P.J. Partidário, J. Lamberts, Industrialization as a key element of sustainable product-service solutions. Int. J. Prod. Res. **45**(18–19), 4225–4246 (2007)

J. Firnkorn, M. Müller, What will be the environmental effects of new free-floating car sharing systems? The case of car2go in Ulm. Ecol. Econ. **70**(8), 1519–1528 (2011)

C.A. Friebe, P. von Flotow, F.A. Täube, Exploring the link between products and services in low-income markets—evidence from solar home systems. Energy Policy **52**, 760–769 (2013)

J. Gao, Y. Yao, V.C.Y. Zhu, L. Sun, L. Lin, Service-oriented manufacturing: a new product pattern and manufacturing paradigm. J. Intell. Manuf. **22**, 435–446 (2011)

H. Gebauer, E. Fleisch, T. Friedli, Overcoming the service paradox in manufacturing companies. Eur. Manage. J. **23**(1), 14–26 (2005)

M.J. Goedkoop, C.J.G. van Halen, H.R.M. te Riele, P.J.M. Rommens, *Product service systems, ecological and economic basics*. Report for the Dutch ministries of Economic Affairs and of Environment (1999)

M. Halme, C. Jasch, M. Scharp, Sustainable homeservices? Toward household services that enhance ecological, social and economic sustainability. Ecol. Econ. **51**(1–2), 125–138 (2004)

H. Komoto, N. Mishima, T. Tomiyama, An integrated computational support for design of system architecture and service. CIRP Ann. Manuf. Technol. **61**, 159–162 (2012)

C. Kowalkowski, P.O. Brehmer, Technology as a driver for changing customer-provider interfaces. Manage. Res. News **31**(10), 746–757 (2008)

M.E. Kreye, L.B. Newnes, Y.M. Goh, Uncertainty in competitive bidding—a framework for product–service systems. Prod. Plann. Control **25**(6), 462–477 (2014)

L. Krucken, A. Meroni, Building stakeholder networks to develop and deliver product-service systems: practical experiences on elaborating pro-active materials for communication. J. Cleaner Prod. **14**, 1502–1508 (2006)

G. Lay, M. Schroeter, S. Biege, Service-based business concepts: a typology for business-to-business markets. Eur. Manage. J. **27**(6), 442–455 (2009)

J. Lee, M. AbuAli, Innovative Product Advanced Service Systems (I-PASS): methodology, tools, and applications for dominant service design. Int. J. Adv. Manuf. Technol. **52**, 1161-1173 (2011)

J. Lindström, M. Löfstrand, M. Karlberg, L. Karlsson, A development process for functional products: hardware, software, service support system and management of operation. Int. J. Prod. Dev. **16**(3–4), 284–303 (2012)

H. Lockett, M. Johnson, S. Evans, M. Bastl, Product service systems and supply network relationships: an exploratory case study. J. Manuf. Technol. Manage. **22**(3), 293–313 (2011)

M. Lodefalk, *Servicification of manufacturing—evidence from Swedish firm and enterprise group level data*. Working Paper, Swedish Business School at Örebro University (2010)

E. Manzini, C. Vezzoli, A strategic design approach to develop sustainable product service systems: example taken from the 'environmentally friendly innovation' Italian prize. J. Cleaner Prod. **11**, 851–857 (2003)

D. Maxwell, R. van der Vorst, Developing sustainable products and services. J. Cleaner Prod. **11**, 883–895 (2003)

H. Meier, R. Roy, G. Seliger, Industrial product-service system—IPS2. CIRP Ann. Manuf. Technol. **59**, 607–627 (2010)

S.A. Mittermeyer, J.A. Njuguna, J.R. Alcock, Product–service systems in health care: case study of a drug–device combination. Int. J. Adv. Manuf. Technol. **52**, 1209–1221 (2011)

O. Mont, Clarifying the concept of product-service system. J. Cleaner Prod. **10**, 237–245 (2002)

N. Morelli, Developing new product service systems (PSS): methodologies and operational tools. J. Cleaner Prod. **14**, 1495–1501 (2006)

A. Neely, Exploring the financial consequences of the servitization of manufacturing. Oper. Manage. Res. **1**, 103–118 (2009)

N. Nishino, S. Wang, N. Tsuji, K. Kageyama, K. Ueda, Categorization and mechanism of platform-type product-service systems in manufacturing. CIRP Ann. Manuf. Technol. **61**, 391–394 (2012)

R. Oliva, R. Kallenberg, Managing the transition from products to services. Int. J. Serv. Ind. Manage. **14**(2), 160–172 (2003)

H. Park, J. Yoon, A chance discovery-based approach for new product-service system (PSS) concepts. Serv. Bus. **9**, 115–135 (2015)

A. Richter, T. Sadek, M. Steven, Flexibility in industrial product-service systems and use-oriented business models. CIRP J. Manuf. Sci. Technol. **3**, 128–134 (2010)

R. Rivas-Hermann, J. Köhler, A.E. Scheepens, Innovation in product and services in the shipping retrofit industry: a case study of ballast water treatment systems. J. Cleaner Prod. **106**, 443–454 (2015)

R. Roy, Sustainable product-service systems. Futures **32**, 289–299 (2000)

E. Sundin, B. Bras, Making functional sales environmentally and economically beneficial through product remanufacturing. J. Cleaner Prod. **13**, 913–925 (2005)

E. Sundin, M. Lindahl, W. Ijomah, Product design for product/service systems—design experiences from Swedish industry. J. Manuf. Technol. Manage. **20**(5), 723–753 (2009)

A.R. Tan, *Service-oriented product development strategies: Product/Service-Systems (PSS) development*. DTU Management Ph.D. Thesis. Kgs. Lyngby. (2010)

T. Tasaki, S. Hashimoto, Y. Moriguchi, A quantitative method to evaluate the level of material use in lease/reuse systems of electrical and electronic equipment. J. Cleaner Prod. **14**, 1519–1528 (2006)

K.D. Thoben, J. Eschenbächer, H. Jagdev, Extended products: evolving traditional product concepts, in *7th International Conference on Concurrent Enterprising*, vol. 7 (2001), pp. 429–439

T. Tomiyama, A manufacturing paradigm toward the 21st century. Integr. Computer-Aided Eng. **4**(3), 159–178 (1997)

A. Tukker, Eight types of product-service system: eight ways to sustainability? Experience from SusProNet. Bus. Strategy Environ. **13**, 246–260 (2004)

A. Tukker, U. Tischner, Product-service as a research field: past, present and future. Reflection from a decade of research. J. Cleaner Prod. **14**, 1552–1556 (2006)

Y. Umeda, A. Nonomura, T. Tomiyama, Study on life-cycle design for the post mass production paradigm. Artif. Intell. Eng. Des. Anal. Manuf. **14**, 149–161 (2000)

S. Vandermerwe, J. Rada, Servitization of business: adding value by adding services. Eur. Manage. J. **6**(4), 314–324 (1988)

第二章

Chapter

客户的新角色：
由产品所有者转
变为价值共创者

本章聚焦于客户在产品服务系统中所扮演的关键角色。正如在第一章结尾处所述，客户和客户需求是PSS价值主张的起点，也是相关商业模式价值主张的核心。PSS不再是传统的价值创造和传递过程，而是有客户参与的"产品-服务"供应的整个过程——从设计阶段到传递阶段，通过这种"全方位"的参与来实现价值共创。在这种情况下，关键元素还包括所有权归属的变化。在传统的产品销售模式下，交易结束后产品所有权归客户所有；在PSS商业模式下，产品的所有权并不会发生转移，仍由制造商保留产品所有权，客户直接为与实体产品相关的使用和（或）绩效表现付费。本章分别从两个角度对客户的新角色进行探讨，首先考虑设计与开发PSS所涉及的元素，其次考虑在实施和传递PSS时如何对客户进行管理。

第一节
服务化作为一种新的价值主张

服务化代表了一种新的价值主张，图2-1对新的价值主张的概念进行了展示。产品服务系统的价值主张与产品和服务集成所带来的价值有关（Isaksson等，2009）。PSS提供商通常对运营过程中发生的保养和维修负责，所以可以将运营成本降低视为价值主张的一种表现形式（Alonso-Rasgado等，2004）。这种类型的活动不会增加有形和固有的价值，但会增加与之相关的无形价值，例如信任的价值，以及由承诺产生的吸引力（Grönroos，2011）。价值的定义和感知取决于利益相关者的类型、其在供应链中扮演的角色，以及服务的实施方式及利益相关者的责任[①]。因此，价值主张的定义超出了服务能够提供什么和如何开发一整套"产品-服务"投资组合的理解（Kindström和Kowalkowski，2014）。PSS的实施对整个价值概念提出了质疑。如果传统上价值与交易阶段相连，那么到了现在，价值已经与使用阶段联系在一起了（Vargo和Lusch，2004; Nget等，2009; Grönroos，2011）。从这种意义上讲，价值可以是不同价值主张配置的结果（Tukker, 2004; Smith等，2012）。例如，客户可以积极地感知拥有该资产，或者认为在不需要承担购买成本的情况下利用该资产（Kujala等，2010; Barquet等，2013; Reim等，2015）。因此，

---

① 例如，对产品的价值认知差异取决于该产品是通过购买获得的，还是通过租赁取得的（Fishbein等，2000）。

PSS中价值的概念可以分为四类：服务供应、客户价值、价值共创和价值获取。接下来将分别对这四种价值进行描述。

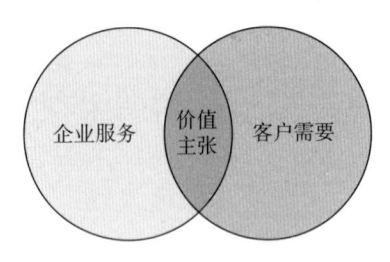

图2-1　价值主张的概念

一、服务供应

服务业是一个异质性很高的行业，从简单的现场服务到涉及更多参与者、更广泛的服务，都会发现众多的差异（Kindström和Kowalkowski，2014）。鉴于潜在需求的范围较广，企业开发连贯一致的解决方案组合就显得十分重要。服务范围的延伸是开发PSS的一个关键要素。例如，可以考虑客户需求（needs）[1]和要求（requirements）[2]的演变如何刺激提供商开发其商业和金融服务业务。这些业务在初期的谈判阶段非常有用，可以指导客户如何计划、设计，以及帮助客户购买、使用和维修产品（Davies，2004）。在这种情况下，在产品的生命周期内，客户需要提供商提供指导意见，由此可以根据客户求助的重要程度对客户进行区分。客户的能力越弱，客户就越需要提供商提供技术支持。实际上，存在从初始的谈判阶段就需要提供商支持的客户，也存在仅依赖自身强大

---

[1] 在这里，需求（needs）是指客户由于资金紧张而迫切希望提供商能够提供金融服务。如果提供商不提供金融服务，客户不会感到不满意；但如果提供商能够提供金融服务，客户就会感到十分满意。——译者注

[2] 在这里，要求（requirements）是指客户认为提供商理所应当提供金融服务。如果提供商不提供金融服务，客户会感到不满意，甚至不愿意与提供商进行合作；但如果提供商提供金融服务，客户也并不会因此而感到满意。——译者注

能力的客户，还有介于两者之间的各种类型的客户。在谈判阶段，金融服务也发挥着关键作用，尤其是客户为购买极其昂贵的产品而请求的经济支持。一个著名的案例便是ABB公司，它与客户签订价值共享合同，保证降低产品的购买价值；同时作为交换，它从客户获得的利润中抽取一定比例的提成（Davies, 2004）。

服务可以分为两类，一类是支持产品功能的服务（如经典的售后服务），另一类是支持与产品相关的客户活动的服务（如正确使用产品的培训）。第一类服务遵循市场上的传统服务理念，而第二类服务则需要一种更先进、更具结构化的"产品–服务"视角（Mathieu, 2001）。支持产品功能的服务的主要目的是确保产品功能的正常使用和便于客户使用产品。在提供支持客户活动的服务时，提供商会仔细分析为特定客户活动提供服务支持的方式，并以适当的方式调整自身的组织结构，以便更好地支持客户活动。这种类型的服务强调负责销售高级服务的人员要非常了解客户的生产流程，以及清楚所提供的服务将如何支持客户的活动。

这两类服务可以根据四个不同的关键点进行区分，表2-1分别对两类服务的四个关键点——服务对象、关系强度、定制化程度及体现服务特征的主要元素进行了展示。对于支持产品功能的服务，服务的接受者是产品本身；对于支持客户活动的服务，服务的接受者是客户。对关系强度的判断要考虑以下三种因素：（1）可能涉及的人员和部门数量，（2）双方的参与度，（3）关系背后的信任。因此，对于支持产品功能的服务，其关系强度较低；对于支持客户活动的服务，其关系强度较高。支持产品功能的服务是相对标准化的，而支持客户活动的服务是高度定制化的。支持产品功能的服务，其关键变量是物理特性（有形部件）和过程；而支持客户活动的服务，人（客户和提供商）会产生更大的影响。然而，可以通过添加第二个维度对该模型进行改进，根据价值主张的实施方式对服务进行分类（例如，基于投入的服务，其服务传递是有保证的；基于产出的服务，其依赖产品最终的绩效表现）。结合这两种分类，得到了四种更加具体的服务类型，可以帮助我们理解市场上所提供的各种服务（Ulaga 和 Reinartz, 2011）：

- 产品生命周期服务。
- 资产效率服务。
- 过程支持服务。
- 过程委托服务。

图 2-2、表 2-2 及表 2-3 详细展现了这些服务。

表 2-1 支持产品功能的服务与支持客户活动的服务

特征	支持产品功能的服务（SSP）	支持客户活动的服务（SSC）
服务对象	产品	客户
关系强度	低	高
定制化程度	低	高
主要元素	产品的物理特征	人际关系

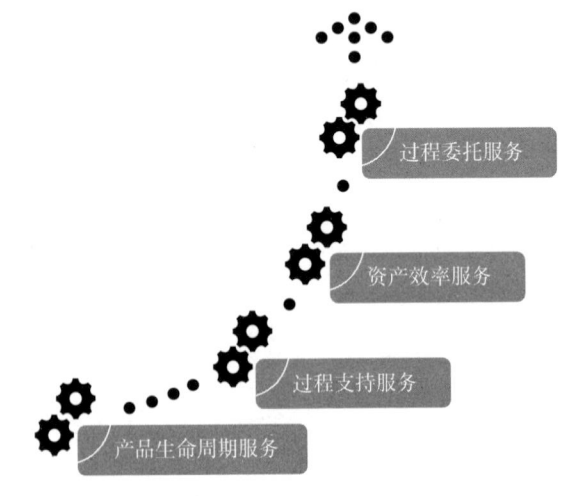

图 2-2 解决方案展示

资料来源：Ulaga 和 Reinartz（2011）。

表2-2 解决方案分类Ⅰ：基于投入逻辑的价值主张

比较项	聚焦于产品： 产品生命周期服务	聚焦于客户流程： 过程支持服务
定义	保证产品正常运行和产品功能发挥的服务	支持客户过程管理的服务
典型示例	备件供应	物流管理咨询
关键能力	服务设计能力	提供混合产品能力
所需资源	服务组织	安装基础运用及数据收集管理

资料来源：Ulaga和Reinartz（2011）。

表2-3 解决方案分类Ⅱ：基于产出逻辑的价值主张

比较项	聚焦于产品：资产效率服务	聚焦于客户流程：过程委托服务
定义	提升生产率的服务	代客户进行过程管理的服务
典型示例	远程监控	为客户提供物流车队保养服务
关键能力	风险管理	服务设计
所需资源	产品开发	销售网络

资料来源：Ulaga和Reinartz（2011）。

产品生命周期服务

产品生命周期服务是指帮助客户更好地使用提供商所提供产品的一系列服务。它能确保产品的主要功能在销售之前、使用期间、报废之后的所有产品生命周期阶段都处于相适宜的状态。这种类型的服务与所提供的产品直接相关，因此价值主张来源于服务的经典定义——站在客户的立场来执行一项行动。例如，核电站的冷却泵发生故障，冷却泵的提供商承诺在很短时间内对产品进行维修（Ulaga和Reinartz, 2011）。对于客户来说，这种类型的产品是必需品，客户并不会因为产品的正常运行而对提供商产生满意倾向。考虑到对这些类型的服务很难实现差异化，管理者试图将产品生命周期服务进行标准化。然而，许多管理者认为这种类型的服务十分重要，因为良好的产品交付可以帮助企业建立良好的声誉。这些特征对产品生命周期服务的定价产生了重要影响。许多企业免费提供这些服务，以促进产品销售，或者开发一种"损坏很正常，我来全搞定"（break it, fix it）的售后保障逻辑。为了避免这些服务定价所带来的问题，制造商通常将它们合并标为"一口价"。

资产效率服务

鉴于产品生命周期服务的标准化性质，很难实现供应的差异化以获得更具竞争力的地位。因此，许多企业选择开发新的服务类型以提供增值服务，如向资产效率服务转变，即旨在确保客户投资的产品能够充分发挥作用。Ulaga 和 Reinartz（2011）的研究中提到了资产效率服务的一些例子，诸如滚珠轴承的预防性维护、压模机的现场维护，以及机器人软件的定制等。与产品生命周期服务类似，资产效率服务与提供的产品相关，很少作为服务本身提供。例如，一家医疗扫描仪制造商只为自己的产品提供服务，而不为其竞争对手的产品提供服务。将产品生命周期服务与资产效率服务进行对比，存在以下三种关键区别。第一，从产品生命周期服务到资产效率服务之间的转换涉及价值主张的改变，即从特定行动（如机器安装）的承诺转变为特定性能（如99.8%的产品符合要求）的承诺。第二，资产效率服务解决方案更具定制化特征，使提供商提供的服务更具差异性。第三，客户并不认为资产效率服务属于基础服务。

过程支持服务

前两种类别的服务侧重与提供商提供的产品相关的服务，而过程支持服务则侧重为支持某些流程而提供的服务。这种类型的服务以客户的生产过程，而不是产品本身为导向。虽然有不容忽视的证据表明，在某些情况下，制造商所提供的服务并不包括如何高效地使用产品，但是过程支持服务与产品的使用方式密不可分。换句话说，过程支持服务旨在通过完成客户流程中的小任务来支持客户的流程，而无须为流程的最终输出负责。因为过程支持服务的高度个性化，提供商容易脱颖而出，并在市场上独树一帜，获得竞争优势。例如，如果将焊接气体视为一种商品，那么提供商对其使用过程的了解，实际上就可以成为一个区别元素（同时提供焊接支持服务）。在这种情况下，客户购买倾向明显很高，并且过程支持服务的定价通常遵循着与专业服务相同的规则。

过程委托服务

过程委托服务即站在客户角度，为客户管理流程所提供的一系列服务。在这种情况下，客户将过程的管理完全委托给提供商，提供商不再只保证输入，而且要为精准、具体的产出绩效负责。鉴于提供此类解决方案的复杂性，只有相对少数企业开展了此类服务，并且它们通常都是所在领域的领导者。

二、客户价值

客户价值的概念及其相关分析是PSS的基础（Payne和Holt，2001；Mont，2002；Vargo和Lusch，2004；Pawar等，2009）。

客户价值是指企业能够向客户传递的一系列利益，包括减少初始投资（如通过按使用付费，客户就不需要购买固定资产）、将运营成本降至最低（如避免因保养、维修、升级或破损导致货物无法正常使用），以及减轻客户对产品生命周期所承担的责任（如将处置阶段的物流成本转移给提供商可能带来的好处）（Morris等，2005；Isaksson等，2009；Barquet等，2013）。

如果将上述优势视为偏向于有形的、可触摸的价值，客户同时也会被无形的方面所吸引，这些方面构成商品或服务价值的很大一部分。事实上，与传统的产品销售相比，PSS意味着强烈的定制化，可以实现产品个性化和独特性的开发，从而向客户传递附加价值。因此，客户可以享受与提供商的这种特惠关系，使购买的服务能够切实发挥作用，同时减少自身开发产品的投入（Tukker和Tischner，2006）。图2-3展现了我们可以确定有助于创造价值主张的关键元素：绩效、定制化、"代为工作"

（getting the job done）、成本节约、风险降低、可用性和合同灵活性。

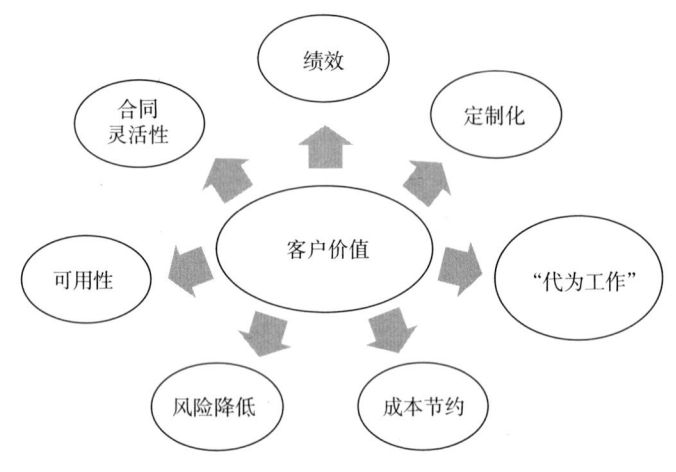

图2-3　客户价值及其关键元素

- **绩效**。长期以来，提高和保证产品的绩效是为客户创造价值的普遍方式。对于不同的客户群体，与提高产品绩效相关的问题可能会有所不同，但价格和易用性等方面的问题是根本性的问题。
- **定制化**。通过提供产品和服务的集成解决方案，企业可以创造价值以满足单个客户或单个细分市场的特定需求。近年来，大规模定制（mass customization）[①]和共创的概念变得越来越重要。为了创造客户与提供商之间的有益互动，企业必须基于质量和价格标准做出判断，决定是否进行定制化。为各个细分市场中的众多客户提供定制化产品和服务，这一决定对规模经济理念具有重要的战略意义（Osterwalder和Pigneur，2010）。

---

① 大规模定制是指通过产品重组和过程重组，运用现代信息技术、柔性制造技术等，把定制产品的生产问题转化或部分转化为规模生产问题，以大规模生产的成本和速度，为单个客户或小规模多品种市场定制任意数量的产品。从本质上讲，大规模定制是两种相冲突范式的综合，即个性化定制产品的大规模生产，用定制的灵活性来满足特定客户的需求，用大规模生产来实现低成本和易换性。——译者注

- **"代为工作"**。通过提供解决方案帮助客户完成任务，企业可以为客户创造价值。这意味着企业提供一种产品或服务来代替客户完成工作。罗尔斯-罗伊斯（Rolls-Royce）公司就是通过这种方式进行价值创造的。该公司的客户依赖于它的发动机制造和维护业务，这使得罗尔斯-罗伊斯公司只需关注与满足其客户需求相关的方面。
- **成本节约**。各种成本的降低凸显出所提供的解决方案具有明显的附加价值。对于客户来说，这一机遇富有战略意义。
- **风险降低**。客户将降低自身风险视为积极的要约。为了保证这一点，提供商承担了更多的责任，使客户可以在不承担相关风险的情况下使用产品。例如，在汽车行业中，汽车制造商对购买一年内的汽车维护及其他相关服务提供承诺保障。
- **可用性**。对于购买解决方案的客户来说，可用性非常重要，这样客户就可以立即享受到使用产品所带来的收益，同时可以节省人力资源培训的时间和费用。
- **合同灵活性**。当提供商向客户或特定细分市场提供一揽子解决方案时，后者可能存在不同的合同解决方案。例如，客户可以选择购买资产并享受与保养、维修相关的服务，这时，客户承担的风险较大。客户还可以选择将其流程完全外包出去，以保证流程的产出，这时，客户承担的风险较小。

三、价值共创

在传统情境下，价值创造过程聚焦于企业内部，并将价值视为从制造商转移到客户的一种利益（a quid）。价值创造的经典管理方法是波特的价值链模型（Porter, 1985）。根据该模型，企业创造的价值是九个特征相互作用的结果。这九个特征可以分为两类：主要活动和支持活动。

首先是主要活动，这些活动与产品实体的创造有关，如下所示。

- **内部物流**：与产品制造所必需的原材料的接收、储存和分配相关的活动，包括处理、储存、盘点、挑选和整理等。
- **运营**：原材料经过物理转换形成最终产品的活动，包括加工、包装、预组装、质量控制和测试等。
- **外部物流**：与最终产品收集、储存和分配相关的活动，包括装载、卸货和运输等。
- **营销（marketing）和销售（sale）**[①]：旨在支持产品销售的一系列活动，包括广告、促销、定价、维护和构建关系等。
- **服务**：支持产品价值的活动，包括安装和培训等。

然后是支持活动，这些活动支持上述主要活动，并确保主要活动能够发挥最佳效果，如下所示。

- **采购**：制造产品所需投入物的采买，包括设备、原材料、部件、预组装和耗材的采买等。
- **研究与开发**：针对产品、服务和流程所进行的创新、市场引入和改进等。
- **人力资源管理**：与人力资源管理相关的活动，包括选拔、招聘、培训和拟定薪酬等。
- **商业规划**：高水平的基础管理活动，包括财务管理、需求规划和综合管理。

PSS逻辑认为，客户不再是价值创造过程的终点，而是价值创造过程和朝着价值共创方向努力的共同参与者。图2-4表示了企业与客户之

---

① 营销（marketing），指对销售活动整体所做的战略规划与战术设计，类似于一种顶层设计，如市场营销学中经典的4P营销理论（产品、价格、渠道、促销）。销售（sale）则指具体的销售活动。营销指导销售，为销售提供具体的方向和目标；销售是营销的具体体现。——译者注

间这种价值共创的概念。当我们谈及共创时，我们的意思是指客户逐步参与价值创造过程。这种类型的关系促使企业重新审视战略过程，并因此获得新的竞争优势。

具体地说，共创的概念可做如下分解：

- 企业和客户共同创造价值。
- 企业和客户共建服务，以使服务更加符合客户的需求。
- 企业和客户共同定义并解决问题。
- 协作创新（co-creation of innovation）。
- 开发的重心由消费转到客户体验上。

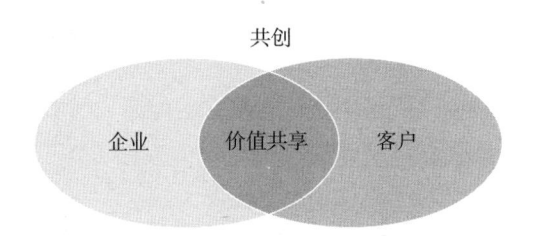

图2-4　企业与客户之间的共创概念

那么，如何打造共创氛围（premises）呢？首先，需要在客户和企业之间构建一个互动结构（Prahalad 和 Ramaswamy, 2004）。基于此结构，我们注意到如图2-5所示的四种元素。

- **对话**：与合作伙伴进行建设性的持续对话，以更好地沟通需求和局限。
- **可达性**：访问合作伙伴的基础设施，以获得有关其技能和需求的专门知识。
- **风险-收益**：探究风险元素和收益，以及如何对它们进行分解。
- **透明度**：所使用的资源与协调活动的透明度。

在共创阶段，客户不仅仅是一个外部创新者或一个简单的顾问，还是一个与提供商共担风险、共享资产以实现共同目标的合作伙伴。

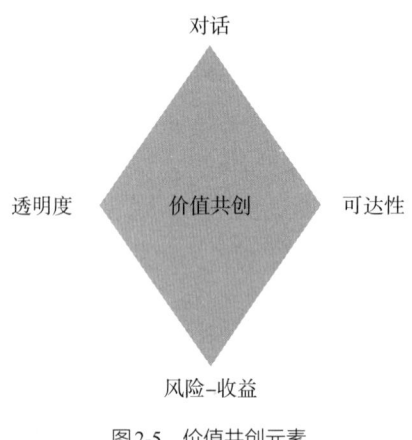

```
           对话
            ◆
    透明度  价值共创  可达性
            ◆
         风险-收益
```

图2-5　价值共创元素

四、价值获取：从所有权到使用权

传统上，在购买行为发生的一瞬间，产品的所有权就发生了转移。但在PSS的情境下，资产所有者的确定并不总是在一瞬间完成的。客户购买的并不是产品本身，而是产品的绩效表现（Markeset和Kumar，2005），并且产品所有权是否发生转移取决于签署合同的类型。关于这一方面，可以参考第一章（见图1-3）的框架，那里详细地介绍了在产品生命周期的哪个阶段共享产品的所有权，以及如何共享。

可以根据产品使用阶段和处置阶段所有权的归属，对PSS实施的具体情形进行划分，如图2-6所示的框架（Lay等，2009）。

特征		选项			
所有权	使用阶段	制造商	租赁银行	合资企业	客户
	处置阶段	制造商	租赁银行	合资企业	客户

图2-6　所有权可视化图表框架

资料来源：Lay等（2009）。

"使用阶段的所有权"定义了在合同条款约定期间，交易双方中的哪一方对资产和相关设备拥有所有权。合同到期后，制造商可以取得产品所有权，或以市场价格将产品卖给客户。在这两种"极端"选项之间，还存在着其他一系列可能的情况。其他的参与者（如银行）可以购买此资产，并将其出租给客户或同一制造商。或者，客户可以选择与银行或其他外部参与者建立合资企业，以购买该产品并同时承担相应的风险。当然，必须对上述各种情形的财务状况进行仔细评估。

"处置阶段的所有权"定义了产品使用寿命结束后产品所有权的归属。通常情况下，存在两种可能的选项：要么产品所有权依然归制造商所有，要么将产品转售给提供处理、更新或回收业务的其他制造商。具体采用哪种情况，取决于该产品的所有者。在合资企业或租赁银行拥有产品所有权的情况下，可以将产品出售给承担管理费用的客户。简而言之，可以将"处置阶段的所有权"看作一个指标，用于了解谁负责产品及其配件的回收。

因此，在PSS情境中，产品的使用和销售存在五种类型，区分的特点是在产品生命周期内对所有权进行不同的管理和分配。

类型一： 图2-7描述了PSS实施的第一种类型，这一类型与传统的商业模式类似。在所有权不发生转移的情况下，客户可以使用特定资产或设备，并为其使用付费。可以将这一模式视为经典租赁方式的演化，根据客户对合同中约定资产的访问次数或处理的交易量进行收费。如果合同结束后客户没有购买此产品，那么制造商可能在新的服务中，重新使用该产品（通常该产品尚未到达其生命周期的终点）。

特征		选项			
所有权	使用阶段	制造商	租赁银行	合资企业	客户
	处置阶段	制造商	租赁银行	合资企业	客户

图2-7 所有权可视化图表：类型一

资料来源：Lay等（2009）。

类型二： 图 2-8 描述了 PSS 实施的第二种类型，这种类型不关注财务方面，而关注运营方面。在这种类型下，制造商安排人员负责产品运行，以保障生产任务的完成和产品维护，客户不负责相关人员的安排。根据这种类型，客户从制造商处购买产品或（在租赁银行参与下）以租赁的方式获得产品，然后要求制造商在客户的工厂内进行安装。在高科技产品领域，客户往往缺乏产品运行所需的人力资源，所以这种类型是十分常见的。

特征		选项			
所有权	使用阶段	制造商	租赁银行	合资企业	客户
	处置阶段	制造商	租赁银行	合资企业	客户

图 2-8　所有权可视化图表：类型二

资料来源：Lay 等（2009）。

类型三： 图 2-9 描述了 PSS 实施的第三种类型，这种类型是类型一和类型二的组合，同时兼顾财务方面和运营方面。制造商保有资产所有权，在客户的工厂内使用设备，并雇用人员进行设备的操作和维护。提供商根据设备的使用量或 PSS 中设备的产出量收费。

特征		选项			
所有权	使用阶段	制造商	租赁银行	合资企业	客户
	处置阶段	制造商	租赁银行	合资企业	客户

图 2-9　所有权可视化图表：类型三

资料来源：Lay 等（2009）。

类型四： 图 2-10 描述了 PSS 实施的第四种类型，这种类型与第三种类型十分相似，制造商拥有资产的所有权。两者之间的实质性差异在于生产设备所处的位置不同。制造商将设备安装在客户车间内，或直接安装在客户车间旁边的厂房里，以便为客户提供服务或生产客户订单所需的部件。通过这种方式，制造商能够应对客户需求高峰，或在设备失灵或出现故障时提供生产能力缓冲。同样，在这种情况下，制造商安排运营和维护活动所需的人员，并根据设备产出产品的有效数量收取费用[①]。

特征		选项			
所有权	使用阶段	制造商	租赁银行	合资企业	客户
	处置阶段	制造商	租赁银行	合资企业	客户

图2-10　所有权可视化图表：类型四

资料来源：Lay等（2009）。

类型五： 图2-11描述了PSS实施的最后一种类型，其特点是有第三方参与。采取经营性合资企业的形式，或者存在一个承包商能够承担资产所有权所带来的风险，由合资企业或承包商投资购买资产，将客户视为合作伙伴，并代表客户使用该资产。在供应合同结束后，该资产成为客户的财产。

特征		选项			
所有权	使用阶段	制造商	租赁银行	合资企业	客户
	处置阶段	制造商	租赁银行	合资企业	客户

图2-11　所有权可视化图表：类型五

资料来源：Lay等（2009）。

在这一点上，人们很自然地会想，为什么制造商及其客户应该放弃传统的商业模式，转而采用上述的商业模式。仔细思考每一种类型的PSS所带来的收益，在第二种类型中，实质性优势在于制造商使用其设备的能力更强。对于其他类型的分析，有必要参考以下陈述："资产所有权被视为一种权利，包括使用资产的权利、改变资产外形和实质的

[①] 对于流程制造企业，情况也是如此，如空分制造企业在客户企业周边建立气体公司，提供实时的气体供应；或在工业园区设立气体公司，通过普遍铺设的管网向园区内的工业企业供气。具体细节可参阅译者李靖华所著的《制造服务化的兴起》一书。——译者注

权利，以及转让全部或部分权利的权利。"（Furubotn和Richter, 1998）在传统的商业模式中，制造商在出售产品时放弃了这些权利。在PSS中，对所有权的不同划分使企业获得了规模经济，同时减少了信息不对称（Morey和Pacheco, 2003）。第一种类型的合同基于租赁概念的演变，使产品的使用权和所有权分离。从客户角度来看，这意味着固定成本转变为可变成本，使实际使用成本变得更为清晰可见（Hockerts, 2008）。从制造商的角度来看，当根据所提供产品的产出收费时，若再将重点放在产品及相关设备的销售上，就没有什么意义了。因此，考虑到提供商在合同结束时回收产品可能使其收益减少，制造商应该延长所提供产品的使用期限。

在传统的商业模式中，客户对产品特征和保证其运行的相关使用模式的信息知之甚少。为了平衡这种不对称性，避免被制造商的机会主义行为所害，客户需要投入大量的资金。另一方面，制造商完全了解其产品及产品的潜力。因此，如果不转移产品的所有权给客户，而是由提供商对其产品进行维护，那么客户就不必承担信息不对称性所造成的巨大投入。因此，在类型三、类型四和类型五中，制造商对产品的使用负责，同时可以利用其经验实现规模经济。

第二节 客户管理中的关键议题

一、改善与客户的关系

与传统情境不同,在产品服务系统中,客户关系是成功的关键要素(Galbraith, 2002; Tukker, 2004; Gebauer 等,2005; Davies 等,2007; Kindström, 2010; Reim 等,2015)。企业必须与客户建立互动,并且明确这种互动属于哪种类型,以便在产品生命周期内传递价值、保持价值(Meier 等,2010; Barquet 等,2013; Liu 等,2014)。与客户互动的增加是向服务逻辑演变的信号(Azarenko 等,2009)。上述互动类型的确定,也包含彼此信息共享方式的确定(Windahl 和 Lakemond, 2010; Reim 等,2015)。客户关系管理与附加价值的产生密切相关,企业可以通过加强与客户的直接联系来产生附加价值(Mont, 2004)。这意味着企业与客户的关系是结构化的、长期的,而非"产品销售"情境下的短期关系(Mont, 2004; Williams, 2006)。企业可以通过建立和构建运营交叉点、交换信息、订立合同和制定合作规则等方式,来建立与客户的关系(Matthyssens 和 Vandenbempt, 2010)。

二、客户互动

在PSS中,制造商与客户之间的密切关系和互动,是成功开发和管理解决方案的基础（Galbraith, 2002; Davies等, 2007; Cova和Salle, 2008），可以通过共创的方式实现彼此的价值共创。实际上，价值共创成功与否很大程度上取决于客户的参与度和努力程度（Sheth和Uslay, 2007）。

PSS的典型特征是客户参与设计、生产、销售和传递（Kindström和Kowalkowski, 2009）。这意味着，随着时间的推移，零星的互动就会变得持续，并且需要签订一个合同，以便进一步加强双方的互动。因此，高强度的互动打破了客户与制造商之间信息和经验的界限，有利于知识和技能的相互渗透，从而使双方都受益。考虑到这一点，如果不谨慎管理与客户的互动，就无法解锁解决方案的完整过程，就会导致客户体验的失败。可以通过图2-12所展现的四个方面进行分析，并设计与客户的互动。

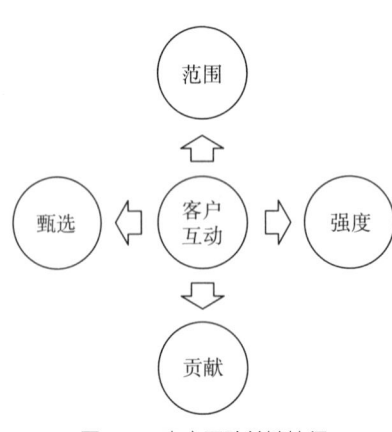

图2-12 客户互动关键特征

- **范围**。范围是指制造商在开发PSS的所有阶段上，都倾向于让客户参与其中。在开发阶段，客户活动是价值共创过程中不可或缺的一部分，制造商必须与客户进行更密切的互动。在产品生命周期各个阶段，同样需要建立客户与制造商的良好关系，形成穿插于产品生命周期各个阶段有序、稳定的互动循环（cycle of interaction）。产品生命周期阶段包括产品的概念化、设计、生产、测试、安装、使用、维护和报废处置。互动循环则包括获取相关的信息、诊断、传递直到后续行动。
- **强度**。强度是指客户参与开发过程的三种层次："为客户"（for the customer）、"与客户一起"（with the customer）、"来自客户"（from the customer）。第一个层次意味着制造商需要承担最大的责任；第二个层次意味着客户与制造商两者间的合作；第三个层次意味着使客户的责任最大化。
- **贡献**。贡献是指在共创阶段客户做出的一系列贡献。
- **甄选**。对客户在共创阶段所带来的价值进行甄选，以利于双方的互动与合作。

三、信息共享

需要正确管理共享的信息以增强互动，表2-4对相关的共享信息进行了分类。制造商和客户之间的信息共享是与双方建立密切关系的前提条件，同时也是成功实施服务系统的先决条件之一（Mont, 2002; Reim等, 2015）。更重要的是，通过收集和交换信息，了解如何使用这些数据，制造商可以更充分地了解客户的活动（Ulaga 和 Reinartz, 2011）。客户提供与运营活动相关的信息和指导，有助于制造商提供更优质的服务（Kindström 和 Kowalkowski, 2014）。因此，信息交换涉及从设计和开发阶段到产品寿命结束的所有阶段。在产品设计和开发阶段，客户将其需求、目标和先前经验告知制造商。然后，制造商根据这些信息设计和开发产品或特色服务。在运营阶段，信息主要与设备运行状态、部件磨损状态、质量和性能表现相关。在此阶段，制造商根据共享的信息制订维修计划，以及提高部件性能和预防性维护的计划，以避免设备发生故障。

表2-4 共享信息分类

生命周期阶段	共享信息	相关方面
产品开发	●需求 ●经验 ●设计能力 ●设计与工程的信息系统	●产品规格
运营阶段	●运营解决方案相关数据 ●磨损状况 ●可用性	●预防性维护 ●修理 ●绩效提升计划

四、销售渠道在价值沟通中的作用

了解价值如何传递给客户是至关重要的,但是,企业也应该重新思考如何认识所提供的新服务,以及如何传达附加价值（Reim等,2015）。为了使以产品为中心的销售向PSS逻辑转变,PSS应比传统的基本产品更具吸引力。为此制造商需要进行充分准备,通过有针对性的营销活动来"销售理念"。寻找传递PSS价值的新途径,涉及对售前、售后渠道的新定义,供应端可以通过内部化或外包特定资源来开发或获得新技能（Storbacka,2011; Kindström和Kowalkowski,2014）。

销售渠道配置

销售渠道必须能够创造客户认知,以便于对供应进行价格评估。因此,参与这些活动的人员必须在可靠性和对PSS的了解方面获得客户认可,以成为为客户创造附加价值的资源,也因此,销售人员应该改变销售策略（Kindström,2015）。销售人员必须关注客户的价值感知,而不是内部成本。鉴于PSS高度复杂和个性化的特点,最适合的销售渠道是直接渠道。考虑到整个产品生命周期中共享信息的性质,依靠第三方是复杂且难以实施的。因此,直接销售渠道符合PSS的现实情况。通常情况下,一家企业在B2B情境下销售解决方案时,可以采用图2-13所示的直接销售渠道；而在B2C情境下,考虑到所提供解决方案的复杂性较低,可以采用图2-14所示的间接销售渠道（Nordin,2005）。

图2-13　PSS的直接销售渠道（B2B）

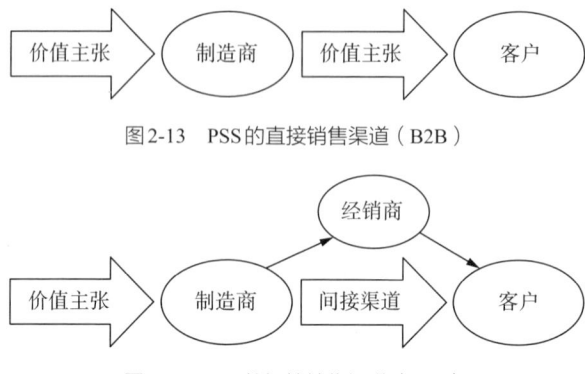

图2-14　PSS的间接销售渠道（B2C）

售后渠道

一旦设计了与资产相关的销售渠道，制造商就需要开始重视售后服务的相关渠道。良好的现场服务网络管理是PSS传递成功的关键组成部分。例如，需要在产品生命周期结束时，以及在处置或者回收材料之前或之后，对产品及其配件进行维修或保养。如果你与技术人员谈论直接支持运营的操作活动，技术人员会非常认真。实际上，技术人员经常与客户联系，并且客户往往对他们充满信心（Ulaga和Reinartz, 2011）。为此，在PSS商业模式中，制造商应将售后渠道与销售渠道进行高度整合，为客户提供一条独特且具体的"一站式服务"渠道，并将整个"客户-制造商"关系建立在此渠道之上。鉴于沟通渠道的独特性，制造商必须成立专门的团队来管理客户问题（Gebauer和Kowalkowski, 2012; Kindström等, 2015）。为了管理售后渠道，制造商必须对服务的复杂性和强度进行评估。通常情况下，当服务所涉及的技术十分复杂，且提供服务的频率极高时，实践中的做法类似图2-15，即制造商将其外包给第三方。如果服务组件相对容易管理，或提供服务的频率较低，则制造商应将该活动内部化，由自己直接提供，以维持与客户的直接渠道（Nordin, 2005）。

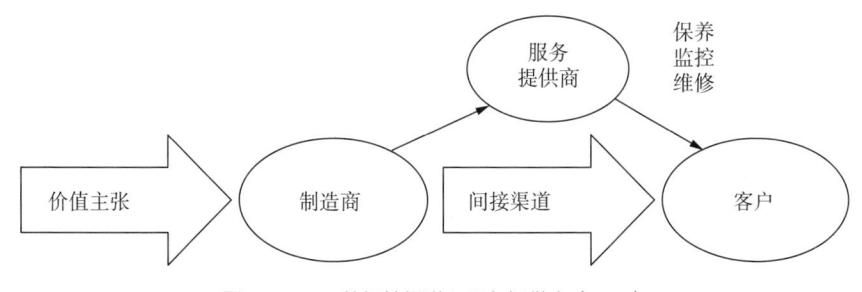

图2-15　PSS的间接渠道和服务提供商（B2C）

五、不同的合同模式

引入PSS时，制造商需要采用新的定价原则。基于价值逻辑的定价方法将取代传统的成本加成定价法①（Rapaccini 和 Visintin, 2015）。新的定价模式虽然可能难以表现产品价格是否以及如何包含相关成本，也很难对相关风险和潜力进行预测，但保证了制造商的盈利能力，因为客户愿意支付的价格往往高于通过成本加成法得到的价格（Oliva 和 Kallenberg, 2003; Tukker 和 Tischner, 2006; Neely, 2009）。

资产所有权是合同最关键的方面之一。如本书前面所述，所有权可以保留在制造商手中，也可以转让给客户。如果没有将资产的所有权转让给客户，那制造商就必须仔细确定所有与资产相关的活动的权利，以避免在使用阶段发生令人不快的纠纷（Richter 等，2010）。同时，合同条款应对什么是性能稳定的输出做出明确界定，这一点十分关键（Bonnemeier 等，2010）。有必要对报价制定相应的条款和规范，例如，通过向合同各方描述供应内容和供应方式，以确定相对应的价格（Azarenko 等，2009; Meier 等，2010; Reim 等，2015）。这些合同很复杂，也涉及对未履行条约的处罚程序和罚金。在这种情况下，也可以根据合同的使用场景来分析合同的性质（Reim 等，2015）。建立 PSS 合同时，应尽可能阐明各方权利与义务的所有方面。

许多供应合同极其复杂，具体条款必须根据 PSS 的使用场景进行调整。合同条款的数量不同，合同的复杂性也会发生改变。因此，合同复杂性根据 PSS 所采用的商业模式的变化而变化。与复杂性相反，合同形式化水平反映了对于每一个新客户，合同应做出多少调整。高度形式化的合同往往不会十分复杂，因为它们必须适用于大多数场景（Reim 等，2015）。

PSS 合同往往是长期的，因此，企业应在各方利益相关者之间建立适当的平衡。根据 Richter 和 Steven（2009），合同签订阶段对如何定义商业模式起着关键作用，因为合同签订对利润产生的影响更大。为了使

---

① 成本加成定价法，指的是将生产、设计和开发的成本与构成制造商利润的收益相加进行定价的一种定价方法。——译者注

产生的价值最大化，商业模式的特征与合同条款中规定的责任和风险必须相匹配。具体而言，需要对三个关键方面进行仔细考虑：责任和协议条款、复杂性和形式性，以及风险水平。

首先是责任和协议条款。关注如何对合同各方进行任务划分，以及从纯粹的法律角度阐明收费权利需要做出哪些必要的规定。(1) **在产品导向的PSS中**，客户是产品的所有者，制造商的唯一责任是提供与产品相关的服务。这意味着合同必须对所提供的服务水平和产出标准进行规定和定义。供应合同则必须包括要执行任务的具体内容和完成活动的时间规划。同等重要的还有商定付款条款，以及如何计算维修产生的额外费用（Azarenko等，2009）。合同还应涉及共享信息的管理（Schuh等，2011）。(2) **在使用导向的PSS中**，合同必须包含某些必要的条款，如可用性、价格、对设备的控制权，以及对设备不可用所造成损失的责任。在这种情况下，产品的所有权并没有转移给客户，所以必须谨慎地分配决策权（Richter等，2010）。(3) **在结果导向的PSS中**，制造商的责任达到了最高程度，因为制造商对确保结果负有完全责任（Meier等，2010）。随着责任的增加，协议的条款变得极为重要。这不仅增加了责任感，而且需要进行信息共享。然而，信息往往是敏感的，因此合同各方必须就交换哪些信息以及交换到何种程度达成一致意见。

其次是合同的复杂性和形式性。在产品导向的PSS中，合同的形式化程度最高。因为在这种类型中，所提供的解决方案标准化程度非常高，这使得在不同场景下的合同十分相似。在结果导向的PSS中，合同的形式化水平最低。因为制造商为每个客户提供了独特且不重复的解决方案。合同的复杂性随着制造商责任的增加而增加。在产品导向的PSS中，就所提供的服务达成一致意见并不太复杂，但双方必须检查对方是否按约履行合同。在结果导向的PSS中，合同的复杂性是最高的，因为必须根据明确定义的规范来保证结果。此外，随着客户与制造商关系的发展，协议的复杂性也会增加。在这些情况下，同时采用多种类型的合同会得到更好的效果。

最后是风险水平。通常，当制造商从产品导向的PSS转向结果导向的PSS时，风险水平会提高，但并不是所有类型的PSS都遵循这一规律。制造商承担主要风险时，可以享受高风险带来的溢价收入。（1）**在产品导向的PSS中**，风险主要与制造商需要投入足够多的资源来履行合同条款有关。为了避免不必要的资源投入以降低成本，制造商必须审查自身的运营状况。虽然客户的不良行为也会导致风险，但可以通过在协议中添加相关条款（比如，当客户违反有关的合同条款时，制造商可以撤销担保）来减轻风险（Azarenko等，2009）。（2）**在使用导向的PSS中**，因为产品的所有权仍保留在制造商手中，所以客户不良行为导致的风险进一步增加了。因此，双方有必要对决策权以及客户将承担哪些与使用相关的费用达成一致意见（Reim等，2015）。这种类型的合同对制造商具有一定的激励作用，通过提供服务，制造商可以获得较高的预期收入。（3）**在结果导向的PSS中**，合同的建立基于对一定绩效表现的保证。风险主要与所表现出来的最终结果相关。在这种情况下，所有责任都落到了制造商身上，通常只有少数企业提供这类解决方案。这些企业承担高风险，并享受高利润。对客户而言，与自己亲自做相比，他们可以以较低的成本获得想要的结果，从而也从所得到的专业的生产性服务中获益。表2-5对三种不同类型的PSS合同进行了总结。

表2-5　PSS合同特征

PSS分类	协议条款	形式化程度与复杂性	风险
产品导向	● 服务收费 ● 就工作内容、付款条件、信息管理达成一致意见	● 高形式化程度 ● 低复杂性	● 低风险 ● 不良行为
使用导向	● 根据可用性收费 ● 就可用性水平与监控活动水平达成一致意见	● 中等形式化程度 ● 中等复杂性	● 中等风险 ● 不良行为
结果导向	● 根据绩效收费	● 低形式化程度 ● 高复杂性	● 高风险 ● 制造商有更多自主权

本章小结

» 服务化转型使客户角色和客户参与的方式发生了重大变化。

» 可以根据客户价值、价值共创、产品所有权和服务供应来定义服务型制造的核心价值主张。

» 客户价值既包括有形要素，也包括无形要素，如绩效、定制、成本降低、风险降低、可用性和合同灵活性。

» 提供服务是产品服务系统主要的特征之一：既有支持产品的服务——其价值逻辑主要体现在输入上，又有支持客户的服务——其价值逻辑主要体现在输出上。

» 价值共创是服务型制造价值主张的核心要素：客户直接参与价值创造过程。

» 与传统销售不同，服务型制造并不（总是）涉及产品所有权的转移——客户购买的是产品绩效，而不是产品本身。

» 服务型制造和PSS成功的关键要素是谨慎地管理客户关系和客户参与——这意味着对渠道、互动和合同的重新理解和定义。

原版书参考资料

T. Alonso-Rasgado, G. Thompson, B.O. Elfström, The design of functional (total care) products. J. Eng. Des. **15**(6), 515–540 (2004)

A. Azarenko, R. Roy, E. Shehab, A. Tiwari, Technical product-service systems: Some implications for the machine tool industry. J. Manufact. Technol. Manage. **20**(5), 700–722 (2009)

A.P.B. Barquet, M.G. de Oliveira, C.R. Amigo, V.P. Cunha, H. Rozenfeld, Employing the business model concept to support the adoption of product-service systems (PSS). Ind. Mark. Manage. **42**(5), 693–704 (2013)

S. Bonnemeier, F. Burianek, R. Reichwald, Revenue models for integrated customer solutions: concept and organizational implementation. J. Revenue Pricing Manage. **9**(3), 228–238 (2010)

B. Cova, R. Salle, Marketing solutions in accordance with the SD logic: co-creating value with customer network actors. Ind. Mark. Manage. **37**(3), 270–277 (2008)

A. Davies, Moving base into high-value integrated solutions: a value stream approach. Ind. Corp. Change **13**(5), 727–756 (2004)

A. Davies, T. Brady, M. Hobday, Organizing for solutions: systems seller vs. Systems Integrator. Ind. Mark. Manage. **36**(2), 183–193 (2007)

B.K. Fishbein, L.S. Mcgarry, P.S. Dillon, *Leasing: A step Toward Producer Responsibility* (INFORM, New York, 2000)

E.G. Furubotn, R. Richter, *Institutions and Economic Theory: The contribution of the New Institutional Economics* (University of Michigan Press, Ann Arbor, IL, 1998)

J. Galbraith, *Designing Organizations: An Executive Guide to Strategy, Structure and Process* (Jossey-Bass, San Francisco, CA, 2002)

H. Gebauer, E. Fleisch, T. Friedli, Overcoming the service paradox in manufacturing companies. Eur. Manage. J. **23**(1), 14–26 (2005)

H. Gebauer, C. Kowalkowski, Customer-focused and service focused orientation in organizational structures. J. Bus. Ind. Mark. **27**(7), 527–537 (2012)

C. Grönroos, A service perspective on business relationships: the value creation, interaction and marketing interface. Ind. Mark. Manage. **40**(2), 240–247 (2011)

K. Hockerts, Property rights as a predictor for the ecoefficiency of product-service systems. *Working Paper No. 02–2008, CBS Center for Corporate Social Responsibility, Frederiksberg*, 2008

O. Isaksson, T.C. Larsson, A. Öhrwall Rönnbäck, Development of product-service systems: challenges and opportunities for the manufacturing firm. J. Eng. Des. **20**(4), 329–348 (2009)

D. Kindström, C. Kowalkowski, Development of industrial service offerings: a process framework. J. Serv. Manage. **20**(2), 156–172 (2009)

D. Kindström, Towards a service-based business model—key aspects for future competitive advantage. Eur. Manag. J. **28**(6), 479–490 (2010)

D. Kindström, C. Kowalkowski, Service innovation in product centric firms: a multidimensional business model perspective. J. Bus. Ind. Mark. **29**(2), 96–111 (2014)

D. Kindström, C. Kowalkowski, T.B. Alejandro, Adding services to product-based portfolios: an exploration of the implications for the sales function. J. Serv. Manage. **26**(3), 372–393 (2015)

S. Kujala, K. Artto, P. Aaltonen, V. Turkulainen, Business models in project-based firms—towards a typology of solution-specific business models. Int. J. Project Manage. **28**(2), 96–106 (2010)

G. Lay, M. Schroeter, s Biege, Service-based business concepts: a typology for business-to-business markets. Eur. Manag. J. **27**(6), 442–455 (2009)

C.H. Liu, M.-C. Chen, Y.-H. Tu, C.-C. Wang, Constructing a sustainable service business model: an S-D logic-based integrated product service system. Int. J. Phys. Distrib. Logistics Manage. **44**(1–2), 80–97 (2014)

T. Markeset, U. Kumar, Product support strategy: conventional versus functional products. J. Qual. Maintenance Eng. **11**(1), 53–67 (2005)

V. Mathieu, Service strategies within the manufacturing sector: benefits, costs and partnership. Int. J. Serv. Ind. Manag. **12**(5), 451–475 (2001)

P. Matthyssens, K. Vandenbempt, Service addition as business market strategy: identification of transition trajectories. J. Serv. Manage. **21**(5), 693–714 (2010)

H. Meier, R. Roy, G. Seliger, Industrial product—service system—IPS2. CIRP Ann-Manufact. Technol. **59**, 607–627 (2010)

O. Mont, Clarifying the concept of product-service system. J. Clean. Prod. **10**, 237–245 (2002)

O. Mont, Product-service system: panacea or myth? (doctoral thesis), Retrieved from the National Library of Sweden database. 91-88902-33-1 (2004)

E. Morey, D. Pacheco, Product-service systems: exploring the potential for economic and environmental efficiency. *Working paper, ECON 4545*, University of Colorado, 2003

M. Morris, M. Schindehutte, J. Allen, The entrepreneur's business model: toward a unified perspective. J. Bus. Res. **58**(6), 726–735 (2005)

A. Neely, Exploring the financial consequences of the servitization of manufacturing. Oper. Manage. Res. **1**, 103–118 (2009)

I.C. Ng, R. Maull, N. Yip, Outcome-based contracts as a driver for systems thinking and service-dominant logic in service science: evidence from the defence industry. Eur. Manag. J. **27**(6), 377–387 (2009)

F. Nordin, Searching for the optimum product service distribution channel: examining the actions of five industrial firms. Int. J. Phys. Distrib. Logistics Manage. **35**(8), 576–594 (2005)

R. Oliva, R. Kallenberg, Managing the transition from products to services. Int. J. Serv. Ind. Manag. **14**(2), 160–172 (2003)

A. Osterwalder, Y. Pigneur, *Business Model Generation: A Handbook for Visionaries, Game Changers, and Challengers* (John Wiley and Sons, Hoboken, NJ, 2010)

K.S. Pawar, A. Beltagui, J.C. Riedel, The PSO triangle: designing product, service and organisation to create value. Int. J. Oper. Prod. Manage. **29**(5), 468–493 (2009)

A. Payne, S. Holt, Diagnosing customer value: integrating the value process and relationship marketing. Br. J. Manage. **12**(2), 159–182 (2001)

C.K. Prahalad, V. Ramaswamy, Co-creation experiences: the next practice in value creation. J. Interact. Mark. **18**(3), 5–14 (2004)

M.E. Porter, *The Competitive Advantage: Creating and Sustaining Superior Performance* (Free Press, NY, 1985)

M. Rapaccini, F. Visintin, Devising hybrid solutions: an exploratory framework. Prod. Plann. Control **26**(8), 654–672 (2015)

W. Reim, V. Parida, D. Örtqvist, Product-service systems (PSS) business models and tactics—a systematic literature review. J. Clean. Prod. **97**, 61–75 (2015)

A. Richter, M. Steven, On the relation between industrial product service systems and business models. Oper. Res. Proc. **2008**, 97–102 (2009)

A. Richter, T. Sadek, M. Steven, Flexibility in industrial product-service systems and use-oriented business models. CIRP J. Manufact. Sci. Technol. **3**, 128–134 (2010)

G. Schuh, W. Boos, S. Kozielski, Lifecycle cost-orientated service models for tool and die companies. In *Proceedings of the 1st CIRP Industrial Product-Service Systems (IPS2) Conference, 249*, Cranfield University Press, 2009

J.N. Sheth, C. Uslay, Implications of the revised definition of marketing: from exchange to value creation. J. Publ. Policy Marketing **26**(2), 302–307 (2007)

K. Storbacka, A solution business model: capabilities and management practices for integrated solutions. Ind. Mark. Manage. **40**(5), 699–711 (2011)

L. Smith, I. Ng, R. Maull, The three value proposition cycles of equipment-based service. Prod. Plann. Control **23**(7), 553–570 (2012)

A.R. Tan, D. Matzen, T. McAloone, S. Evans, Strategies for designing and developing services for manufacturing firms. CIRP J. Manufact. Sci. Technol. **3**(2), 90–97 (2010)

A. Tukker, Eight types of product-service system: eight ways to sustainability? Experience from SusProNet. Bus. Strategy Environ. **13**, 246–260 (2004)

A. Tukker, U. Tischner, Product-service as a research field: past, present and future. Reflection from a decade of research. J. Clean. Prod. **14**, 1552–1556 (2006)

W. Ulaga, W.J. Reinartz, Hybrid offerings: how manufacturing firms combine goods and services successfully. J. Mark. **75**(6), 5–23 (2011)

S.L. Vargo, R.F. Lusch, Evolving to a new dominant logic for marketing. J. Mark. **68**(1), 1–17 (2004)

A. Williams, Product-service systems in the automotive industry: the case of micro-factory retailing. J. Clean. Prod. **14**, 172–184 (2006)

C. Windahl, N. Lakemond, Integrated solutions from a service centered perspective: applicability and limitations in the capital goods industry. Ind. Mark. Manage. **39**(8), 1278–1290 (2010)

第三章

Chapter

产品服务系统的竞争市场

本章介绍服务型制造战略提供竞争优势的三个关键因素：可持续性、共享经济（协同消费）和循环经济。随后，我们将分析一个关键问题，即产品服务系统是否会给竞争市场结构带来重大变化，以及它如何以不同的方式影响B2B和B2C环境。本章展示了受服务化影响至深的三类产业中的不同PSS实例——传统制造业、可持续发展驱动的产业，以及数字化驱动的产业。

第一节 当代社会经济背景

一、可持续发展

在过去30年中，可持续发展及其对经济、环境和社会层面的三重影响，成为管理者在价值创造过程中寻求新机会和探索新路径的关键。竞争环境、国家政策和国际环境，以及"绿色范式"所形成的压力，也塑造了可持续发展要求的各个方面。

根据Elkington（2002）的说法，可持续发展的过程"涉及同时追求经济繁荣、环境质量和社会公平"。而这一概念的延伸可以在可持续制造中找到，即"使用无污染、节约能源和自然资源的制造工艺，并在经济上为员工、社区和消费者提供健康和安全的环境"（Khorram-Niaki 和 Nonino, 2018）。在这种背景下，通过整合来解决经济、环境和社会问题，是开发成功商业模式的一个重要途径（Lozano, 2008）。然而，即使可持续发展正变得相当重要，其未来的发展仍存在一些（部分或完全）尚未解决的不确定的问题。例如，化石燃料的不可预测性和价格波动，生产过程中不可再生投入物（以稀缺为特征的原材料）的使用，持续呈上升趋势的环境污染及空间可用性，垃圾填埋税（landfill tax[①]），以及

[①] 垃圾填埋税是英美等国对所有通过掩埋方式处理垃圾的个人、企业和政府机构所征收的一种绿色税收，旨在减轻日益严重的垃圾污染，以及有效利用垃圾中所蕴含的大量有用资源。——译者注

更激进的环境保护措施，等等。

产品服务系统是解决这些可持续发展问题的一个可能的答案，因为它允许企业系统地同时解决可持续性三个维度上的问题。如图3-1所示，Maxwell和van der Vorst（2003）列出了一系列详尽的标准来突出PSS的独特能力，尤其是功能性、质量、技术可行性、法规遵从性等标准。

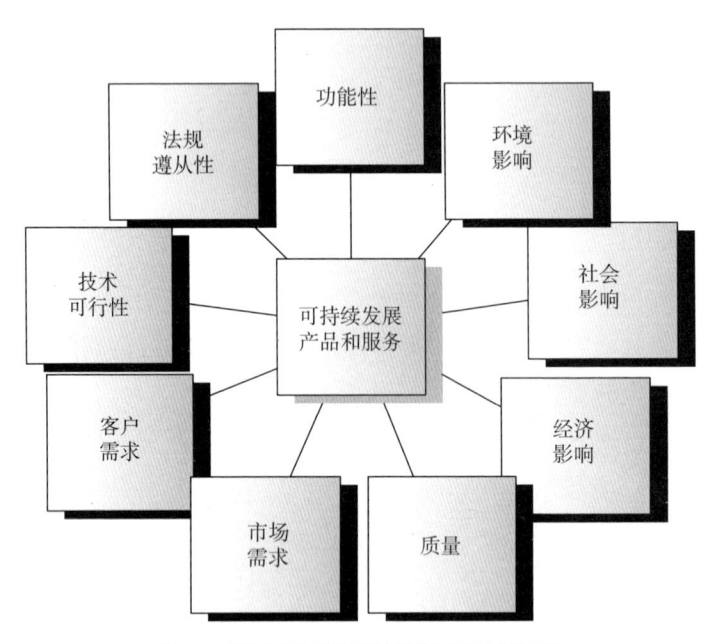

图3-1 通过PSS优化可持续发展的关键标准

资料来源：Maxwell和van der Vorst（2003）。

此外，Shokoyar等（2014）提出了可持续产品服务系统的概念，如图3-2所示。在这一概念中，作者标明了为在产品生命周期内及其生命周期末端（EOL）实现可持续发展而设计和实施的一些特殊类型的PSS。

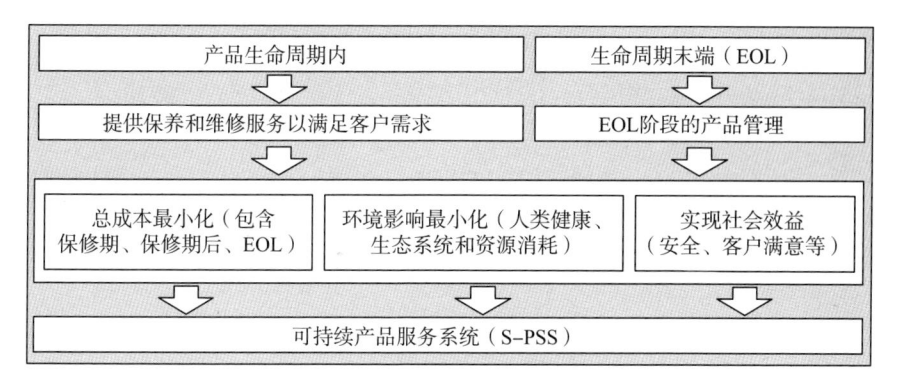

```
┌─────────────────────────────────┬─────────────────────────────┐
│      产品生命周期内              │     生命周期末端（EOL）      │
├─────────────────────────────────┼─────────────────────────────┤
│ 提供保养和维修服务以满足客户需求 │    EOL阶段的产品管理         │
└───────────────┬─────────────────┴──────────────┬──────────────┘
                ↓                                ↓
┌──────────────────┬──────────────────────┬──────────────────┐
│ 总成本最小化（包含│ 环境影响最小化（人类健康、│ 实现社会效益     │
│ 保修期、保修期后、EOL）│ 生态系统和资源消耗）│ （安全、客户满意等）│
└────────┬─────────┴──────────┬───────────┴────────┬─────────┘
         ↓                    ↓                    ↓
┌─────────────────────────────────────────────────────────────┐
│              可持续产品服务系统（S-PSS）                     │
└─────────────────────────────────────────────────────────────┘
```

图3-2 可持续产品服务系统的概念

资料来源：Shokoyar等（2014）。

企业采用PSS的一个例子是AMG（一家位于意大利巴勒莫的销售天然气的公司）提供"太阳能供热服务"。消费者接受从安装热能计到将甲烷输送至锅炉这一过程的服务，并按最终结果付费。此外，这家公司还提供设备维修服务（Manzini和Vezzoli，2003）。得益于此，"企业将有动力延长产品的使用寿命……使其尽可能地节约成本和材料，并在产品生命周期末端尽可能地再利用零部件"（Tukker，2015）。此外，产品设计和制造不再成为竞争优势和差异化的唯一来源："太阳能供热服务"集成解决方案带来了创新的潜力，为整个产品增加了价值（Roy和Cheruvu，2009）。这可能是一个简单的例子，即在产品上增加额外的服务，目的是随着时间的推移延长产品生命周期和提高效用（以获得更可持续的性能），同时为客户提供更满意的体验，从而获得额外的收入。

上述定义和例子强调了PSS的能力，它同时涵盖了可持续发展的三个主要维度，解决了社会和环境问题，同时还提出了一个有意义的价值主张，并提供了高度的灵活性（Barquet等，2013；Velamuri等，2013）。近年来，由于信息技术的进步和数字化的发展，伴随着循环经济（Witjes和Lozano，2016）和共享经济（Bouncken和Reuschl，2018）这两个新概念的兴起，可持续发展获得了新的生命力。在增加企业绩效和超越竞争对手这两方面，环境（和社会）的观念经过多年的发展变得愈发重要（Kuijken等，2017）。在确保长期竞争力和运营成功的因素中，可持续产品的开发发挥着重要作用——社会和环境上的成就会对企业经济绩效产生重大影响（Miles等，2009; Patzelt和Shepherd, 2011）。在这种环境下，PSS可以作为企业的环境、社会绩效和经济需求之间的连接点，因为它允许企业在满足客户需求的同时也明确关注可持续性。因此，企业可以同时确保竞争力和可持续发展性（Cook等，2006; Azarenko等，2009）。

  Lee等（2012）采用系统动力学的方法，通过图形来表示PSS对可持续发展三个维度的影响（见图3-3）。以社会影响（见图3-3c）为例，生活质量对PSS的接受度有正向影响，这导致了PSS销售量的上升。销售量的上升可以影响福利和社会层面的不同方面，促使生活质量提高，从而形成一个积极的循环。

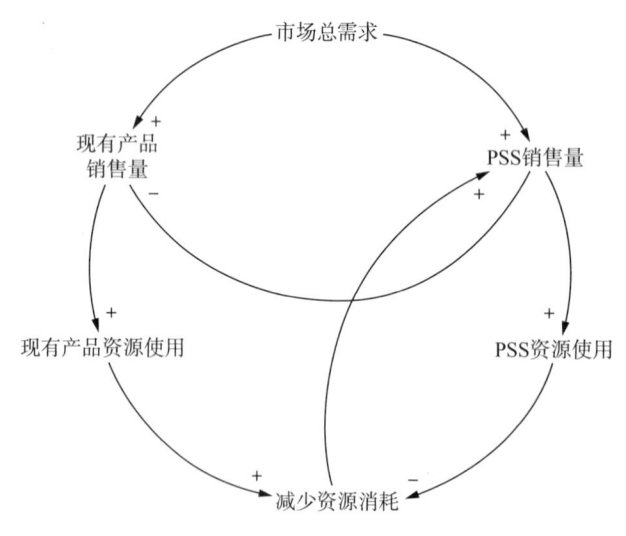

（a）可持续性环境维度因果关系

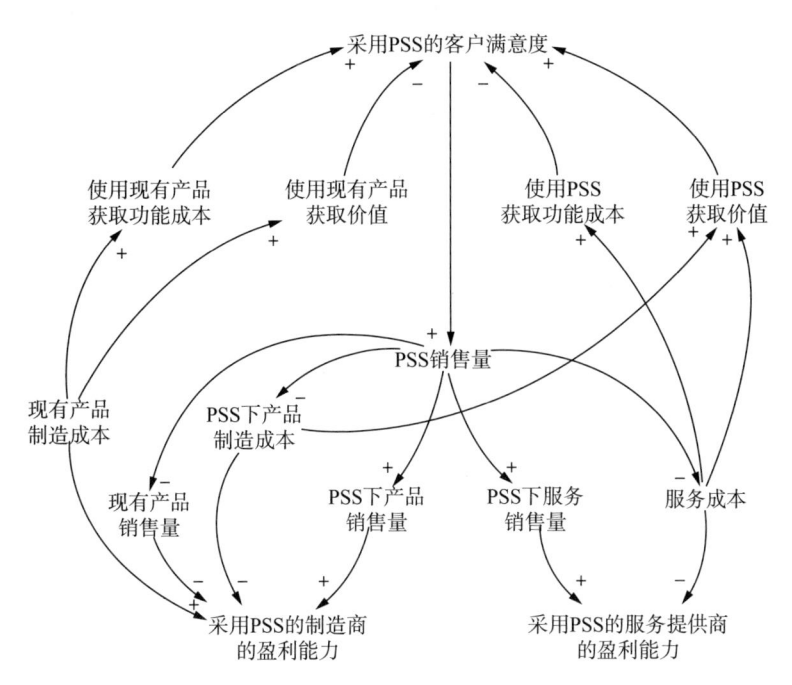

第三章｜产品服务系统的竞争市场 • 075

（b）可持续性经济维度因果关系

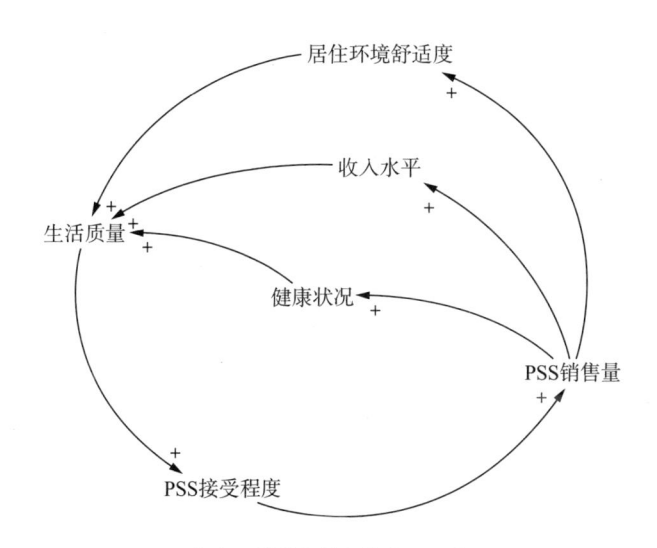

（c）可持续性社会维度因果关系

图3-3 可持续发展性的因果关系

资料来源：Lee等（2012）。

二、共享经济与协同消费

近年来，协同消费的商业模式已经变得越来越普遍。协同的概念可以用不同的形式体现——它可以是面对面的互动，也可以通过互联网来增加点对点的联系。客户获得的是产品和服务的使用权而非所有权。协同消费的概念是由 Rachel Botsman 和 Roo Rogers 在《共享经济时代——互联网思维下的协同消费商业模式》一书中提出的[①]。这一概念同样出现在《时代》杂志（2010）的"能改变世界的10个想法"列表中。他们强调的是，人们已经从简单地共享信息发展到与他人联系，直至开始合作：从"我"转变成"我们"。

此外，新的网络技术（例如，智能手机和社交网络）提供了足够的参与者以达到协同所需要的效率和社会凝聚力（social glue）。一种与社区相关的新观念正在导致生活方式发生改变——它正从无节制的消费主义时代慢慢转向分享和合作的时代。

对协同消费这一现象的完整定义如下："协同消费是一种基于使用商品而非独占商品的文化经济模式；该模式通过技术和点对点的方式，重塑了传统的共享、出借、交易、出租、捐赠、交换等概念。"（Botsman 和 Rogers，2010）因此，这一现象的基本支柱是达到临界数量的可能性、有效利用原本无法使用的商品，以及对普通商品的智能管理和对陌生人的信任。

理解协同消费首先要考虑的是参与者的定义。在这个过程中有两个可能的参与者。第一个是"对等提供者"（peer provider），即提供共享资产的个人或组织；第二个是"对等用户"（peer user），即从可用资产中实际受益的个人或组织。另一个初步步骤是根据协同消费所具有的特点对其进行分类——这是必要的。因为许多业务，如社会借贷、汽车共享、

[①] R. Botsman, R. Rogers, What's Mine is Yours, The Rise of Collaborative Consumption (HarperCollins, New York, NY, 2010)

服装交换、P2P租赁等，都属于协同消费系统，应该根据预定义的标准（例如，同侪之间的关系与交换类型，或者基础商品的性质）划分为不同的类别。

除了协同消费的概念，还有协同生活方式的概念。在涉及时间、空间和活动等无形资产交换的意义上来说，这大多是难以捉摸的。比如说，它可能涉及工作场所、花园和食物的共享，它还可能包括与社会贷款和特殊住房租赁有关的网站。

卡片3-1　BlaBlaCar案例——共享出行平台

BlaBlaCar是一个共享出行平台，它是在两个欧洲国家中平行发展起来的。在法国，BlaBlaCar于2006年以Covoiturage.fr的名称创立，并在短短几年时间内成长为几百万法国人尤其是法国年轻人的新型出行方式。在意大利，它则以Depostoinauto.it的名称于2010年2月创立，其创立的灵感来源于一群在海外特别是在法国和德国有过共享旅行经历的学生。2012年3月，Depostoinauto.it成为Covoiturage.fr国际网络的一部分，后者后来更名为BlaBlaCar。Depostoinauto.it的团队决定将网站的名字更改为BlaBlaCar.it以追随这一重要举措，从而保证了两个平台联合的有效性和名称的一致性。

用户需要先在网站上注册，然后就可以向其他用户提供或请求拼车服务。用户只需要选定日期、出发地点和到达地点，网站上就会出现对应的备选项。这些从一个城市到另一个城市的行程，本来是由驾车者独自完成的，但现在，通过向其他用户提供"免费"座位，驾车者就可以省下一半的费用（由用户分摊）。尽管这两个国家的城市对交通客运的私人运营是有严格的法律法规限制的，但就长途旅行而言，限制则没有那么严格。其实在BlaBlaCar上提供服务的人，也不以此为生。

谁会与BlaBlaCar签约来提供或使用出行服务呢？一边是可以提供一个或多个座位的驾车者，另一边是想要使用这些服务的乘客——一边在寻找节省开支的可能途径，另一边通过分享一个或多个座位的方式，获得经济意义上和社会意义上的收益。BlaBlaCar有两类用户：驾车者和乘客。驾车者拥有一辆具有一个或多个空座位的汽车，并希望找到一位或多位乘客共享座位。乘客是那些自己没有汽车的人，或是那些想要用更便宜的价格来替代其他交通方式的人，抑或是那些只想要旅行和结交新朋友的人。

用户可以通过公司的网站或App注册并创建账户。注册完成后，用户可以访问平台所有选项、寻找可以拼车的驾车者或乘客、评估其他用户并记录付款的详细信息。公司通过常见问题解答（FAQ）和在线表格为用户提供支持。此外，BlaBlaCar通过博客让订阅者了解该平台发展的最新信息，并允许用户通过各种社交渠道与公司互动。

该平台允许用户与一个或多个用户分摊长途旅行的费用，从而让大家达到节省支出的目的。BlaBlaCar的社区功能使驾驶成为一种更安全和更具社交性的体验，驾车者再也不必被迫独自长途旅行。

该公司的评级系统还允许用户在接受自己的旅行伙伴之前查看和评估对方。安全对于依赖共享出行服务的用户来说尤为重要，BlaBlaCar为女性用户提供了一个只允许创建驾车者和所有乘客都是女性的选项。

所有BlaBlaCar行程均进行了免费投保，行程配额不会影响驾车者的保险政策。此外，BlaBlaCar还鼓励采用更环保的方式——使用原本空置的空间。

用户可以自行选择成为乘客或驾车者的这种方式，在某种程度上可能会成为这项服务的负面因素——社会边缘化程度高的人将很难被其他用户接受。

BlaBlaCar经营着一个包括加盟商、旅行社和经销商在内的合作伙伴网络。所有在法国和英国的BlaBlaCar行程均由AXA公司承担旅行保险。

此外，该公司已开始与旅行社和市场建立营销合作关系。最近，该公司与印度铁路公司的子公司IRCTC合作，向那些希望预订城市之间旅行车票的用户宣传其拼车服务。

BlaBlaCar还与欧洲VINCI Autoroutes高速公路特许经营商建立了合作伙伴关系，该经营商现在为在BlaBlaCar上预订的行程提供每月两次的过路费自动缴付服务。

BlaBlaCar的商业决策受其董事会和公司所有投资者的影响。

BlaBlaCar的主要资源是其软件平台、IT基础设施和营销合作伙伴。此外，该公司的另一个关键资源是其驾车者和乘客的社区。

BlaBlaCar通过开发、维护和营销一个旅行共享平台，将愿意分担城市之间长途旅行成本的驾车者和乘客联系起来。该平台还整合了其他用户的评分和评论以及对社交网络的控制等功能。该公司还为其用户提供专门的客户服务，并管理合作伙伴网络。

BlaBlaCar的目标概括起来是一种三赢：公司的成功是从环境（减少污染）、社会（不同人之间的交流和旅行共享）和经济三方面来评估的。

BlaBlaCar从乘客支付给驾车者的费用中收取佣金，以保证平台的收入。对于乘客支付给驾车者的每一笔费用，BlaBlaCar会从中抽取12%作为佣金。基于这种商业模式，BlaBlaCar会在司机设定每个座位价格的基础上自动增加12%的费用。

该公司承担了360名员工的薪酬，以及软件平台和IT基础设施的维护费用。此外，该公司还承担着与营销、广告相关的成本和22个办公室的固定租金。

由于BlaBlacar的用户在节约资金和灵活性方面确实受益，所以BlaBlaCar的服务从经济角度来看是创新的。从社会角度来看也是如此，因为其服务在关系层面上是如此的与众不同。BlaBlacar的社交功能是用户使用该网站的驱动因素。但更重要的是，这是由服务而非产品产生的产出。

BlaBlaCar将共享出行服务重新定义为低中介模式，不仅改变了公司响应出行需求的方式，而且实现了"再社交"功能，这是共享经济最大的承诺之一。

（以上信息来自BlaBlaCar企业网站。）

卡片3-2　Couchsurfing[①]案例——一个旅行者社区

　　年轻的毕业生Casey Fenton想环游世界，但他不想住酒店或旅馆。因此，他搜索了所在大学的在线数据库，并将此请求发送给了数百名大学生。不到24小时，就有50多名年轻人响应了他的请求。

　　Fenton在别人家中居住期间，拥有了一段令人难以置信的经历——房东不仅提供免费住宿，还陪他一同参观只有当地人才知晓的景点。Fenton和他的联合创始人创建了一个门户网站，希望其他人也能够有类似的体验。于是在2004年，Couchsurfing网站诞生了。

　　"Couchsurfing"这个名字的字面意思是"从一个沙发跳到另一个沙发"。通过它的服务，门户网站的会员选择与来自世界各地的旅行者分享他们的生活、经历，并结识外国人。创始人是一群"未曾谋面的朋友"。网站的目标是让旅行成为"真正的社交体验"。

　　社交是推动的引擎，一方面推动"沙发主"免费提供床、沙发或是任何类型的住宿，另一方面推动"沙发客"能在新鲜和未知的目的地找到可以停留的居所。

　　跨文化的交流、联系和分享是这项服务的特征，也是它能成功的原因。

　　Couchsurfing业务的目标客户主要是大学生、冒险家，总的来说，是那些想要找到一种免费的、"社交"的、可以替代传统酒店住宿的人。

　　Couchsurfing打算满足"行动者"怎样的需求？除了节省开支，它提供的最重要的价值是旅行者社区的会员身份，人们通过"分享感"（sense of sharing）彼此联系，既包括物质产品（沙发或卧室）的分享，也包括文化之间的交流。

　　这项服务面向的客户一方面是旅行"沙发客"，他们决定放弃居住舒适的酒店，并"请求"其他人分享一个地方过夜；另一方面是"沙发

[①] 沙发客网站，是提供交换住宿信息的平台，总部位于美国。——译者注

主"，为"沙发客"提供一个房间或一张沙发的人。这些人主要是年轻人、大学生。一般来说，他们有很强的冒险意识和适应能力。

Couchsurfing创造了一个真正的旅行者社区——通过这种方式，所有会员可以相互联系并比较他们的体验。

Couchsurfing不仅专注于提供免费的过夜住宿服务，还创建了一个旅行者社区，其最重要的价值观是互相尊重、对新文化的好奇心和分享。

为了增加对网站上房东的信心，所有会员都可以看到一系列的评估，包括个人资料（包括照片和基本信息）、参考资料（可以是正面的、负面的或中性的）和其他有用的信息。

Couchsurfing的主要合作伙伴是旅行者社区、该地区的各种房东，以及所有推动业务发展的投资者。

除了网络平台和整个技术基础设施，Couchsurfing最重要的资源是它拥有的超过1400万名的会员和20万个不同城市组成的旅行者社区。

Couchsurfing开展的最重要的活动是，网络平台的设计和维护、客户支持和社区管理。

使用该网站提供的服务，有可能减少房屋、公寓管理中诸如水和电等资源的浪费，以及大大减少废气的排放。

Couchsurfing的主要目标是扩大具有极大冒险精神和极强适应能力的社区，以促进对传统住宿方案的可持续发展性和社会性的代替方案。

Couchsurfing提供的服务是免费的：客人在家里时被邀请为主人提供一些力所能及的帮助，但不收费。2011年之前，该公司将自己定义为非营利性组织，网站的运营依靠免费捐款来支持，同年转型为营利性组织，得到多方投资的注入。

Couchsurfing的成本来自对网络平台、App和广告的维护。

（以上信息来自Couchsurfing企业网站。）

三、循环经济

再分配市场（redistribution markets）的概念可以被理解为协同消费和循环经济的理想交融。这一概念背后的理念是，可以将以前由某人拥有但不再需要的商品重新分配给其他客户。这种再分配市场系统的例子有 Freecycle、Share some sugar 和 eBay。这些业务的交易是完全自由的，可以用现金或信用卡甚至是两者组合的方式来支付商品费用。交易既可以在完全陌生的人之间进行，也可以在特定网络上的熟人之间进行；交易可能涉及同等价值或相近价值的物品。再分配市场促进对不再使用物品的回收利用，可以减少浪费并延长物品的使用寿命。术语"再分配"是 5R 的一部分，5R 指的是减少浪费（Reduce）、再循环（Recycle）、再利用（Reuse）、维修（Repair）和再分配（Redistribute）。"更绿色的世界"（greener world）理念和协同消费无疑是维护我们周围环境的根本运动（Botsman 和 Rogers，2010）。也可以说，二手商品的交易并不是一个新现象，它扎根于过去的传统。遗憾的是，在 21 世纪，这种做法的普遍性并不像它本应该的那样广泛。然而，互联网再一次彻底改变了交易的概念，使再分配变得越来越有吸引力，并显著降低了交易成本。交易成本的意思是进行任何形式的交易或者参与市场所需要的成本。在互联网出现之前，闲置商品的交易成本要高得多，利益的响应、交易的管理、谈判和售后活动都不是那么容易的。既然可以在没有障碍的市场内进行交易，那么再分配市场的应用就是实际的、有益的和可持续的。

再分配市场有如下两个意料之外但很积极的影响。

- **环境效益**。产品的不断流通拉长了产品生命周期，减少了资源浪费并降低了碳排放量。与新产品的生产过程相比，回收产品的运输过程对环境的影响更小。
- **社区建设**。这些系统产生的互动促进了人们之间的联系，从而创造了持久的社会资本。

卡片3-3　AHLMA案例——服装中的循环经济

据估计，全球纺织行业废水的排放量占工业废水总排放量的20%；而该行业排放的温室气体比航空和国际航运排放的还多。鉴于这一令人不安的事实，纺织行业的许多企业在其供应网络中实施了循环模式，以减少污染和浪费，并提高企业系统的效率。

以一家位于巴西的纺织公司为例，它由大约70家专门的制造商提供产品。它可以被归类为一个"自上而下"的公司。

在使用循环模式之前，它使用的是经典的线性模式。但是，线性模式存在许多局限性。例如，企业忽视了利用大量废弃物的机会。由于衣物没能得到充分利用，回收率微乎其微，企业每年在这方面的损失超过了5亿美元。

基于这些考虑，AHLMA应运而生，它通过高品质、经济的和中性的服装来提供切实可行的解决方案。

事实上，从产品的概念到最终客户的体验，它重塑了纺织行业的运营系统。循环模式的构想不仅涉及原材料，而且扩展到了整个系统。

在传统模式中，不管材料是否可用，决定权都来自设计师，然后下放到造型师，最后是制造商。为了解决这个问题，AHLMA将行业利益相关者聚集在一起，基于分权决策和当前当地市场条件（如考虑材料的实际可用性，并适应其最终变化）原则，进行服装的协同创造。

AHLMA开展了多项活动，包括：

- 80%以上的原材料来自其他纺织企业因管理不善而剩余的面料。这样就降低了使用全新原材料的必要性。因此，AHLMA服装的生产成本可以比其他企业低，这给制造商带来了额外的收入。
- "开源"设计。所有的设计和模型代码都可以在它的网站上找到，以便在全球范围内扩大影响力。通过这种方式，他们允许任何人复制他们的风格，用可以使用的特定材料生产衣物。

- 精益库存。由于网上交易的销售额占了总销售额的大部分，因此使用精益库存策略可以减少存货大量过剩的情况。
- 可重复使用的装运箱。通过这种方式，企业鼓励客户在其他时候再次使用这些箱子。
- 将如何保存和延长衣服寿命的说明印在衣物里，客户也可以在企业的网站上找到这些说明。
- 开设了一家实体"概念店"，客户可以享受只使用无毒溶剂的清洁服务。这家"商店"里还有一间实验室，可以通过对衣物的保养和改造来修补衣物和延长衣物的使用寿命。

所有这些活动都产生了预期的效益：（1）为生产者带来了正向收益；（2）在价值链中，重塑了供应网络参与者之间的关系，从而使流程得到改善；（3）原材料来源代表着公司投入的低成本；（4）到目前为止，已经有超过10,000件服装使用了回收的面料；（5）消费者的心态从快时尚转变为自觉时尚（conscious fashion）。

（以上信息来自艾伦·麦克阿瑟基金会网站和AHLMA企业网站。）

卡片3-4 Choisy-le-Roy案例[①]——汽车工业的循环模式

汽车工业对原材料和某些贵金属的依赖是其发展的主要障碍之一，这对供应管理提出了挑战。据估计，贵金属整个产业60%的产出用于供应汽车生产。除了金属（无论稀有与否）的短缺和采购困难，对原材料需求的增加也造成了成本的持续上涨。对于汽车工业来说，这些额外的成本每年都会增加几百万欧元。

因此，制造商的主要关切点是能够预见原材料不足的可能性并确保供应链稳定。出于这个原因，汽车厂商们开发了一个能降低目前汽车工

---

① 乔西-勒罗伊（Choisy-le-Roi），雷诺在法国巴黎开设的汽车零部件加工厂。——译者注

业对金属的依赖性的技术解决方案。根据艾伦·麦克阿瑟基金会的数据，欧盟每年回收大约1200万辆汽车，这确实是一笔宝贵的资源。利用这一资源、投资回收技术、增加回收材料的使用，为汽车工业提供了一个非常有希望的前景。

再生（regeneration）和恢复（restoration）使零件或产品恢复到尽可能接近原始零件或产品的状态，从而恢复其特性。

1949年，法国的Choisy-le-Roy开始生产改装的汽车零部件。从那时起，工厂就开始了产品线的丰富化。随着时间的推移，该工厂首先生产的是喷射泵，然后是减速器、喷射器和涡轮压缩机。如今，工厂有325名员工，他们按需生产，保障了六类机制的工程和生产。

再生零件专门用于维修仍在使用的车辆。这样做的优点有很多，例如，这个过程的成本降低了30%～50%。为了确保客户的安全，再生零件要接受与新零件相同的质量控制测试。

通过延长车辆寿命、维修保养、节约能源、减少浪费，Choisy-le-Roy打造了完整的循环模式。此外，这项活动涉及雇用熟练劳动力，这可以为当地创造就业机会（这意味着对可持续发展的社会维度也会产生影响）。事实上，要使这个过程具有经济意义，就必须在车辆使用地进行再生工作。要加工的零件若被运往国外再进行这些循环经济操作，那对本地经济将是毫无补偿的。

其好处从以下这几个数字便可得知：能源使用减少80%，水资源使用减少88%，化学产品使用减少92%，废物产生数量减少70%。

就原材料而言，该工厂不会将废弃物送往垃圾填埋场。据估计，其中43%的废弃物可以重复使用，48%能够在该工厂循环使用以生产新零件，剩下的9%在处理中心进行估价。

这意味着整个过程没有产生浪费。正如经济学所教导的那样，我们在发展过程中决不能停滞不前，而要始终努力改进不足。就机械零件而言，它们生产出来通常是为了维修（with a view to repair），但可以进一步改进所用的材料和部件（以降低维修的频次、难度和物料消耗）。目前正在进行开发"未来"机械零件，例如，改进其设计，使其拆解更容易，并提高材料的可回收性。其他研究正在深化对验收标准和组件可互换性的审查。现在评估这些不同项目的效益和利润还为时尚早，但研究表明，这是一个非常有前景的市场，并正朝着正确的方向发展。

（案例的信息来自艾伦·麦克阿瑟基金会网站。）

第二节 B2B 和 B2C 市场中的产品服务系统

制造商需要根据现实的因素和情境进行相当大的转型。这种转型的一个关键因素是目标市场，或者更确切地说，是企业正在经营的市场或希望通过服务化的产品扩展到的市场。B2B 和 B2C 市场的环境各不相同，企业进行服务化转型必须考虑这些差异。表 3-1 包含了一些不同 B2B 和 B2C 环境下产品服务系统提供的例子。

表 3-1 不同市场和不同背景下 PSS 的例子[1]

服务化程度	PSS 类别	举例
低服务化	产品定制	B2B ● 钢铁解决方案（Arcelor Mittal） ● 节能解决方案（STMicroelectronics; Schneider Electric） ● 可持续性栖息地解决方案（Saint-Gobain） ● 能源和建筑解决方案（Vinci） B2C ● 减少生态足迹的全球性解决方案（Air Liquide）

---

[1] Arcelor Mittal：阿塞洛米塔尔钢铁集团；STMicroelectronics：意法半导体有限公司；Schneider Electric：施耐德电气；Saint-Gobain：圣戈班集团；Vinci：法国万喜；Air Liquide：法国液化空气集团；Renault：雷诺汽车公司；EADS：欧洲宇航防务集团；British Gypsum：英国石膏有限公司。——译者注

续表

服务化程度	PSS类别	举例
低服务化	与产品相关的附加服务：信息和培训	B2B ● 技术使用培训（STMicroelectronics） ● 设立培训中心（Saint-Gobain） ● 能源消耗方面的信息和培训（Schneider Electric） ● 通过产品的生态设计提供环境信息（Vinci; STMicroelectronics） B2C ● 环保驾驶培训（Renault）
	与产品相关的附加服务：生命周期末端服务	B2B ● 回收用于包装的钢材（ArcelorMittal） ● 回收中心分类技术（ArcelorMittal） ● 飞机拆解服务（EADS） ● 报废车辆回收（Renault; JV Indra） ● 建筑工地废弃物回收（Saint-Gobain: British Gypsum 和 Placoplatre） ● 收集、回收、拆解服务（Schneider Electric）
高服务化	使用导向服务	B2C ● Z.E Box 服务（Renault）[①] ● 与电动汽车相关的出行服务（Renault）

资料来源：Laperche 和 Picard（2013）。

从表3-1可以看出，大部分B2B案例是从实践中涌现出来的。这主要是因为PSS是在工业制造这种B2B环境中发展起来的，现在它在这个环境中已经有了相当高程度的扩散。PSS相关产品更适合B2B市场，因为在B2B市场中，制造商和客户更有可能建立合理的关系。例如，Arcelor Mittal在钢铁行业运营，为汽车公司开发与轻钢相关的解决方案；Saint-Gobain实现了绝缘解决方案（主要用于外墙），以满足建筑行业公司的许多需求；Schneider Electric专注于开发能源管理系统，以便更有效地监测和管理能源使用情况。企业大多集中在培训服务和回收或

---

① Z.E Box是雷诺公司针对电动汽车提供的一种打包产品，包含四个方面：电动车辆、电池租赁协议、对充电桩设备安装的支持，以及针对电动汽车的一系列特定服务。——译者注

拆除服务这两个领域来发展额外的服务。培训和教育在B2B背景下是非常有价值的，因为它们能够保证企业更好地开发和利用资产，这是采纳PSS最重要的驱动因素之一。事实上，Saint-Gobain在几个国家都设立了培训中心；Vinci（建筑业）采用生命周期分析法，允许其客户在整个建造过程中监测对环境的影响。在某些情况下，这些服务会直接影响资产的利用率，从而影响使用率和消费效率；在其他一些情况下，这些服务产生的影响是间接的，这些服务旨在监测和提供PSS实体部件的情况反馈，从而解决环境问题和缓解法律压力。

其他涉及产品生命周期末端管理的服务，一般认为是对产品中物理组件的管理。ArcelorMittal开发了一个系统来回收包装中使用的钢部件；EADS管理飞机的拆解和军事场所的清理（收集）；Schneider、Renault（同时也在B2C市场）和Saint Gobain也实施了类似的回收服务，它们将该服务外包给了不同国家的公司（如British Gypsum公司和Placoplatre公司）。

另一方面，在B2C市场中，由于顾客不太愿意接受没有产品所有权的消费（第一章中分析的PSS的主要障碍之一），因此存在一种"非理性"趋势。B2C市场中最成功的PSS例子与共享经济相关，特别是在共享出行方面，共享单车和共享汽车最为成功。值得注意的是，即使PSS在B2B市场中被更广泛地接受，但它的一些更激进的形式也开始出现在B2C市场上，且其发展和创新的速度同样不容忽视。

比较不同使用导向的PSS，许多共享出行和共享经济商业模式的成功示例表明，这一特定产品从市场和客户那里得到了良好的回应。也许可以这么说，基于共享、出租和按使用付费形式的使用导向的PSS，可能是市场中最受欢迎的模式。相反，产品导向和结果导向的PSS根据产品和商业模式各自的特征，会表现出各不相同的竞争力。

第三节 传统制造业的产品服务系统

在传统制造业背景下，产品服务系统见证了其实施和推广的第一批成功经验。正如已经证实的那样，在制造业环境下，PSS 主要是在 B2B 市场上开发和销售的，因为相较而言，B2B 市场相关企业会在更理性的基础上做出决策。在此背景下，我们可以找到 PSS 开发的最"简单"的例子，它们主要属于产品导向类别，但也有一些涉及更加激进的服务化。下面的案例报告了一家企业开发并提供产品导向和结果导向 PSS 解决方案的情况。

卡片3-5　同一家企业，不同的PSS，不同的结果

　　本卡片将介绍同一家企业提供的两项PSS业务。第一项PSS是产品导向的，由一家销售模块化地毯并在B2B市场中运营的企业开发：该企业向其客户销售模块化地毯，并提供包括安装、维护、替换、清除和回收的服务，与客户保持传统的买卖关系。由于对环境的关注，企业主要采用PSS发展循环经济系统。接受采访的经理（产品和创新部副总裁）清楚地认识到，PSS是竞争优势和额外收入的来源，这要归功于一些重要的服务，如涉及拆卸和回收报废产品的回收计划。竞争优势最重要的来源，涉及整个供应链重新配置的一系列过程，以便在公司价值链中实施回收物流和回收设施，后者对竞争者来说是难以复制的。这是因为，

尽管资源（主要是物流基础设施）很容易被复制，但由于需要大量的投资及先发优势，因此它们被归类为有中等程度的复制风险，而这家企业就受益于先人一步进入此服务市场。事实上，PSS设计和配置所需的技术能力则被归类为容易被复制的方面。

这家企业还提供了第二项PSS业务，这项PSS是结果导向的。客户在不拥有所有权和不承担维护责任的情况下，租用模块化地毯系统的服务。该系统不仅包括第一种情况里提出的一系列服务（安装、维护、替换、拆除和回收），还包括一项额外的设计服务，以便更具体地满足客户的需求。虽然这项PSS与第一项PSS有许多共同的特点，也有整套的资源、能力和流程，但实际情况证明它并不成功，自推出以来客户数量很少。根据经理的说法，这可能是由于租赁模式（leasing formula）对客户没有吸引力，反而产生了一种排斥力。

从案例分析中可以看出，引入租赁模式和结果导向的PSS并没有给客户带来显著收益。这意味着产品缺乏吸引力，无法构成经济上的可持续竞争优势。

"更简单"的产品导向PSS能够为企业带来不同于结果导向PSS的可观结果——这里的主要区别在于，租赁模式是以结果为导向的服务的核心，这解释了绩效上的明显差距。虽然这家企业以结果为导向的服务在几年前就已经开始实施了，但如今客户数量也就两三个，这可能是因为租赁模式对客户起到了约束而非激励作用。尽管这两项PSS在实施再利用、再制造和回收服务时都表现出了对环境影响的关注，但与租赁模式所代表的抑制因素相比，促进因素似乎还远远不够。

（所提供的信息和数据来自作者的采访。）

上面展示的案例证实了，概括出与特定类别PSS相关的结果是多么的困难。如前所述，PSS最早是在制造业中发展起来的。表3-2列举了制造企业开发PSS的实例。

表3-2 制造企业从传统产品到PSS的发展[1]

企业	传统产品	PSS	需要的关键能力
Toyota Material Handling Group	叉车	仓库运输解决方案	● 客户内部物流 ● 再制造
Volvo Aero	喷气发动机	"按小时"为机翼提供推力	● 飞行业务 ● 航空公司客户的战略
Marine Jet Power	船舶喷水推进器	喷水推进器系统	● 客户喷射艇运营能力
Sandvik Coromant	金属加工工具	智能制造	● 客户机器投资 ● 客户价值分析
ITT Flygt	水泵	清洁解决方案	● 客户工厂的废水处理能力
Rodeco	塑胶玩偶	水上乐园；游乐场	● 交付、组装和功能测试 ● 开设游乐场能力 ● 儿童安全标准 ● 设施管理
Svenska Expander	机器零部件	膨胀系统	● 客户生产力 ● 大规模定制电子商务系统
Polyamp	DC或DC转换器；AC或DC电源	海军水雷系统；对策应用	● 客户培训 ● 降低所有权成本 ● 海运业使用 ● 供客户使用的软件包
Assalub	润滑设备部件	润滑系统	● 了解客户对减少消耗的需求
Storebro Maskinrenovering	委托生产	机器维修和预防性维护	● 系统地拆卸和重新组装 ● 解决问题 ● 与编程公司合作 ● 操作员培训
Ocean Modules	水下机器人	水下操作	● 客户的水下操作
Industrihydraulik	委托生产	液压系统	● 用于客户活动的液压系统

资料来源：Isaksson等（2009）。

---

[1] Toyota Material Handling Group：丰田叉车；Volvo Aero：沃尔沃宇航公司；Sandvik Coromant：山特维克可乐满；ITT Flygt：ITT飞力公司。——译者注

此外，服务和产品的模块化往往被认为是在制造业背景下成功开发和交付解决方案的一个关键要求。产品和服务之间必要的相互关系，以及许多产品和服务的排他性，可能都是实施PSS或在同一企业内实施不同解决方案的相关障碍。采用模块化方法可以为PSS在制造企业中的传播和采用创造更有利的条件。

第四节 可持续发展驱动产业的产品服务系统

服务型制造和产品服务系统的概念自兴起以来，就一直与可持续发展密切相关，因为它能够影响可持续性的三个维度（社会–环境–经济）。

一些最常见的例子涉及可持续性行业[①]开发的PSS解决方案。例如，能源部门可以提供许多有洞察力的PSS发展实例。图3-4展示了能源服务领域中不同类型的PSS衍生合同。

该框架展示了位于产品–服务连续统一体中三种不同类型的合同。实际上，能源服务公司所处的环境可被视为PSS的能源子集。客户为获得能源服务而签订能源服务合同，构成了"在长期合同的条款和条件下，能源设备关键项目的决策权发生转移，还包括在一段时间内保持和改善设备性能的激励措施"（Sorrell，2005）。框架左边的能源效用合同的基本模型，代表了客户为能源供应付费的"正常"情况。能源服务合同可分为"能源供应合同"和"能源绩效合同"两大类。第一类合同类似于使用导向模式，企业向客户提供能源流，客户基于"每单位有用的能源"（Sorrell，2007）或根据供应水平预先确定的固定价格（Marino等，2011）来支付费用。第二类合同类似于结果导向模式，企业为客户提供"最终能源服务"（Hannon等，2015）。该框架还表明在整个合同期内，设备的哪些部分由能源服务公司拥有和控制。

---

① 即可持续发展性是企业主要目标之一的行业。——译者注

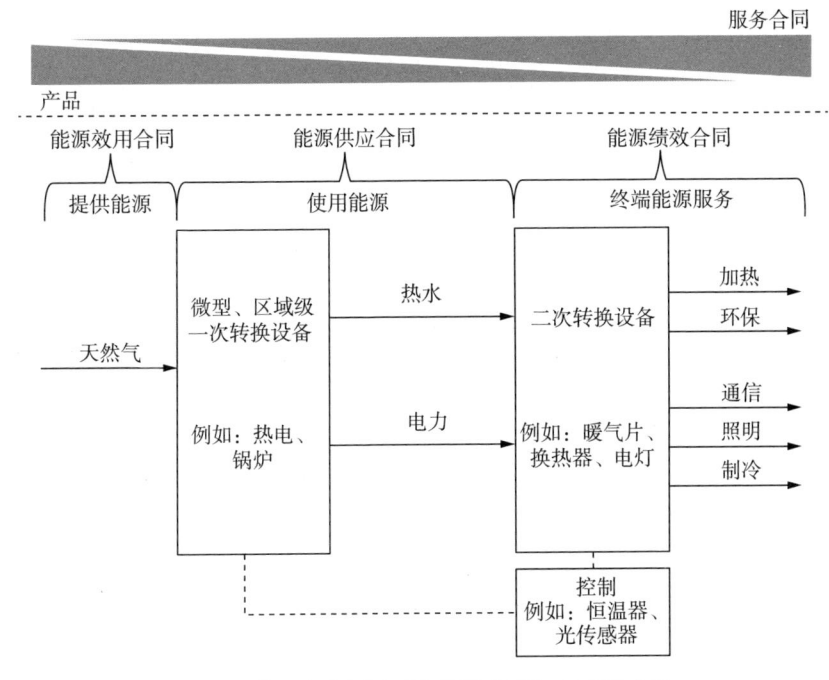

图3-4　能源公用事业和能源服务公司的PSS衍生合同

资料来源：Hannon等（2015）。

另一个有趣的例子是关于PSS在家用太阳能系统领域的开发（Friebe等，2013）的。表3-3包含四个PSS模型，前两个与销售模式相关（基本的PSS产品，类似于产品导向的类别）；后两个涉及服务模式，提供租赁和结果导向的产品。

表3-3　家用太阳能系统的PSS模型

分析项	销售模式		服务模式	
	现金模式	信贷模式	租赁模式	按服务收费模式
市场潜力	低（<3%）	中（<20%）	高（<50%）	高（<70%）
所有权	客户付款后成为所有者	客户通过合同协议成为所有者	租赁期间服务提供商是所有者，租赁结束后所有权归客户所有	服务提供商

续表

分析项	销售模式		服务模式	
	现金模式	信贷模式	租赁模式	按服务收费模式
初始投资	客户	金融机构加上客户首付	服务供应商和最终金融机构	服务提供商
定期付款	无	信贷费用	租赁费用	服务使用费用
维护责任	客户	客户和最终服务提供商	客户或服务提供商	服务提供商
典型的维护服务	无	通常包括一段时间	至少在租赁期间提供	在合同期内提供
对于客户的主要风险	高技术风险	低技术风险	低技术风险	风险很低
对于服务提供商的主要风险	技术风险由制造商承担；财务风险较低	技术风险和最终财务风险	高技术风险和财务风险	很高的技术风险和财务风险
对于金融机构的主要风险	——	高金融风险	中等金融风险（为服务提供商再融资）	中等金融风险（为服务提供商再融资）

资料来源：Friebe 等，2013。

首先，在现金模式中，客户支付家用太阳能系统的费用，由制造商或客户自己安装产品。在这种情况下，产品所有权发生了转移，产品中提供的服务组件也最少。这种模式之所以被称为"现金模式"，是因为现金支付是（预计是）其首选的支付方式。

其次，信贷模式除了包含金融机构或公司本身提供的融资服务（贷款），其余方面与现金模式非常相似。

再次，在租赁模式下，产品变得更加服务化。客户支付家用太阳能系统的使用费用，产品所有权归服务提供商所有。但是，如同其他租赁的一般做法，如果客户之后支付家用太阳能系统的全额费用，那么产品所有权就可以转移给客户。这种模式通常涉及一个财务合作伙伴。由于服务提供商在相当长的时间内保持对产品的所有权，因此他们将会提供高级的服务，如销售服务和维护服务。

最后一种模式被命名为"按服务收费模式"，这几乎完全是一种以结果为导向的服务。服务提供商保有对家用太阳能系统的所有权，而客户根据固定费用或者根据消费情况（如以使用的千瓦时计算）支付费用。在这种模式下，服务提供商提供全方位的服务，首先包括预防性维护和性能监控，以确保系统的正确运行和高水平的服务。显然，这种PSS下，制造商或提供商会面临不可忽视的技术风险和财务风险。

可再生能源领域，或者更确切地说是可持续解决方案领域，也呈现出相当多的产品和商业模式。图3-5展示了Emili等（2016）为可再生能源领域不同PSS案例制定的分类框架。

如图3-5所示，纵轴按产品导向、使用导向和结果导向划分了PSS类别。纵轴越往上，所考虑PSS的环境可持续性潜力就越高。（1）在纵轴的下段，我们有两种基本的服务模式。第一种是销售产品（能源系统），并且提供培训、建议和咨询这类基本服务，第二种是提供额外服务，例如融资、维护和维修。在这些情况下，通过可持续性获得的收益与通过纯粹的产品供应获得的收益相差无几。（2）纵轴的中间段是使用导向的PSS，这里包含长期租赁模式和短期租赁、共享、产品池模式。这些模式的环境效益是不可忽视的，因为它们确保了产品物理组件生命周期的延长，这意味着生产率的降低，从而减少了原材料的投入和废弃品的产生。（3）在纵轴最上段呈现出"按能耗付费"和"按满意度付费"两种结果导向的模式。这两种模式所提供的服务化程度最高，对可持续性环境维度的影响也最大。

另一方面，横轴代表目标客户，范围从"个人"（左侧）到"社区"（右侧）。框架的下半部分还涵盖了该范围的产品示例，例如，供个人家庭使用的"迷你套件"和能够为广泛客户提供服务的能源设施"微型电网"。

图3-6展示了一个相同的框架，其中包含了一些原型模式。

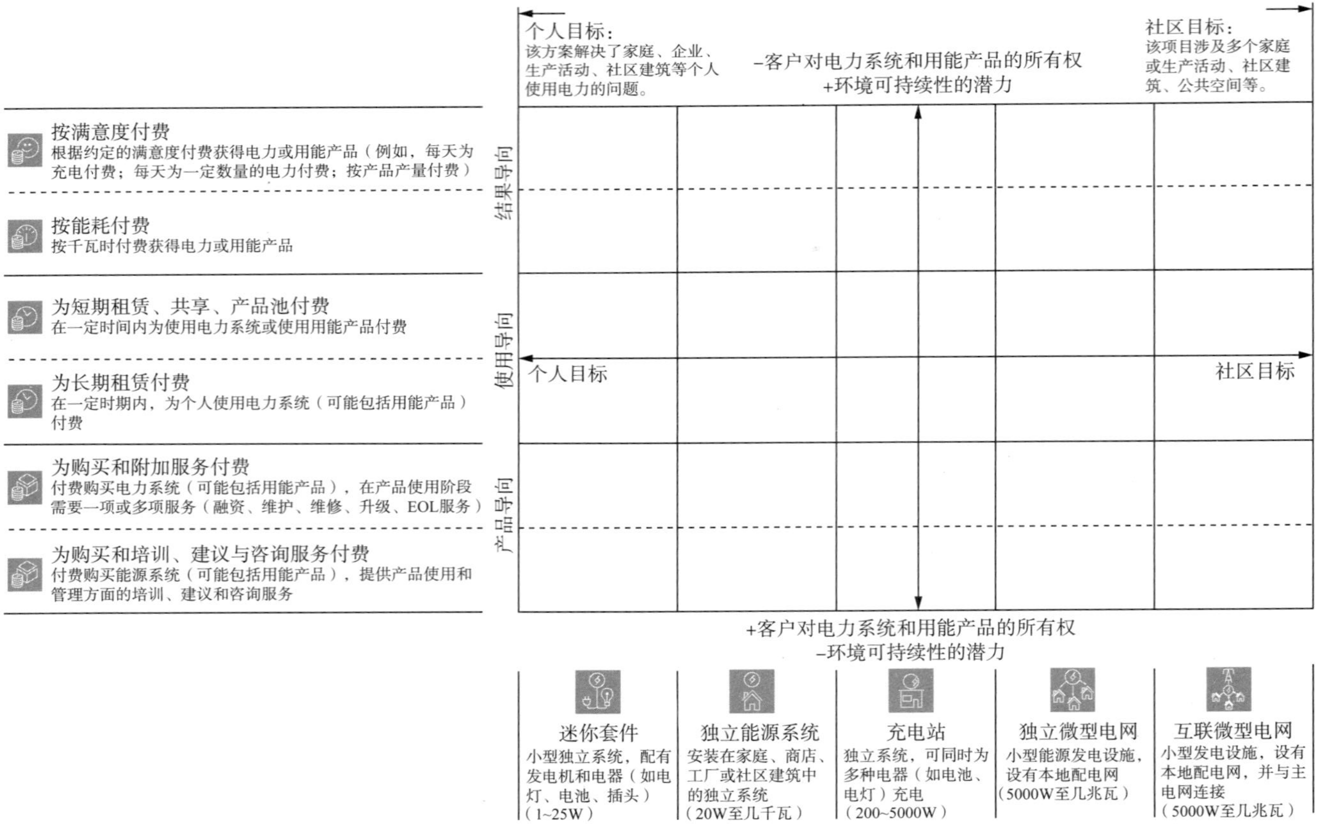

图 3-5 可再生能源领域的 PSS 分类

资料来源：Emili 等（2016）。

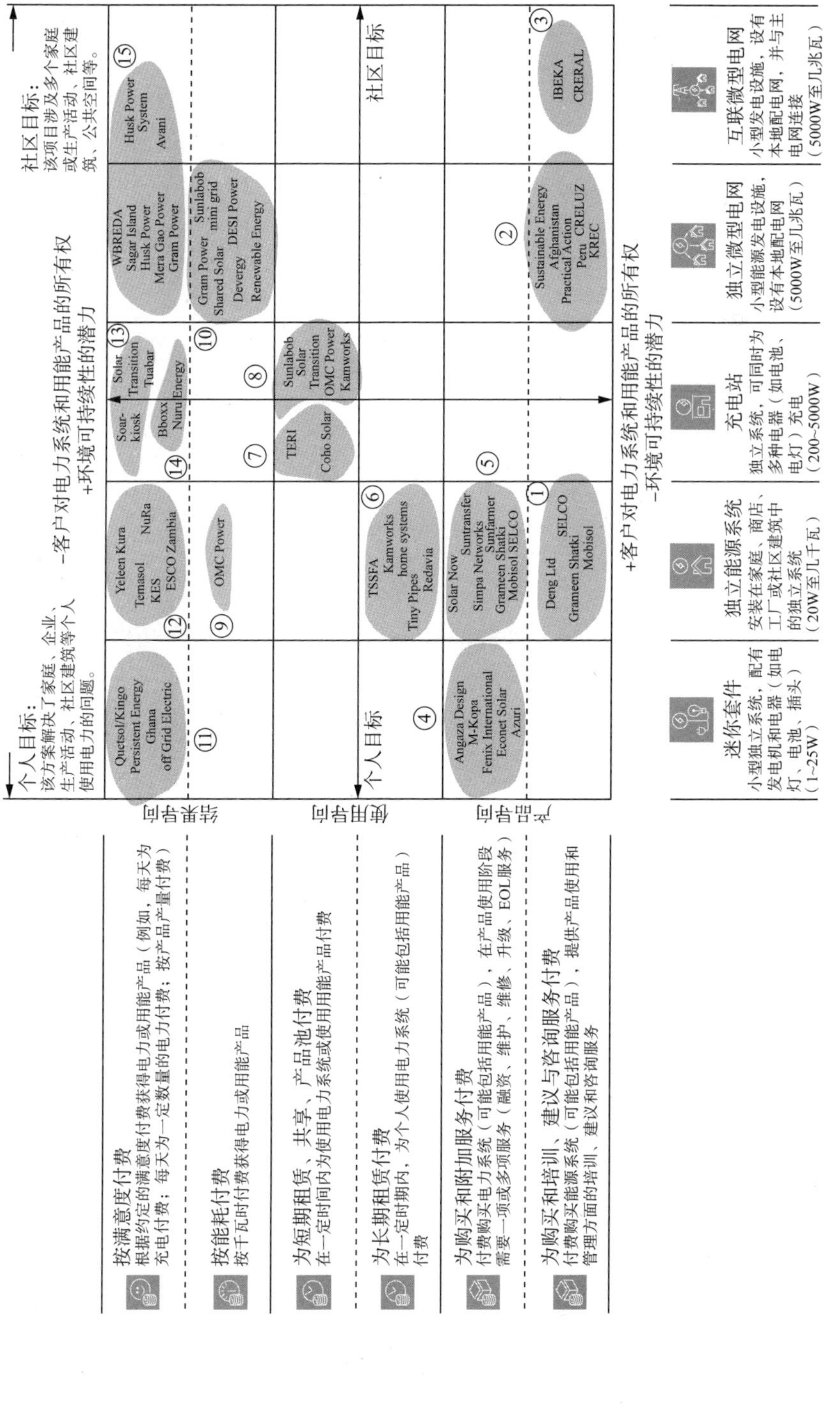

第三章 | 产品服务系统的竞争市场 • 099

图 3-6 包含了原型模式的可再生能源领域的 PSS 分类

资料来源：Emili 等（2016）。

这15种模式简要介绍如下。

模式1：销售独立的能源系统并附加培训和咨询服务。这是一种基本的产品导向模式（见图3-7）。

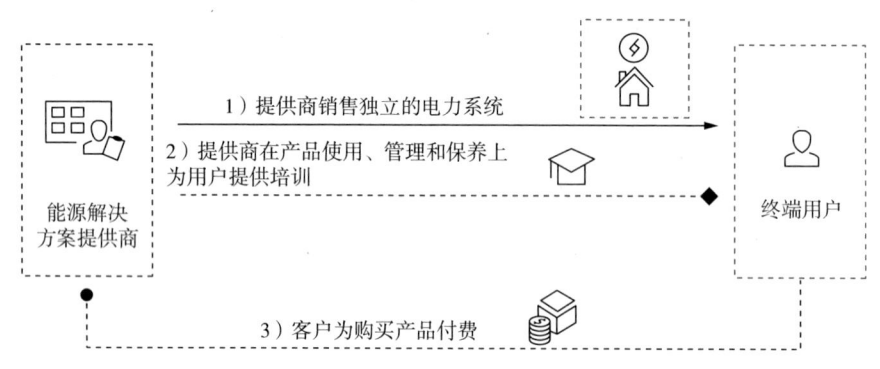

图3-7　模式1：销售独立的能源系统并附加培训和咨询服务

资料来源：Emili等（2016）。

模式2：为社区拥有和管理的独立微型电网提供咨询和培训服务。在这种模式下，客户是社区而不是个人，但服务提供的性质并没有改变（见图3-8）。

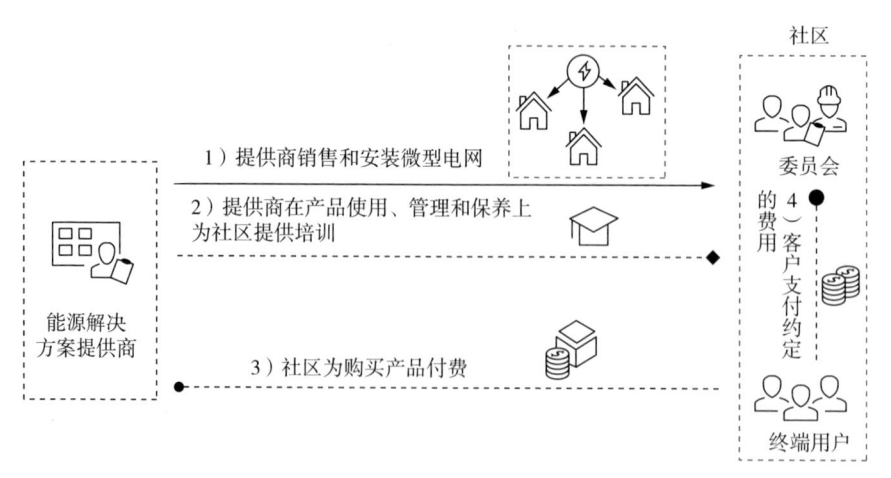

图3-8　模式2：为社区拥有和管理的独立微型电网提供咨询和培训服务

资料来源：Emili等（2016）。

模式3： 为社区拥有和管理的互联微型电网提供咨询和培训服务。这与前一个模式非常相似，唯一的区别是出售的PSS与当地或国家的能源服务网络相连，而不是像前一个模式那样独立（见图3-9）。

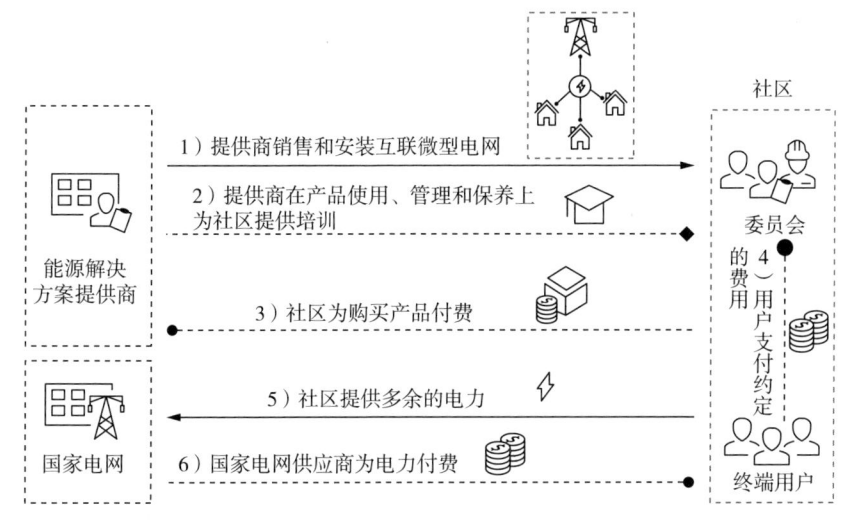

图3-9 模式3：为社区拥有和管理的互联微型电网提供咨询和培训服务

资料来源：Emili等（2016）。

模式4： 销售带有额外服务的迷你套件。这些额外的服务包括融资或一些基本形式的维护（主要由客户决定），以及培训和咨询（见图3-10）。

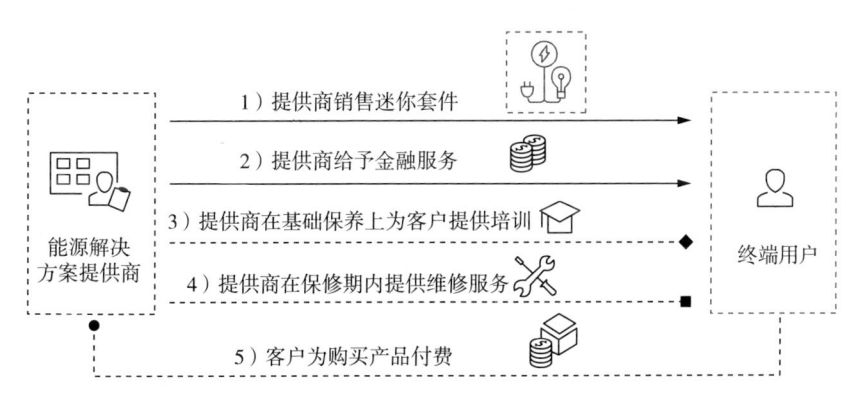

图3-10 模式4：销售带有额外服务的迷你套件

资料来源：Emili等（2016）。

模式5：销售带有附加服务的独立能源系统。这种模式与之前模式的区别在于，提供的实物产品不是迷你套件而是单个能源系统。在这种情况下，所售产品更复杂的性质意味着，向客户提供的附加服务存在一些差异，例如，更具体的安装服务及培训、维护和维修服务（见图3-11）。

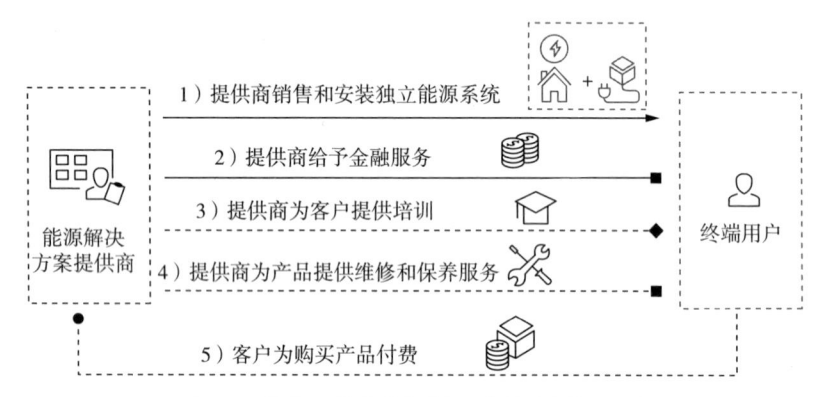

能源解决方案提供商 → 终端用户
1）提供商销售和安装独立能源系统
2）提供商给予金融服务
3）提供商为客户提供培训
4）提供商为产品提供维修和保养服务
5）客户为购买产品付费

图3-11　模式5：销售带有附加服务的独立能源系统

资料来源：Emili等（2016）。

模式6：以租赁的方式提供独立能源系统（和用能产品）。这是第一个不涉及产品所有权直接和即时转移的模式。正如其名称所示，该模式采用了基于租赁的付费方式，提供商提供维修和保养的一整套服务，以确保产品的耐久性（见图3-12）。

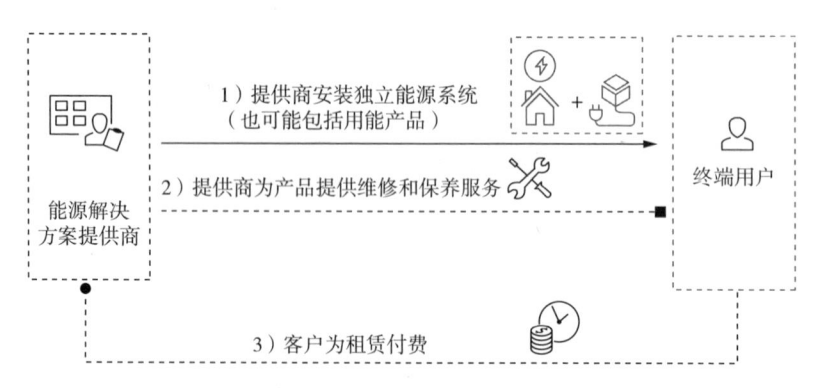

能源解决方案提供商 → 终端用户
1）提供商安装独立能源系统（也可能包括用能产品）
2）提供商为产品提供维修和保养服务
3）客户为租赁付费

图3-12　模式6：以租赁的方式提供独立能源系统

资料来源：Emili等（2016）。

模式7：通过当地企业家拥有和管理的充电站出租用能产品。在这种模式下，充电站与用能产品一起被卖给当地企业家，所有权随之发生转移。然后，企业家负责将产品租给终端用户，并按使用次数收费。提供商向当地企业家提供培训和融资服务，然后由后者负责维护充电站和用能产品（见图3-13）。

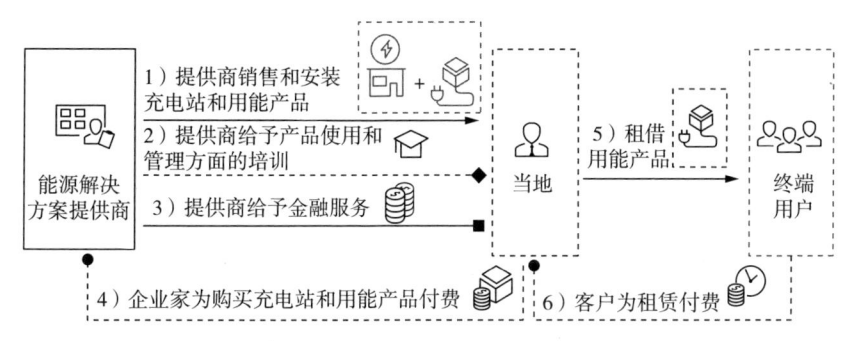

图3-13　模式7：通过企业家拥有和管理的充电站出租用能产品

资料来源：Emili等（2016）。

模式8：通过当地企业家或社区管理的充电站出租用能产品。提供商安装充电站后，允许终端用户使用用能产品。在这种模式下，提供商保持对充电站的所有权，但由当地企业家或客户社区负责管理，并为租赁充电站和用能产品向提供商付费（见图3-14）。

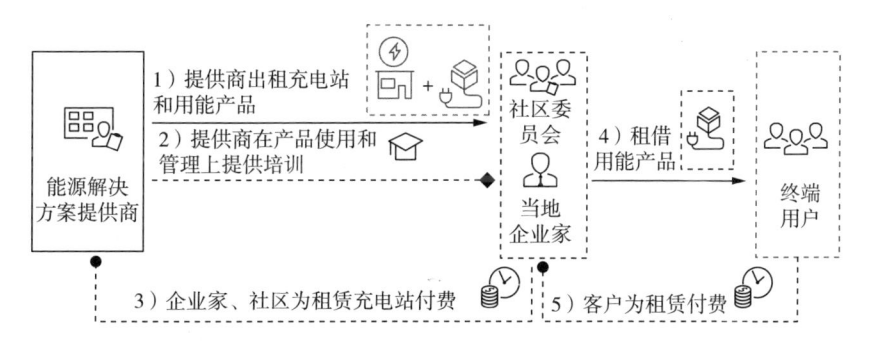

图3-14　模式8：通过当地企业家或社区管理的充电站出租用能产品

资料来源：Emili等（2016）。

模式9：通过独立能源系统以按消耗量收费的方式提供能源（和用能产品）。在这种模式下，客户根据能源消耗量付费。提供商保持对该系统的所有权，并提供所有必要的服务以确保产品功能完好和耐久性（见图3-15）。

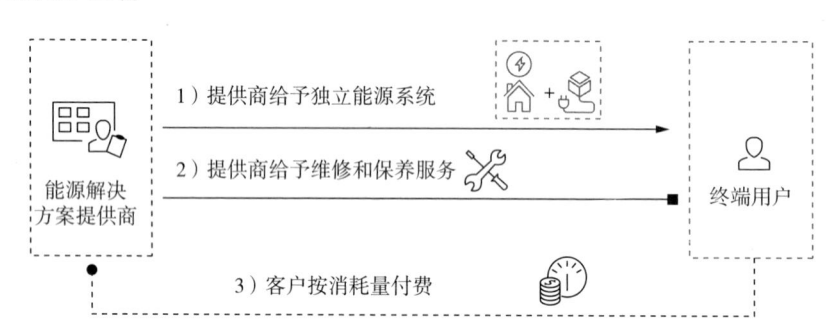

图3-15　模式9：通过独立能源系统以按消耗量收费的方式提供能源

资料来源：Emili等（2016）。

模式10：通过独立的微型电网按消耗量收费的方式提供能源（和用能产品）。提供商在社区范围内安装微型电网，其所有权归提供商所有。终端用户根据系统的使用情况付费。在这种情况下，社区或当地企业家可能负责管理和维护微型电网。如果涉及当地企业家，它代为收取基于消耗量的费用并将费用转交给提供商（见图3-16）。

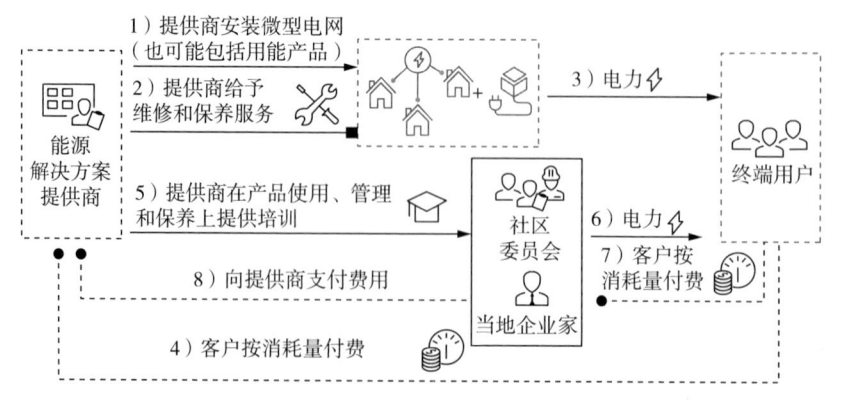

图3-16　模式10：通过独立的微型电网按消耗量收费的方式提供能源

资料来源：Emili等（2016）。

模式11：通过迷你套件以按满意度收费的方式提供能源和产品。提供商安装带有用能产品的迷你套件，客户根据提供商提供的服务包支付费用。整体服务包括维护、修理和其他服务。提供商对所有产品拥有所有权（见图3-17）。

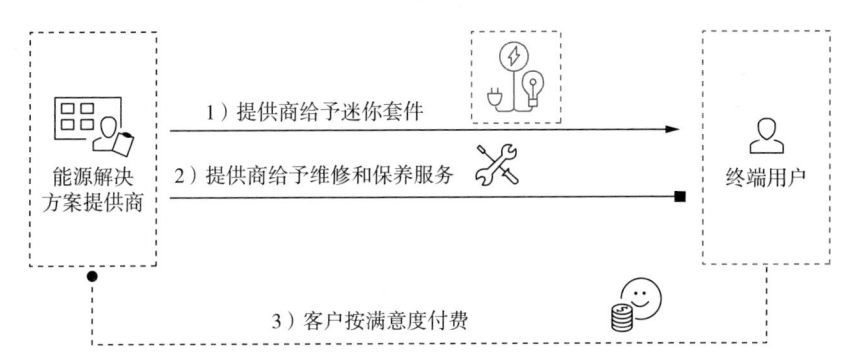

图3-17　模式11：通过迷你套件以按满意度收费的方式提供能源和产品

资料来源：Emili等（2016）。

模式12：通过独立能源系统按满意度收费的方式提供能源和产品的使用权。该模式与之前的模式非常相似，不同之处在于客户按月付费购买独立能源系统，以便每天获得固定时长的能源（见图3-18）。

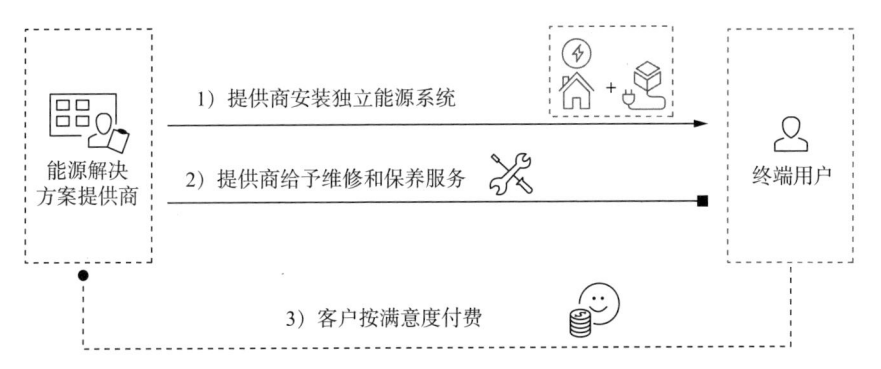

图3-18　模式12：通过独立能源系统按满意度收费的提供能源和产品的使用权

资料来源：Emili等（2016）。

模式13：通过社区或当地企业家管理的充电站按满意度收费的方式提供用能产品。该模式类似于模式8，但在这种情况下，企业家或社区负责提供一套与能源相关的服务（如从打印到IT服务），客户按满意度单位付费（如按打印的份数付费）。企业家或社区负责管理、运行和维护系统，并将部分利润转移给提供商（见图3-19）。

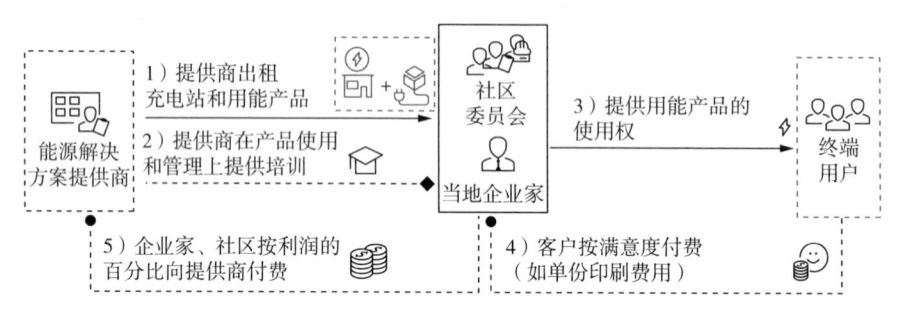

图3-19　模式13：通过社区或企业家管理的充电站按满意度收费的方式提供用能产品
资料来源：Emili等（2016）。

模式14：通过企业家拥有和管理的充电站提供充电服务。在这种模式下，只有一位企业家参与并通过充电站为客户提供充电服务。企业家拥有该系统并负责所有相关服务。与前一种模式一样，企业家将部分利润转移给提供商（见图3-20）。

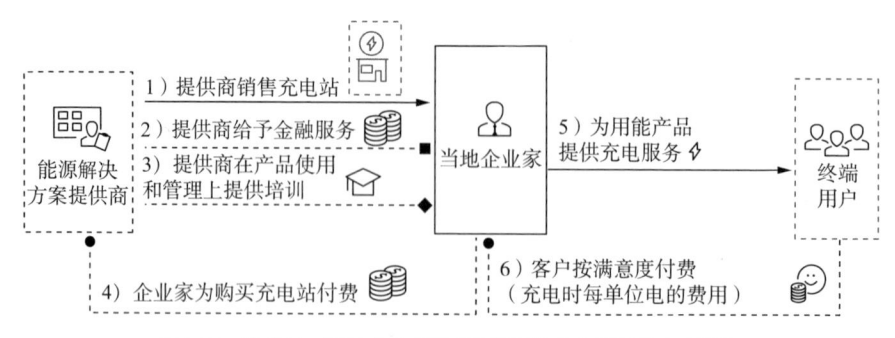

图3-20　模式14：通过企业家拥有和管理的充电站提供充电服务
资料来源：Emili等（2016）。

模式15： 通过微型电网按满意度收费的方式提供能源（和用能产品）。在这种模式下，提供商安装微型电网（可以连接或不连接到主电网）和提供相关产品，客户为每天固定时长的能源使用付费（见图3-21）。

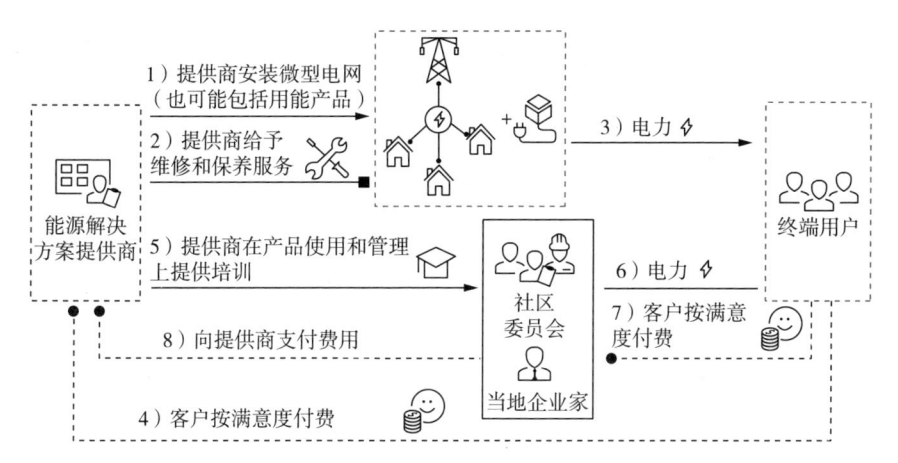

图3-21 模式15：通过微型电网按满意度收费的方式提供能源

资料来源：Emili等（2016）。

第五节 数字驱动产业的产品服务系统

服务型制造的广泛应用在组织内部引发了一系列重要的结构性和程序性变革，这些变革往往受到并行的数字化路径的影响，即企业内部越来越多地使用数字化技术，使其相互联系。人、系统、公司、产品和服务正在使新的、难以置信的商机得以显现。

在过去的50年里，信息技术在商业和竞争环境中带来了一系列令人难以置信的创新，因此所谓的第三次工业革命发生在20世纪下半叶也并非巧合。

在过去10年中，我们也见证了这一领域的革命再次成为可能。因为新的信息技术现在可以在产品中使用和实施。由于先进传感器、软件和集成处理器的存在，产品已经成为了解客户的真正窗口。在使用过程中，产品会产生实时数据，并通过一个持久的在线平台与提供商分享。这一事实为客户和提供商带来了一系列优势，提供商拥有大量的使用数据，他们可以利用这些数据来改善为当前客户提供的服务，以同时实现有针对性和有效的未来创新。但是，这种新型产品的生产和交付并不容易，需要对从设计到售后服务的整个价值链和业务流程进行重组。近年来，为了定义这种现象及其影响，人们使用了"第四次工业革命"这一术语。

为了使全球经济的数字化演变成为可能，一系列技术进步和相关竞争已经出现了。例如，电子元件的日益小型化、能源效率的提升、高计算性能和低成本存储容量的实现，以及可以加快软件开发速度并减少投资成本的工具开发（Porter和Heppelmann，2014）。IPv6[1]互联网协议的发布更好地支持了这一点，该协议现在已经提供了340万亿个新的互联网网址，能够与每个智能设备相关联。

要充分发挥这种新型产品的全部潜力，需要通过重大投资来开发真正的技术基础设施，并改变组织上上下下的各个方面。连接的核心要素是公司的在线结构——在云中有可用于存储客户数据的数据库，以及能够管理、标准化和解释这些数据的工具，以便推断客户状态，并能够采取适当的计划来有效地应对任何新出现的问题或需求。由于主要业务系统（如CRM、ERP）被集成到了数字生态系统中，并且可以利用产品数据库来优化其活动，因此企业的所有职能也都与之相联[2]。

一、数字化的障碍和驱动

考虑到数字化的复杂特性，数字化为企业开辟了一系列全新的可能性，但同时其自身也有一系列的实施障碍。

第一个需要克服的障碍是员工对变革的抵制（Iansiti和Lakhani，2014）。没有什么比说服一个人改变他们的信仰或习惯更为困难的了，毕竟组织中实施数字技术意味着组织将产生重大的变化，变革者必须谨慎对待人类与生俱来的本性。要充分挖掘数字革命的潜力，企业的各个职能部门必须打开自己的"信息孤岛"，了解与其他部门合作和数据共享的重要性。通用电气提供了关于这种心态转变不那么痛苦的具体例子（Iansiti和Lakhani，2014）。在线上上传共享技术平台时，通用电气给了各部门选择的自由。在很短的时间内，收入和绩效方面的改善对整个组

---

[1] IPv6，即第六版互联网协议，用于取代IPv4来解决互联网网址耗尽的问题。——译者注
[2] 在这样一个互联的世界中，任何地方都可能获得大量的敏感数据，因此网络安全现在发挥着至关重要的作用。任何决定走数字化道路的企业都必须在网络安全领域投入大量资源，以确保平台上的信息不受外部入侵，并避免失去蕴含于其中的实质性竞争优势。

织来说是显而易见的，甚至最不情愿的业务部门也终于相信了创新的好处，进入了IT平台。

产品数字化的一个明显的障碍是数字化需要一个发达和普遍的通信网络，它通过技术基础设施连接整个组织，并允许管理大量的数据（Lerch和Gotsch，2015）。目前只有结构最完善的企业才能保证类似数量的投资，但幸运的是，这种条件只是提供高级数字服务的必要条件。为了提供复杂性较低的服务，许多组织可以采取渐进的路径，仅对其价值链的一部分进行数字化（Coreynen等，2018）。然而，无论一家企业想要走什么样的发展道路，它都不能忽视的一点是，在组织内部实施数字化需要大量的流动资金，而且这些投资的效果只有在数字生态系统开始形成的时候才能看到。许多企业难以接受这样规模的资金"落入虚空"（leap into the void）。

在经济方面不那么困难但同样重要的障碍是，很难找到能够开发和管理数字化并对企业产品和流程提供创新的合格员工（Lerch和Gotsch，2015）。正如前一章所强调的，与客户直接接触的理想员工需要具备跨学科技能，在面对数字产品日益增加的复杂情形时，能够解释智能产品产生的数据并支持客户从中推断信息。但是现实中，这类员工的数量并不多，因为专门针对这类角色的培训几年前才开始有。因此，各组织不得不争夺这些少数可用的人才。然而，数字化进程的开始也可能意味着这方面的另一个问题——并非所有进行数字化评估的企业从一开始就拥有IT职能。发现自己处于这种情况中的组织，可能会把必须进入一个他们未曾探索过的领域作为一个主要障碍，他们需要下决心在组织结构图中创建并构建一个新的职能部门，并保证有适当的技术或技能的资源来开发和管理自己的技术基础设施（Porter和Heppelmann，2015）。

关于这个主题的最后一个有趣的因素是数字化带来的复杂性。组织永远无法以独立的方式面对这种复杂性，而必须仔细评估在价值链中自己需要做出哪些投资。更具体地说，为了建立自己的数字生态系统，许多企业需要与电子和IT行业的重要参与者——有时甚至是竞争对手——

建立各种联系、建立合资企业、建立合作伙伴关系，或是投资众包项目以分散风险和责任（Iansiti 和 Lakhani, 2014）。此外，鉴于为实现各种数字能力所需的智能产品均需要电子元件，要想开发出数字化的方案，就必须接受电子元件制造商进入自身的供应网络，而这些制造商往往是各行业的巨头（如英特尔）。因此，数字化存在着一个真正的风险——这些产品可能会大幅提升向客户提供的价值，但与此同时，也会削弱传统制造商在供应链中的权力，以及降低其利润份额（Porter 和 Heppelmann, 2014）。

除了障碍，组织还必须考虑数字化的驱动因素。驱动因素中最重要的可能是数字化能够提高组织对客户了解的意愿（Porter 和 Heppelmann, 2015）。正如本章已经多次强调的那样，数字化对企业业务的主要贡献是它能够产生令人难以置信的数据。这些数据直接来自客户的操作，如果能得到适当利用，便可以产生价值，或创造新的商业机会。通过适当的分析，并对比其他数据，企业就有可能深入而详细地了解客户的实际情况，了解客户的需求是什么，甚至可以识别任何隐藏的需求。可以理解的是，很多时候，这些商业机会不是通过修改物理产品，而是通过更新服务获得的。

最后一个观察引入了数字化的另外一个重要驱动因素。通过发展数字能力，企业可以充分挖掘自身适应实际情境的潜力。数字化使更先进和更复杂的服务成为可能（Lerch 和 Gotsch, 2015），同时允许以更低的成本和更短的时间对服务进行更高程度的定制（Porter 和 Heppelmann, 2015）。具体来说，企业可以远程更新产品中的软件、改进性能和改善向客户提供的服务。数字化定制现在不仅适用于服务业务，得益于3D打印机等"附加制造"仪器的普及，也适用于产品模块化。数字化定制保证了最接近最终客户的前台单元，能够对最初组装的标准化方案进行微小的更改，并在短时间内将方案提供给客户。

最后，发展数字基础设施也有助于提高市场的进入壁垒（Porter 和 Heppelmann, 2014）。当提供商设法开发一个复杂且集成的生态系统时

（如3.1节所示），对于没有相同设施的竞争对手来说，要想实现充分竞争就会变得特别困难。建设基础设施需要的资源量巨大，甚至在评估这种可能性时都很少有企业能够承受面临的压力。此外，如果市场上其他组织已经对客户提供了智能产品和服务，企业就面临客户与其他组织关系更紧密的情况，这时企业的处境就变得更为艰难。

二、数字化与服务化的关联

通过批判性地分析数字化，我们可以看出它与服务化是如何相互关联的。具体地说，这涉及各自的障碍、驱动因素和环境因素。

首先，二者的障碍之间的联系是多方面的。例如，制造商对分布在客户附近的设施网络的需求，不久前还是实施其自身所提供服务的主要障碍之一，现在，则由于数字化转型而大大减弱了，因为数字化能够提供远程监控方案这一工具（Kindström和Kowalkowski, 2014）。

即使是人们所担心的"服务化悖论"[在实施以服务为中心的模式后，尽管营业额有所增加，但总利润却有所下降（Gebauer等，2005）]，也可以通过数字化得到大大缓解。事实上，向PSS政策转型付出的代价可以更小和更有弹性。在缺乏资源的情况下，可以选择将"服务"放在后台——提高其内部流程的效率，或是放在前台——确保与客户建立更紧密的关系以深入了解其需求（Coreynen等，2018）。缺乏能够支持组织流程改进技能的合适人员和对变革的抵制，对于数字化和服务化这两种现象来说是共通的。尽管解决二者的障碍所需要的技能是不同的，但对于这两种现象来说，所需要的人员很可能都是难以找到的，这可能会阻碍企业走上服务化或数字化的道路。另外，对变革的抵制也有细微的差别。在服务化的情况下，企业需要接受在整个生命周期内管理产品的风险和实物产品不再是产品核心的事实，这是两种心态的转变（Coreynen等，2018）。而数字化则有不同的内涵，因为它改变了企业内部流程本身，要求各职能部门彼此密切合作，并向其他部门开放其"信息孤岛"，这在组织情境下是不容易被接受的。

其次，就驱动因素而言，这两种现象的影响是多方面的。(1)这两种现象的驱动因素之间有明确的联系。如果企业决定开发一个基于服务的方案，以便与其客户建立长期关系，那么对客户流程的深入了解肯定会促使企业从客户处获得数据，因此，企业就必须拥有能够捕捉数据的传感器等数字仪器，以及能够解释并将其转换为信息的软件。鉴于智能产品的特性，即使是与道德和环境相关的长期关键问题，也可能得到改善。由于数字硬件的存在，许多产品功能可以简单地更新而无须物理干预。而在此之前，为了更新或升级这些功能，产品总是需要进行物理上的替换，但随之而来的是废弃品的处理问题。(2)进入壁垒的提高，同时也是数字化转型的一个驱动因素。因为这两种现象都提高了市场的复杂程度。其创造的生态系统对于一个潜在的竞争对手来说，如果没有相同的资源，或者只有纯粹的产品，将很难融入其中。

从上述比较中得出的结论是，采用服务化商业模式的决策往往与数字能力的发展相一致——即使不是这样的，从长期发展来看它们也是一致的。事实上，在任何情况下，数字化的有利影响都将与PSS的有利影响一致。

第三，服务化和数字化之间的相互联系也可以通过观察这两种现象的背景因素来分析。事实上，我们可以说服务化和数字化都会对价值创造、产品设计、营销和交付系统及企业价值链产生影响。

从价值创造过程来看，对于客户企业数据的获取——我们可以将其定义为建立服务价值的材料生产过程——通过数字化发展得到了有效（数据量）和高效（更快提供）的实质性改善。因此，正如Lenka等（2017）强调的那样，技术创新是数字化的内在要求，并细分为情报能力、连接能力和分析能力。这有助于实现或显著增强价值共创的两个关键机制——感知机制和响应机制，使组织更了解客户的流程，并使其更具反应能力，从而及时响应客户的需求。

正如数字化所强调的，对于采用服务化商业模式的企业来说，数字化的优势不仅局限于内部流程，还延伸到与客户共享的价值创造领域。这保证了向客户提供服务的复杂性，以及与客户进行更大合作的可能性。

数字化再次成为使服务化更加有效和高效的关键因素，这对于开发PSS不是必需的，但如果它存在，就有助于结果的改善。

对于产品的设计，这个领域最深刻的演变无疑是产品以模块（产品模块、服务模块和信息模块）形式分别开发，并且这种开发通常是并行的，以利于后期的集成。与之前相比，现在的服务模块遵循结构化开发原则，开发步骤与产品开发类似（Kindström 和 Kowalkowski, 2009）。在这个过程中，后台部门通常使用从安装现场和前台部门收集的信息来开发产品模块（Kindström 和 Kowalkowski, 2014）和标准化服务（Ulaga 和 Reinartz, 2011），但前台部门随后也可以在本地进行开发或修改，以满足特定的客户需求。如果产品内含有数字元素，产品的这种弹性显然会变得更加简单，因为即使在销售后，前台部门也可以通过简单的软件远程更新来轻松修改产品。此外，由于开发了先进的技术平台，有可能在各个后台和前台部门之间更便利地开展数据共享和通信便利、标准化工作和创建单一渠道等工作，从而获得更大的优势。但是，对于非常结构化的企业来说，考虑到各种设施在地理上的分散性，这种优势并不明显。

进一步讲，可以分别从销售阶段和售后阶段分析数字化对营销和交付系统的影响。

为了清楚地评估这两种现象之间的关系，我们需要为销售阶段寻找具有从技术到经济和管理方面多样化知识的新员工。他们不仅需要知道如何从纯技术的角度来描述产品，而且能够驾驭"数据流"，对其进行解释并将它们转化为信息传达给客户。这个因素也存在于这两种现象的障碍中，因为在劳动力市场上很难找到这样的人才。但是，一旦被找到，他们就会在企业和客户之间建立的创造价值的合作过程中发挥主要的作用，因为他们经常被安排在与客户直接接触的领域，以充分利用其难能可贵的才能。

就售后阶段而言，服务化意味着：

- 需要一个现场服务网络（Kindström 和 Kowalkowski, 2014）。
- 与客户保持长久的联系，有时甚至是在产品的整个生命周期。

而对于数字化，售后阶段的作用在于：

- 开发新的业务职能来管理这一阶段（Porter 和 Heppelmann, 2015），如通过 Dev-Ops[①] 监测客户产品、装备的性能，并开发和管理软件和服务的更新功能；管理客户体验的功能，保证客户通过 PSS 获得的价值最大化。
- 有能力以远程和预防性的方式提供服务（Porter 和 Heppelmann, 2015; Baines 和 Lightfoot, 2013）。

最后，无论企业进行数字化还是服务化转型，都会影响其所在的行动者网络。

正如我们所看到的，供应链的扩展是这两种现象的共同结果。尽管与模型中的其他情况类似，但在这两种情况下的含义还是略有不同的。在服务化的情况下，扩展供应链是为了降低管理 PSS 产品的复杂性和风险，或增加整体产品的价值。在数字化的情况下，我们同样需要找到盟友来应对复杂性，但在这种情况下，我们关注的不是供应，而是技术平台的建设和管理。因此，我们有必要向具备电子或 IT 技能的新行动者开放，以支持企业完成这项艰巨任务。此外，鉴于活动日益复杂，企业正朝着越来越专业化的方向发展，这需要所有行动者之间通过一个技术平台进行良好的沟通。在这种情况下，为便于实践，企业需要创造一个同质的环境和一个可以进行信息交流的标准渠道。

---

① 即 Development 和 Operations 的组合，用于促进开发、技术运营和质量保障部门之间的沟通、协作与整合。——译者注

本章小结

» 对可持续发展的经济、环境和社会三个维度的关注，正在塑造现代竞争环境。

» 协同消费和共享经济为企业提供了新的、尚未开发的机遇。

» 再分配的概念是在共享经济和循环经济之间产生的，是一种有希望促进商品再利用和商品循环的新方法。

» 服务型制造产品在B2B和B2C市场上可能有很大的不同。

» 在制造业中可以找到许多成功实施产品服务系统的案例，但鉴于案例的多样性，我们很难归纳出一般性的成功因素。

» 成功实施PSS的案例也可以在可持续发展驱动产业中找到，例如可再生能源的供应。

» 数字化可以被视为一条通往服务化的平行路径，它带来了一系列结构和程序上的变化。

原版书参考资料

A. Azarenko, R. Roy, E. Shehab, A. Tiwari, Technical product-service systems: Some implications for the machine tool industry. J. Manuf. Technol. Manage. **20**(5), 700–722 (2009)

T. Baines, H.W. Lightfoot, Servitization of the manufacturing firm. Int. J. Oper. Prod. Manage. **34**(1), 2–35 (2013)

A.P.B. Barquet, M.G. de Oliveira, C.R. Amigo, V.P. Cunha, H. Rozenfeld, Employing the business model concept to support the adoption of product-service systems (PSS). Ind. Mark. Manage. **42**(5), 693–704 (2013)

R. Botsman, R. Rogers, *What's mine is yours, the rise of collaborative consumption* (HarperCollins, New York, NY, 2010)

R.B. Bouncken, A.J. Reuschl, Coworking-spaces: how a phenomenon of the sharing economy builds a novel trend for the workplace and entrepreneurship. RMS **12**(1), 317–334 (2018)

M. Cook, T.A. Bhamra, M. Lemon, The transfer and application of product service systems: from academia to UK manufacturing firms. J. Cleaner Prod. **14**, 1455–1465 (2006)

W. Coreynen, P. Matthyssens, R. De Rijck, I. Dewit, Internal levers for servitization: How product-oriented manufacturers can upscale product-service systems. Int. J. Prod. Res. **56**(6), 2184–2198 (2018)

J. Elkington, Corporate strategy in the chrysalis Economy: Corporate Environmental Strategy **9** (1), 5–12 (2002)

S. Emili, F. Ceschin, D. Harrison, Product-service system applied to distributed renewable energy: A classification system, 15 archetypal models and a strategic design tool. Energy Sustain. Dev. **32**, 71–98 (2016)

C.A. Friebe, P. von Flotow, F.A. Täube, Exploring the link between products and services in low-income markets—evidence from solar home systems. Energy Policy **52**, 760–769 (2013)

H. Gebauer, E. Fleisch, T. Friedli, Overcoming the service paradox in manufacturing companies. Eur. Manage. J. **23**(1), 14–26 (2005)

M.J. Hannon, T.J. Foxon, W.F. Gale, 'Demand pull' government policies to support product-service system activity: the case of energy service companies (ESCos) in the UK. J. Cleaner Prod. **108**, 900–915 (2015)

M. Iansiti, K.R. Lakhani, Digital ubiquity: How connections, sensors, and data are revolutionizing business (digest summary). Harvard Bus. Rev. **92**(11), 91–99 (2014)

O. Isaksson, T.C. Larsson, A. Öhrwall Rönnbäck, Development of product-service systems: Challenges and opportunities for the manufacturing firm. J. Eng. Des. **20**(4), 329–348 (2009)

M. Khorram-Niaki, F. Nonino, *The management of additive manufacturing. Enhancing business value* (Springer International Publishing AG, Basel, CH, 2018)

D. Kindström, C. Kowalkowski, Development of industrial service offerings: A process framework. J. Serv. Manage. **20**(2), 156–172 (2009)

D. Kindström, C. Kowalkowski, Service innovation in productcentric firms: A multidimensional business model perspective. J. Bus. Ind. Mark. **29**(2), 96–111 (2014)

B. Kuijken, G. Gemser, N.M. Wijnberg, Effective product-service systems: A value-based framework. Ind0 Mark. Manage. **60**(1), 33–41 (2017)

B. Laperche, F. Picard, Environmental constraints, product-service systems development and impacts on innovation management: Learning from manufacturing firms in the French context. J Cleaner Prod. **53**, 118–128 (2013)

S. Lee, Y. Geum, H. Lee, Y. Park, Dynamic and multidimensional measurement of product-service system (PSS) sustainability: a triple bottom line (TBL)-based system dynamic approach. J Cleaner Prod. **32**, 173–182 (2012)

S. Lenka, V. Parida, J. Wincent, Digitalization capabilities as enablers of value co-creation in servitizing firms. Psychol. Mark. **34**(1), 92–100 (2017)

C. Lerch, M. Gotsch, Digitalized product-service systems in manufacturing firms: a case study analysis. Res. Technol. Manage. **58**(5), 45–52 (2015)

R. Lozano, Envisioning sustainability three-dimensionally. J. Clean. Prod. **39**(16), 1838–1846 (2008) http://dx.doi.org/10.1016/j.jclepro.2008.02.008

E. Manzini, C. Vezzoli, A strategic design approach to develop sustainable product service systems: Example taken from the 'environmentally friendly innovation' Italian prize. J. Cleaner Prod. **11**, 851–857 (2003)

A. Marino, P. Bertoldi, S. Rezessy, B. Boza-Kiss, A snapshot of the european energy service market in 2010 and policy recommendations to foster a further market development. Energy Policy **39**, 6190–6198 (2011)

D. Maxwell, R. van der Vorst, Developing sustainable products and services. J. Cleaner Prod. **11**, 883–895 (2003)

M.P. Miles, L.S. Munilla, J. Darroch, Sustainable corporate entrepreneurship. Int. Entrepreneurship Manage. J. **5**(1), 65–76 (2009)

H. Patzelt, D.A. Shepherd, Recognizing opportunities for sustainable development. Entrepreneurship: Theor. Pract. **35**(4), 631–652 (2011)

M.E. Porter, J.E. Heppelmann, How smart, connected products are transforming competition. Harvard Bus. Rev. **92** (2014)

M.E. Porter, J.E. Heppelmann, How smart, connected products are transforming companies. Harvard Bus. Rev. **93**, 96–112 (2015)

R. Roy, K.S. Cheruvu, A competitive framework for industrial product-service systems. Int. J. Internet Manuf. Serv. **2**(1), 4–29 (2009)

S. Shokoyar, S. Mansour, B. Karimi, A model for integrating services and product EOL managemen in sustainable product service system (S-PSS). J. Intel. Manuf. **25**, 427–440 (2014)

S. Sorrell, The contribution of energy services to a low carbon economy. *Tyndall Centre Technical Report 37*. Tyndall Centre for Climate Change Research (2005)

S. Sorrell, The economics of energy service contracts. Energy Policy **35**, 507–521 (2007)

A. Tukker, Product services for a resource-efficient and circular economy—a review. J. Cleaner Prod. **97**, 76–91 (2015)

W. Ulaga, W.J. Reinartz, Hybrid offerings: How manufacturing firms combine goods and services successfully. J. Mark. **75**(6), 5–23 (2011)

V.K. Velamuri, B. Bansemir, A.K. Neyer, K.M. Möslein, Product service systems as a driver for business model innovation: Lessons learned from the manufacturing industry. Int. J. Innov. Manage. **17**(1), 1–25 (2013)

S. Witjes, R. Lozano, Towards a more circular economy: Proposing a framework linking sustainable public procurement and sustainable business models. Resour. Conserv. Recycl. **112**, 37–44 (2016)

第四章

触发产品服务系统的战略优势

本章特别分析服务型制造和产品服务系统主题所涉及的主要战略问题，旨在呈现和解释服务型制造发展中的新战略模式，并与近期或更新（recent or renewed）的业务趋势和模式相联系。例如，可以将共享经济和循环经济视作服务型制造战略的现实情境。具体地说，第一节解释了战略规划的概念和路径依赖的作用，以及其在服务型制造和产品服务系统情境下的重要性；第二节分析了传统竞争战略（成本领先战略、产品和服务差异化战略、利基市场战略），以及其在产品服务系统相关情境下的发展；第三节讨论战略优势的核心及其驱动力；第四节通过风险分析、可持续性测定、工具使用来预测和评估服务型制造的战略价值，从而介绍如何评估产品服务系统竞争优势的可持续性。

第一节 将产品服务系统转化为竞争战略

近年来，制造业发生了许多变化。越来越多的企业决定不再将注意力放在销售简单物质产品的市场上，而是放在能够尽可能地满足终端客户需求的市场上。这一日益向服务经济发展的变化，带来了对影响当今世界的环境问题的关注。从过去人们认为资源取之不尽、用之不竭，到现在人们越来越意识到终端客户和我们生活环境的重要性。要实现这一转变的关键问题是：能否将服务经济的概念传播给那些心态仍在过去的人们——这些人更重视占有物质本身，而不是客观利益（the objective）。前者是一种买交通工具而不是车辆、买印刷品而不是影印机的服务经济，也被视为一种功能性经济（functional economy）。

在这种情境下，企业可以通过精心设计的创新的商业模式，利用一切机会来创造一个基于服务型制造和产品服务系统的竞争战略。

一、战略制定的过程

战略制定的过程要求企业通过制定适当的行动方案来确保其有能力达成战略目标。显然，为了使企业的目标与其资源和能力相匹配，企业必须制定适当的战略规划。该过程还包括对组织运营（operates）的情境（context）和环境的仔细研究。战略制定过程对于制定有效的战略、为组织提供明确的重点和方向、转化为行动计划，都至关重要。

战略制定过程可分为六个步骤，这些步骤在实践和文献中得到了广泛认可：

第一步，研究和定义组织环境；

第二步，研究和定义战略使命；

第三步，研究和定义战略目标；

第四步，研究和定义竞争战略；

第五步，实施已制定的战略；

第六步，分析和评估执行的进度和结果。

第一步：研究和定义组织环境

明确识别和定义与客户相关的活动，是战略制定过程的起点。事实上，一家企业如果不能满足其客户群的需求，就不可能在竞争中和财务上取得成功。

在PSS战略制定的特定情境下，客户需求被视为商业模式整体价值主张的基础要素，因而显得尤为重要。制造商必须始终考虑客户选择购买特定产品、服务的原因，准确地说，客户寻求的是利益（benefits）而不是功能（features）。因此，对客户所寻求利益的识别是整个战略制定过程的起点，也是其最重要的部分。

随后的步骤涉及一个或多个目标群体的确定：该过程主要考虑心理指标，而不仅仅是人口指标。因此，依据客户的价值观、意见（opinion）、态度及生活方式和习惯来识别（潜在）客户，就显得更为重要了，这在B2C市场环境中尤甚。但是，从更加理性和可预测的B2B市场来看，企业不可能考虑上述所有心理测量因素，但是，企业的使命和愿景可以被视为其价值观、态度和意见的良好表征。

最后一个关键因素与技术进步和创新速度有关：这些因素通常会导致交易（market）和市场（marketplace）[①]的快速变化，使竞争环境更加动荡和不确定。如今，随着科技创新和数字创新在几乎所有行业的普

---

① 交易是一种行为，市场是交易的场所。——译者注

及，这些竞争问题已成为几乎所有现代企业运营的共同环境要素，如果在战略制定过程中予以充分发展和嵌入（inserted），服务化就可以为企业提供显著的战略灵活性。

第二步：研究和定义战略使命

战略使命通常着眼于长期战略目标。它是在企业发展计划中确定战略路径和战略优先事项的第一个关键要素。战略使命的制定要求企业将其价值观和未来愿景，与自身资源、能力（abilities）、竞争力（capabilities）和市场定位相匹配。

第三步：研究和定义战略目标

战略目标的定义主要要求制造商确定绩效目标，并将绩效目标进行转化（translated）和操作化（operationalized）。这种操作化努力的例子包括产品、服务的生产率、相对市场地位、市场份额、客户服务率、创新开发和市场引入的速度等。

这部分流程的一个关键步骤是，与企业员工和利益相关者就战略目标和绩效目标进行沟通。此外，组织成员的参与可以确保在业务层面和个人层面上更恰当、更及时地转化目标。

第四步：研究和定义竞争战略

战略制定过程的后续步骤是将战略目标与企业运营的竞争环境相联系。了解这种竞争定位对整个组织，乃至所有职能部门和个人而言，都是至关重要的。事实上，企业的竞争定位取决于组织内部所有领域和要素的贡献。

企业不断受到市场变化的威胁：应对这些变化的战略关键是制定积极的应对措施，并在组织各个层次上进行沟通，以便就战略威胁和应对措施建立共享的知识并达成共识。

定义竞争战略的最后一步是确定关键资源，并确定如何使用这些资源。资源分配还需要本组织所有领域（area）和职能部门的参与，以便以最有效的方式充分利用现有资源，为满足战略需求和目标做出贡献。

在定义竞争战略时，必须特别考虑三个关键因素，即行业或市场、竞争地位及内部优势和劣势。

对行业的分析和评估必须包括市场规模、市场增长率、市场的潜在盈利能力、新进入者的比例，以及与行业性质和特征相关的威胁。所有这些因素都必须在行业和市场监控的迭代和持续努力中加以考虑和评估。

就竞争地位而言，企业在竞争中取得成功的关键是充分了解市场上的其他参与者。所谓"知己知彼，百战不殆"，识别竞争对手要求企业能够了解自己的优势和劣势，以及自己的产品是如何满足客户需求的。

了解自己的优势和劣势，并考虑优劣势与竞争环境的关系和交互作用，是企业定义其竞争战略的最后一个关键因素。对优势的精准管理应侧重于它们的杠杆作用，以便最大限度地发挥派生优势[1]。对弱点和相关脆弱性的认识，是企业确定适宜的威胁应对策略并确定改进领域的关键。

第五步：实施已制定的战略

组织一旦明确认知了自己、自己的目标，并研究了市场和竞争对手，就必须将战略落实到位。战术（tactics）在这一实施步骤中起着关键作用，它们被定义为使组织能够为战略实施建立和发展基础的一系列行动。企业必须理解这个过程的迭代性质，因为只有确定了最有效（和最无效）的战术，战略实施方法才会动态地改变和改进。

第六步：分析和评估执行的进度和结果

实施之后需要定期监测计划，并对结果进行衡量和评估。由于每个战略计划都是由战略目的（objectives）和绩效目标（targets）组成的，因此组织必须了解计划是如何被实施的，以及战略过程如何与这些目标（goals）相匹配。如果需求和目标没有得到满足和实现，企业就必须进行适应性和灵活性的变革。

---

[1] 杠杆作用：该词源于物理学，意指利用支点来以小博大。派生优势：指从主要优势中分化出来的优势，在市场竞争中纲举目张。——译者注

二、路径依赖在战略制定中的作用

从对 PSS 的研究中可以看出，特定行业或企业的规模对于战略制定的影响没有显著差异，但路径依赖（企业以前的投资及惯例，作为其"历史"限制着其未来行为），似乎是影响 PSS 采用和成功的一个主要因素。

理解路径依赖概念及其影响的第一步是明白"传统经济学"和"新正反馈经济学"（new positive feedback economics）之间的区别：根据 Arthur（1990）的说法，被确定为第一类的业务（businesses）和企业（firms），在很大程度上避免了（avoid）收益增加或路径依赖；而第二类的业务和企业则接受它们[1]。

路径依赖的基本定义涉及次要或明显无关紧要优势的作用，这些优势可以对企业的一系列决策产生重要且不可逆的影响。也可以说，路径依赖产生了"被历史事件锁定"的效果（Arthur, 1990）。

路径依赖有三种不同的类型（或形式），分别是一级、二级和三级路径依赖（Liebowitz 和 Margolis, 1995）。一级路径依赖产生于敏感性依赖（sensitive dependence）[2] 不会造成实际伤害或不良后果时：这是一种将企业限制在某条确切且貌似最佳路径上的初始行动（表现出转换或变革的成本）。在这种情况下，即使在制定战略的过程中发生了一些错误，组织也可能从中获得有用的经验教训和隐性知识，这些经验教训和隐性知识将在战略制定和实施的自我强化过程中发挥作用。

二级路径依赖与不完全信息的存在密切相关[3]。事实上，企业有时会根据现有的知识做出有效的决策，但在回头看时，这些决策的效率其实

---

[1] 传统经济学认为，随着投入的增加，收益将呈递减趋势，因此应当避免路径依赖；而新正反馈经济学由于认为存在多个均衡点，所以认为投入的增多有可能带来收益递增的结果，由此认为可以接受路径依赖。——译者注
[2] 敏感性依赖意指当面临决策时，企业优先依赖过去在相似条件下的决策经验。——译者注
[3] 不完全信息指市场参与者不拥有某种经济环境状态的全部知识。在管理学中，不完全信息是管理者为有限理性而非完全理性的原因之一。——译者注

并不高。在这种情况下，被选路径（以及由此产生的锁定）会使企业获得低效的结果。但是，我们必须承认，在做出决策时，最优和最有效的路径是不可知的。鉴于有限的知识和推导边界，这种情况不能被认为是真正低效的。正如"在信息不完善的地方，不可避免地会表现出一些持久的承诺，这些承诺会随着信息的不断揭示而显得逊色。这一问题在以敏感性依赖作为初始条件时尤为明显"（Liebowitz 和 Margolis，1995）。因此，二级路径依赖可以被视为由预见错误导致的结果。

与二级路径依赖类似，三级路径依赖源于初始条件的依赖，将企业置于具有锁定效应的低效路径上。然而，在三级路径依赖下，企业有足够的信息来识别低效。换言之，企业可以预见一些具体、可行的调整来识别和实现最佳解决方案，但仍受到无法获得该解决方案的限制。事实上，企业的战略和运营选择过程若没有考虑所有的成本和收益，就会产生三级路径依赖。这突出了企业战略制定的重要性。

> **卡片4-1　服务化中的三级路径依赖**
>
> 　　本案例呈现的是一家面向产品的 PSS 企业。这家企业专注于在 B2B 市场上提供与大件家用电器（白色家电）相关的商务洗衣服务和食品服务。这些服务是产品-服务业务的核心，具体包括人员培训、运营信息管理（减少停机时间）、基本融资服务、维修和备件供应。这种 PSS 不构成竞争优势，也不支持企业超越竞争对手——向客户提供的服务被认为是产品的一个必要特征，不能被看作一种"附加"，即不提供这些服务就意味着无法满足客户的基本需求。在本案例中，被认为最重要的 PSS 要素是资源，主要包括服务基础设施和专用人力资源，以及组织流程，以确保企业在本领域的专业形象和卓越的维护服务质量。尽管服务基础设施是 PSS 的重要组成部分，但被认为是易于复制的，而独特的组织流程是企业隐性知识的一部分。
>
> 　　在本案例中，开发与 PSS 相关的产品，作为应对市场需求和压力的

自然反应，可被视为三级路径依赖的例子。的确，发展PSS并投资于服务基础设施而没有差异化的目标（没有获得竞争优势的意愿），使该企业处于不利的竞争地位。因为目前的业务并没有提供任何竞争优势，所以PSS有关结构的进一步发展将迫使企业承担不可忽视的成本。企业选择投资PSS仅仅是为了满足眼前的需求，而没有长远的规划，这使得企业走上了一条本可以很容易预测和避免的低效路径。

（资料和数据均取自作者访谈）

第二节 产品服务系统驱动的传统战略

战略的概念可以被看作目标（企业使命）和职能政策（指导方针、战术）的正确组合，它们一起定义了组织在市场上的位置。因此，战略包括在一段时间内实现和维持目标，而不是单纯地实现单次的成功；战略是一个持续的过程，通过目标与现实资产的结合，使企业有能力实现目标，并参与推动市场的演变。一家企业想要成功，其战略必须在其优势和劣势与外部市场的机会和威胁之间保持恰当的平衡。

企业所采用的战略一般可以通过两个维度来确定（Porter, 1985）：

- 目标市场（广义目标 vs 狭义目标）
- 竞争优势（成本 vs 差异化）

这些维度使识别不同类型的战略成为可能，具体来说，就是成本领先战略、差异化战略和聚焦战略（见图4-1）。

成本领先和差异化代表了："……创造和获得竞争优势的两种根本不同的方法……通常情况下，一家企业必须在它们之间做出选择，否则就会被困在中间。"（Porter, 1985）差异化是一个昂贵的过程，无法通过降低成本（以及价格）来实现。决定采用第一种战略的企业，旨在通过创造一种不同于竞争对手的低价产品来增加市场份额。为了实现这样的目标，企业可以采用很多方法：大规模生产、持续的过程改进、最小化成本和消除浪费、全面质量管理（TQM）、标杆管理，以及对外部环境的持续控制等。另一方面，那些决定专注于第二种竞争战略的企业，决定通过专业的努力来使他们的产品和服务在市场上独一无二，由于这一特性，企业可以维持比大多数竞争对手更高的价格。

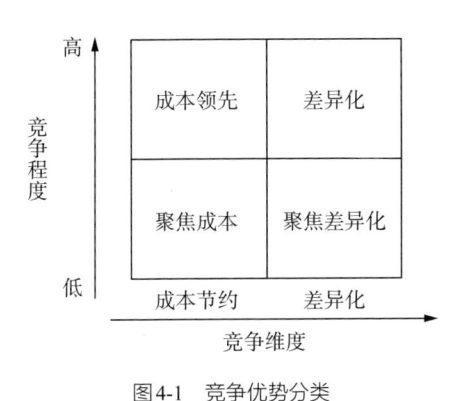

	成本节约	差异化
竞争程度 高	成本领先	差异化
竞争程度 低	聚焦成本	聚焦差异化

图4-1　竞争优势分类

有许多研究集中在企业为获取竞争优势所必需的资源和流程上，最重要的是"条条大路通罗马"，企业只有采用最恰当的战略，才能在一段时期内保持高水平的绩效。其理念是，当企业有能力在一段时期内保持高水平的绩效时，企业就能够获得稳定的财务回报。

一、成本领先

成本领先战略的目标是，在给定的行业内以最低的成本获得较竞争对手更低的价格。因此，该类企业可以吸引更多的客户。为了实现这一战略，企业必须在降低成本的同时保持面向目标客户的产品基本特性，而成本优势是建立在竞争对手难以复制或复制成本过高的前提下的。这一战略适用于特定的市场情况，即：

- 当客户（consumer）对价格特别敏感时；
- 当提供的产品是无差异的时；
- 当所有终端客户使用产品的方式是相同的时；
- 当客户可以轻松地从一种产品切换到另一种产品，而不会产生高转换成本时；
- 当买家（buyer）的集中增加了他们的议价能力时；
- 当市场新进入者可以通过低价来获得市场份额时。

实现成本领先战略的关键是在价值链中发挥作用，通过消除一切多余的活动来实现生产效率的最大化。这可以通过利用规模经济、最大化生产能力、降低成本、外包或整合活动，以及提供日益标准化的产品来实现。

对于成本领先战略，目标的实现基于有效率的经营，因此，当这种效率来源是暂时的，容易被模仿或由于新技术、改进技术的出现而不再发挥作用时，竞争优势也将是暂时的，不会带来持续和长期的盈利。Barney在2002年解释这一概念时指出："……如果一个行业中的许多企业可以实施成本领先战略，或者如果没有企业在模仿成本领先战略方面面临成本劣势，那么成为成本领先企业并不会为一家企业带来任何竞争优势。"成本领先战略竞争优势的来源之一是技术和工艺的持续改进，但由于创新的扩散，这种优势容易被竞争对手模仿。竞争优势的其他来源是规模经济和组织内部学习，但这种方式的进入门槛特别低。从文献中读者可能会发现，许多作者强调采用这种战略的企业可能会由于技术的不断改进和生产过程中相应的成本降低而陷入恶性循环中。

我们可以考虑福特汽车公司的案例。该公司一直专注于生产T型车，以达到可能的最低成本，但与此同时，这使得该组织容易受到通用汽车公司提出的创新战略的竞争。准确地说，这种问题确实导致福特随着时间的推移改变了战略。事实上，最初的战略基于成本领先，这使得大多数美国人，而不仅仅是高端客户，都能买到汽车。竞争优势是流程简化而大幅降低成本带来的。主要的问题是上文提到的，即从模仿竞争开始，随着时间的推移企业很难保持这种优势。事实上，1927年，通用汽车成功地超越了福特汽车，成为美国最大的汽车制造商，其生产流程越来越高效，但同时，它也提供了更广泛的差异化产品。正因如此，今天的福特，为了在世界市场上竞争，在保持其基本的成本领先战略的同时，也转向了差异化战略。

如上所述，在制造企业内部采用PSS模式有许多好处，但也存在许多障碍。正是这些障碍极大地抑制了成本领先战略的采用，采取成本领先战略的企业，难以为彻底的组织变革进行巨额投资。一家决定进行PSS变革的制造企业，肯定需要投入时间和资金对员工进行再教育：在制定一项战略时，实现效率提升、时间减少和成本降低是关键（a fundamental key），但这是很难做到的。例如，一家汽车制造商若总是专注于以特别低的成本向大量客户提供汽车，就很难将其重点从车身和发动机的生产转移到维修保养和汽车共享上，因为这些事情到目前为止都不在企业的考虑范围内。另一方面，它也必须投资于特定类型的营销，对客户做真正的心理引导工作，以牺牲收入为代价来强化使用价值的理念。为了规避这种类型的障碍，企业可能会决定实施品牌战略，这显然会导致更高的成本，从而限制PSS作为一种低成本战略的采用。另一个可能令这类企业望而却步的问题是，PSS的好处不是即时的和易于解释的，客户切实体会到第一个真正的好处所需要的平均时间很长。对于制造企业来说，更大的困难是，他们从单纯的产品销售转向"产品-服务包"销售，也需要改变成本在企业中的核算方式。在服务中，客户只会为他们认为真正有价值的服务付钱，虽然有可能有一些定量的衡量标准（如提供的单位服务的数量或开发新客户的数量），但服务的质量（可以决定价格）只能通过主观标准来衡量，如最终客户的满意度。此外，通过提供相同的"产品-服务包"来保持相对较低的经济成本，同时试图减少资产对环境的影响，对企业来说其实是一个真正的挑战。

制造企业在采用PSS商业模式之前，必须考虑到这将涉及中长期投资和现金流的不确定性（Mont, 2004）。

准确地说，对于这一系列动机，采用成本领先战略的制造企业可以将其视为引入以产品为导向的PSS的第一步，这当然会涉及企业内部不太激进的变化和继续使用标准化政策的可能性，以响应具有一定体量的子市场对低成本的偏好。文献还强调了生产"简单"产品的企业与生产"复杂"产品系统的企业在采用服务方面的实质性差异。当我们谈论"简单"产品时，我们指的是那些针对大量典型客户的标准产品——部分研究中注意力减少的部分，强调这可能是采用PSS最不明显的战略。然而，近年来，已有研究分析了服务是如何在简单和标准化产品领域的销售额中占到10%~30%的比重的。此外，正如在传统的成本领先分析中所强调的那样，越来越多的企业正处于这样一种情况：他们以低成本战略为基础开始了某种程度的差异化探索，即使在产品支持系统的背景下，也有可能发现这种情况。事实上，在标准化产品上增加服务是一个重要的机会，可以针对日益饥饿的市场制定更具竞争力的战略。在这个市场上，有时无限制地降低成本是不现实的，企业必须另辟蹊径以求生存。

二、产品与服务差异化

差异化战略的目的是向市场提供一种具有独特性和不可模仿特点的产品或服务，从而防止竞争对手提供相同的最终产品。有时，差异化在于提供市场上尚未出现的产品、服务，而有时它可以简单地看作是通过适当的营销活动使客户产生了一个不同的看法。这种类型的选择是在特定的市场条件下做出的：

- 当存在不适应标准化产品的异质客户时；
- 当存在对品牌和独特性敏感的客户时；
- 当存在不同厂家对于同一品种的产品、服务，提供差异化产品、服务的可能时；
- 当快速的技术发展提供了改进和差异化供应的可能时。

这些条件下，产品、服务的最终价格将高于平均水平，因为它包含了企业提供差异化产品所需的额外成本，并且必须反映终端客户感知的价值。

不可避免的是，由于竞争对手很难模仿市场上公认的产品和服务的独特性，因此通过差异化战略获得的优势更有可能随着时间的推移而持续下去。事实上，差异化不是一件简单而直接的事情，但它的产生得益于特定流程的开发和强大的研发投资，这使企业能够开发大量资源，随着时间的推移保持高水平的绩效。专注于差异化的企业将注意力集中在客户及其需求上，因此，企业也与终端客户建立了更牢固的联系，这反过来创造了"企业的声誉"。因此，这类企业往往会在研发项目、技术联盟、品牌和专利注册方面进行投资，以保护自己免受竞争之害。由于品牌和企业形象的认可，一系列决定产品、服务出现的更难模仿的因素，使得企业和客户之间的关系更加持久。但与此同时，许多研究表明，实施这种战略所取得的成果也更加不稳定。随着时间的推移，制造企业发现自己所处的市场越来越多变和不确定，创新和产品差异化所产生的成本并不总能得到终端客户的回报。

说到差异化，基于向客户提供的商品来区分产品差异化和服务差异化是一种好的方式。区分产品的特征主要是最终给客户的价格、形式、特征、个性化，以及性能、一致性、持续时间和可靠性方面的最佳质量。提供差异化服务的企业依赖以下特征：其产品和服务易于订购、有明显标识、易于安装，以及在维护和维修的使用阶段更加靠近客户。

因此，竞争动机越来越多地建议制造企业将他们的产品视为主要资源，并将服务的并行开发视为差异化的来源。事实上，强调这一点很重要，因为从事高科技行业的制造企业也发现，实体产品往往很难在市场上脱颖而出。这一问题是由日益激烈的市场竞争引起的，这种竞争将重新降低产品的价格。因此，在这种情况下，采用PSS模式被视为在企业差异化战略中创造竞争优势的最佳方法。

正是这种现实使他们发现自己正在采用差异化战略。在实际情况中，产品差异化战略是引入服务化最为重要的战略之一，其最终目的是进一步扩大优势，提高其产品在市场上的独特性。所以，很多原先以产品生产和销售为基础的企业，现在把服务作为一种差异化的市场战略，通过这些服务，他们能够获得大部分的收入。在差异化领域，也可以强调支持产品的PSS如何增加对手的市场竞争壁垒。事实上，"产品-服务包"更加难以模仿，同时也削弱了客户的议价能力，由于服务的无形性和灵活性，相互竞争也将更加困难。

已有大量研究致力于确定纯产品销售的制造企业适应服务战略的常用方式，以及了解哪些选择能够带来更大的增长。特别是在2010年，Raddats和Easingwood重点分析了来自不同行业的25家重要企业，这些制造企业决定将服务作为他们差异化的基石。这项研究包括已经把重点放在服务销售上的电信领域企业或在医疗设备、运输和航空航天产业经营的制造企业，以及销售金属或化学品等基本产品的企业。它们可以就如何提供新服务或用提供的产品支持新服务做出各种决定。首先，在产品保持其功能的情况下，向其中添加服务成分；然后，企业更注重服务和与客户建立的关系，同时保持产品的中心地位；最后，企业决定开发对最终产品依赖性较小的真正的服务业务。

与企业产品紧密相连的服务，促使产品销售成为公司的核心业务，往往被用来创造真正的产品差异化。增加的服务成分构成了波特所定义的"价值链"的一部分，它具有可持续的竞争优势，可以通过链中的每一项活动来实现。波特本人在谈到"市场差异化"时指的是，为了在不同的基础上相互竞争，来自同一个行业的企业设法提出了不同的价值链。与这一思想相一致，Geuber（2008）将遵循这一逻辑的企业定义为"售后服务提供商"，涵盖各种不同的情况，从提供简单的售后服务的企业（采用成本领先战略的企业），到真正完整和良好定义的服务包（产品和服务差异化）。

还有一些制造企业更注重与客户建立关系，认为"协作能力"是最终成功的关键。这意味着他们能够提供与其产品一致的服务，但同时也知道如何向外看，并了解哪种类型的服务更符合客户的操作环境。因此，此时制造企业试图理解在客户眼中价值是如何被创造出来的。一个企业的产品可以被看作一个"门户"（gateway），在产品的整个生命周期——从客户最初需求的确定到完全处置——提供各种可能的服务。在向这种新的市场概念转变的过程中，采用产品差异化战略的企业将发现，他们的焦点将越来越多地放在"以客户为中心"的技术领导上。在这种市场机制中，客户为产品的最终功能付费，而不是为资产的物质拥有付费（Davies，2004），因此，企业将基于其产品提供服务的功能获得收益。在这种情况下，即使是纯粹以制造为基础的企业，随着PSS的出现，也不仅可以决定支持所提供产品的服务（可以是简单的维护），而且可以提供产品的可用性。

在这个新概念下，服务不再是显性的，而是隐性的——贯穿于产品的整个生命周期。如果产品不工作、损坏了、有一些问题，它就会被替换，这样客户就拥有充分的理由购买产品。显然，当制造企业把一切都集中在提高效率和降低成本上时，它是会采取这种战略的，因为这种战略提升了产品整个生命周期和使用过程中的风险。因此，有些企业越来越不依赖产品，而是通过提供服务来实现差异化。为了制定服务战略，企业必须在整个服务供应链中建立良好的关系，因为企业能够建立的关系是效率和效益的潜在来源（Raddats和Easingwood，2010）。

尽管有风险且需要初期投资，但恰恰是那些提供广泛服务的制造企业在最终利润方面受益良多。正因如此，那些采用产品和服务差异化战略的企业，越来越多地转向以使用为导向和以结果为导向的PSS。这样做的目的是降低生产成本和原材料消耗，从而更加注重质量，并最终获得利润。总之，只有将自己与竞争对手区分开来，多倾听客户的声音，企业才能拥有真正的竞争优势。

三、利基战略

聚焦战略[①]不再适用于整个市场，而是适用于特定的客户群体。这一战略可以被进一步细分为两类，一类以成本为导向，旨在以市场上的最低价格提供产品，服务于有限的客户圈子；另一类是为特定的客户提供标准定制的产品，而非通过差异化来提供高价格的产品。利基战略的情境在于，终端用户的这一利基需求，不能被大众市场上提供的产品、服务所满足，无论这一大众市场提供的产品是成本领先的还是差异化的。在前面的例子中，我们可以考虑在以下情况下应用这种战略：

- 当利基市场的规模足以产生利润时；
- 当利基市场的竞争程度不是特别高时；
- 当企业与终端客户能够建立忠诚关系时。

利基战略涉及的主要风险是，大众化市场的领导者可以在他的产品序列中开发替代性产品，同时满足利基市场的需求，从而减少纯利基战略企业的市场份额。

利基战略与成本领先战略和差异化战略有很大不同，它针对的是一个狭窄的细分市场，这一市场上，客户数量有限。根据波特的观点，关注点可以区分为成本聚焦（利用局限于一个细分市场的成本差异）或差异化（关注客户对产品或服务最终价值的特定需求）。通常，采用这种战略的企业处于成熟阶段，不想被困在一个封闭的、没有增长可能性的市场里。Kotler（2000）将利基市场定义为"寻求不同利益组合的较小群体"。Michaelson（1988）则给出了以下定义："在细分市场中找到可以被服务的小群体客户"和"为客户提供一种满足（或创造）需求的差异化产品"。

---

① 本书没有区分focus和niche，即聚焦战略=利基战略。——译者注

有时，利基战略与市场细分这一术语容易混淆，即使文献中反复地比较（有的比较也并不完全准确）。细分过程是一个"自上而下"的过程，将市场划分为更小、更易于管理的子市场；而利基则是一个"自下而上"的过程，从少数客户的需求（无论是产品还是价格）出发，在市场中创造一个新的空间。这一市场可以通过五个关键特征来描述：有明确需求的客户、客户愿意为最能满足他们需求的企业付费、一个不吸引竞争对手的市场、占据或开发特定细分市场的能力，以及能够带来成长和利润的专业化分工。利基战略最重要的因素是企业与客户建立的关系和企业的声誉。这是因为长期的关系可以建立针对竞争对手的高进入壁垒，同时，客户忠诚度也提高了长期盈利能力。利基市场在初期不容易被识别，因此需要逐步成长，才能带来可能的变化、市场机会和终端用户的需求。

因此，在利基市场经营的制造企业可以采用更加复杂和个性化的PSS模式。正如在传统文献中已经看到的那样，这一领域的制造企业的主要特点是市场非常有限，但他们有机会与客户进行更多的互动。这一因素在PSS中是基本的，在PSS的实施中，普遍存在这样一种过渡——从与客户互动到真正适当关系的建立——"我们从销售产品或服务转变为提供完整的解决方案"。有许多研究强调了一些企业的成功，这些企业真正识别了客户的需求，因此能够开发出真正的定制产品。

由此，在一个利基市场运营的制造企业有可能有更高的服务化水平，创造个性化的产品和服务，真正地与客户和提供商共同设计，进而符合客户要求的规格。这种类型的企业可能最有动力进行必要的改变，以向客户提供"产品-服务包"，这种改变成为企业文化的一部分，也是企业所有员工——特别是那些在提供服务时与客户互动的员工——的一部分。事实上，他们提出的综合提议需要与客户持续接触，因此需要更广泛的人员从事这类工作（见图4-2）。

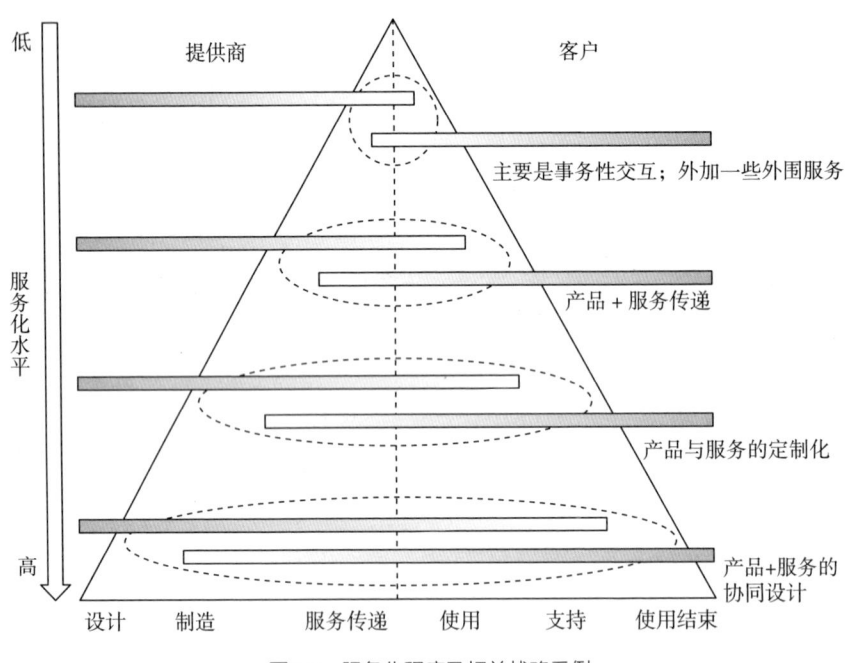

图4-2 服务化程度及相关战略示例

资料来源：Martinez等，2010。

同样重要的是，在提供一项服务的情境下，误解的可能性或许比销售一种简单的物质产品的可能性更大。与此同时，这些制造企业的客户不太可能接受错误或误解，因为他们愿意花更多的钱来获得满足他们需求的服务。正是在这种情况下，整个产品-服务链之间的关系才是根本的，而在这一领域，高素质和准备充分的员工才是根本。想要提供高水平综合报价的制造企业必须不断监测其与供应商的关系，与供应商之间需要进行密集的信息和技术交流[①]：采用一种不可分割的（very rooted）商业模式，因为它可以是一个以结果为导向的PSS，这将对资产的整个价值链产生影响。

---

① 此处的供应商是指服务型制造企业（制造商）的供应商，就制造商的下游客户（终端客户）来讲，它就是自己供应商的供应商；就供应商来讲，终端客户就是自己客户的客户。——译者注

第三节 产品服务系统竞争优势的驱动因素

产品服务系统的经济潜力与客户的市场价值、提供商的成本、资本需求和在未来维持价值的能力等诸多要素有关，这是实施PSS战略首先需要考虑的因素（Tukker, 2004）。

PSS的经济分析工具包括：现金流分析（Azarenko等，2009）、造价评估（Nishino等，2012; Kreye等，2014），以及用于预测成本结构和收入结构变化的商业模式定性分析法（De Coster, 2011）等。此外，还存在一些替代分析方法，如成本加成和固定价格合同（Richter等，2010），以及净现值分析和实物期权方法（Rese等，2009）。[①]

逆向视角下的PSS绩效评价显示了所谓的"服务化悖论"（Neely, 2009）：与纯制造企业相比，服务型制造企业往往产生更高的收入，但利润更低。对于较大的企业而言，结果确实如此，而在员工少于3000人的组织中，这一结果则完全相反。根据Neely的结论（2009）：

> "与纯制造企业相比，虽然服务型制造企业产生更高的收入，但它们的净利润百分比往往更低。究其原因，服务型制造企业的平均劳动力成本、运营资本和净资产较高，而且它们似

[①] 特别是，还可以在B2B市场（Sun等，2012）运用平衡计分卡（Chirumalla等，2013）方法，分析PSS提供商和客户之间的关系。

乎无法产生足够高的收入或利润率，以弥补它们必须进行的额外投资，这些投资要超过纯制造企业的投资。这一发现尤其适用于大型企业。因为较小的服务型制造企业（员工少于3000人）的净利润占销售收入的比重，通常比纯制造企业的更高，而对于大型企业来说，制造部分产生的净利润占销售收入的比重（比服务部分产生的净利润的占比）更高。"

研究PSS在不同视角下的绩效，并考虑若干区别要素，是理解PSS为制造企业创造竞争优势的潜力和能力的关键。

正如Qu等（2016）所证明的那样，仍然需要"运用量化研究来证明PSS对社会、经济和环境的影响"，并实施"不同于一般化的观点——知识管理、商业模式、技术、壁垒、政策"。

根据资源基础观（RBV）模型，管理层认为，一些企业特定的资源和能力在解释企业绩效方面至关重要（Amit和Schoemaker, 1993; Teece等, 1997）。Teece等（1997）在RBV中增加了另一个重要的元素，开始将过程视为竞争优势的额外来源："企业的竞争优势在于其管理和组织过程，由其（特定）资产地位及其可用路径塑造。在管理和组织过程中，重点是企业做事情的方式，或称为企业惯例，或当前实践和学习的模式。"（Teece等，1997）

图4-3中的框架显示了决定PSS竞争优势本质的独特元素。

该模型的核心是实现再利用或共享实践和服务，分别与循环经济和共享经济相关——通过确保不可复制性和保护资源、能力和相关流程不被复制，企业应该致力于界定新的市场细分和建立客户忠诚。愿意提供服务的企业应专注于这些驱动因素，同时始终寻求与众不同的产品-服务差异化和创新，以克服传统的单一产品差异化、服务差异化的缺陷（图4-3）。

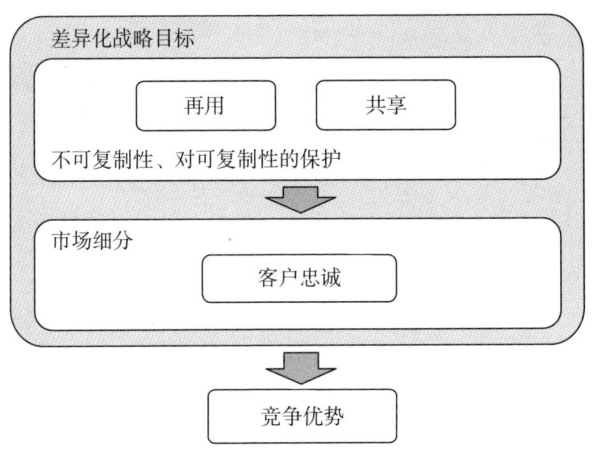

图 4-3　PSS 竞争优势的本质

一、闭环：抓住循环经济机遇

为了开发满足市场需求的"产品－服务包"，企业必须首先清楚地了解服务的需求和能够打开此市场的客户需求点。这些需求必须由企业系统地识别和定义。

企业必须从客户的角度来看价值链，分析它执行的所有活动，以保证产品在其整个生命周期中的功能。通过这种方式，企业可以开发服务，以更好的方式或更低的成本帮助客户完成相同的活动，或使用可回收、低环境影响的材料。这都将在为客户创造价值的同时，满足客户近年来日益增长的环境友好性需求。

基于此，综合采用循环经济和服务型制造，显然有可能确定组织可以改进的点，从而为客户提供更好的服务。这种服务的关键特点是，其流程设计极大限度地减少了对环境的影响。这样会更加鼓励客户购买企业提供的产品，若是一个高单价或难以报废处置的产品，吸引力会更甚。

例如，个人电脑硬盘供应商 Quantum（昆腾）公司对成品运输包装进行了重新配置，主要有三个目的：降低客户处理包装的成本、降低包装的变现成本、降低运输成本。事实上，通过新的配置，运输工具的空间利用得到了优化，使得一次可以运输更多的产品。此外，Quantum还负责从客户手中回收这些包装，以便在其他快递中重复使用。他们发现，单个硬件的包装成本每减少80%，包装所耗的能源成本及可能导致温室效应的气体排放量就可减少40%。

我们从一种以产品为核心、服务为补充的营销理念，转变为制造企业从服务供应中获取增值价值的战略思维。实施业务流程优化、使用可回收材料或服务，以在产品的有用生命周期结束时回收产品，这些都是对环境友善的行为，降低了对环境的影响。

对于每一个PSS来说，重要的是要了解所提供的服务是否包括与循环经济概念相关的实践。循环经济被认为是解决环境和社会经济问题的最新和最重要的概念之一（Witjes和Lozano，2016）。

PSS的卓越绩效可以归因于与再利用相关的服务，这似乎成了赢得订单的标准（Hill，1994），而基本服务，如维护、备件提供和教育培训，被认为是资格标准（Hill，1994）。再利用的存在是一个关键因素，尤其是在面向产品的PSS情境下。由于环境问题，以及使得这些服务难以复制的一系列资源和流程，再利用确保了竞争优势和卓越绩效。

企业应该基于再利用引入循环经济的理念和服务，从而为客户提供完整的产品生命周期管理。拆解和回收方案得到客户的热烈响应，应将产品的耐用性转化为成功的一个因素，而不是像以结果为导向的PSS那样成为一个遗留问题。事实上，与再利用理念相关的服务似乎是区分成功案例（就提供竞争优势而言）与失败案例的关键因素之一。企业应该投资于资源、基础设施和组织流程，这对确保其产品的循环性是必要的：这些投资被证明是成功和持久的（durable）投资，从提供最为基本的基础服务，转变为提供作为差异化重要来源的高级服务。

在这些实践中，再利用概念扮演着重要的角色，因为它具有整个系列的产品和服务特征，且最终目的是延长物理组件的有用生命周期。根据这一点，产品-服务比例在再利用活动中呈现出一些变化。对于活动这个术语，我们主要指的是为产品的现有客户或所有者及潜在的新客户设计的服务。这一系列的活动包括修理（repair）、翻新（refurbishment）、重组（reassembling），以及再制造和再设计等。

图4-4显示了不同形式的再利用（活动）以及产品-服务比例的相关程度。

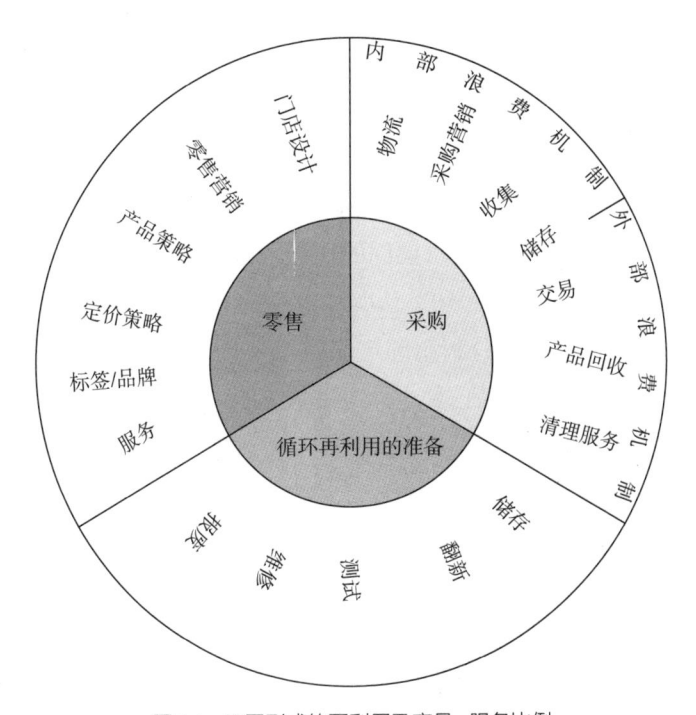

图4-4　不同形式的再利用及产品-服务比例

资料来源：Gelbmann和Hammerl（2015）。

二、使用胜于购买：追求共享

如第三章所述，共享经济是一种基于点对点模式的新经济模式。其他定义它的术语有协同经济、协同消费等，本书将交替使用这些术语。

众筹、共享汽车、社交就餐和其他许多活动只是这种新经济模式的几个例子。共享经济的诞生是为了替代购买产品，而取而代之的是基于临时和共享访问的唯一使用。

近年来，由于智能手机及定位系统等新技术的出现，协同消费在经济上变得越来越重要。共享经济让那些财务困难的人可以利用已经存在但尚未被充分利用的富有成效的资源，这也让使用一种在传统市场上无法负担的资产成为可能。[1]

共享经济是一个广泛而清晰的概念，得益于信息技术的进步和客户态度的变化，它将一系列消费和创业实践融合在一起。它诞生于21世纪之初，然后在2008年的金融危机之后的几年里迅速发展起来。同时，这是一个不断演化的现象，与不断改进的新技术密不可分。这些新技术使客户可以通过日益精致和易于访问的在线平台加以连接。

Botsman和Rogers（2010）认为，共享经济是"个人以免费或付费的形式，直接共享未充分利用的产品或服务的经济体系"。从系统的观点来看，协同消费并不是一种小众趋势或是对2008年金融危机负面影响的回应（Botsman和Rogers, 2010），而是一种世界各地数百万人加入的新消费范式。

共享经济是由所谓的数字协同服务组成的，它通过数字平台（互联网、移动设备、平板电脑等）将人与人联系起来，允许产品和技能的共享、交换或销售。这些服务被定义为协同服务，是因为它们预见了双方的交换，而数字服务则得益于新技术的赋能。因此，互联网和社交媒体鼓励了合作行为的传播，原因如下：

---

[1] 事实上，很多企业并不符合协同经济的定义。这些企业不再有持续的工作成果，而是按需工作，即只在对某些产品或服务有需求时才去生产、提供它。这些业务是零工经济（gig economy）模式的一部分。

- 脱媒[①]。与过去相比，消费者在购买前的行为发生了变化。如今的人们更喜欢在购买前独立收集产品的信息。
- 共享。由于通过社交平台进行互动的可能性增加，近年来共享的概念被非物质维度所丰富。
- 信任陌生人。客户在线共享（任何类型的）内容的做法，消除了因可能的不正确理解和不正确使用而产生的不信任。信任不是"盲目的"，如果有这些客户所在社交网络及其控制的过滤，信任就是可能的。
- 全球本土化（glocal）层面：全球本土化一词是全球化和本土化的混合，表示全球化对当地现实的影响，反之亦然。互联网和社交媒体允许全面探索全球本土化维度，因为每个人都与他人互联，并且可以在没有过度负担的情况下与他人接触。

因此，共享经济作为一种新经济模式而出现，它能够应对危机的挑战，能够促进基于重复使用而不是购买和获取所有权的消费形式。

协同消费的许多例子尽管彼此之间非常不同，但还有一些共通的运作要点——临界质量、未被利用的能力、信任共享，以及信任陌生人等概念。

临界质量（Critical Mass）

在共享经济中，这个词显然偏离了它初始的物理意义：所谓临界质量，指的是系统实现自我可持续所需的最少数量的资产（资源和客户）。这是必要的，因为它允许客户有广泛的选择机会，因此更有可能满足他们的需求。例如，共享单车平台必须提供一定数量的自行车和站点，这样客户才会认为替代传统交通工具的选择是足够的。在这种情况下，临界质量具有优化接入、鼓励潜在客户选择自行车而非其他交通工

[①] "脱媒"（disintermediation）一般是指在进行交易时跳过所有中间人而直接在供需双方间进行。——译者注

具的作用，使他们决定不购买自己的自行车，并使他们感知到共享平台的便捷和轻松。

临界质量因市场不同而异，并且很难预测——它取决于特定的因素，如个人背景、需要满足的需求和客户的期望。它的内部还有一系列经常使用该服务的固定客户。它还将激励最谨慎的人也开始依赖平台，从而改变他们的习惯，做出有利于社会进步的改变。这种营销理念被称为"延迟多数"：在新产品吸引创新者兴趣的第一段时间后，随着时间的推移，如果创新是积极的，那么即使是最初持怀疑态度的大多数人，也会采用该创新。

未被利用的能力（Unused Capacity）

协同经济的一个基本原则是，在某些对象中存在一种未被利用的能力，其特点是单一价值高，客户的使用率低，但尽管这样，我们还是习惯于购买它。这些产品尚未发挥其潜力，无论如何都涉及购买、维护、修理的费用，最后还涉及产品更新所必须承担的费用。因此，共享将是一种通过在更多的人中重新分配资产，从而有效利用资产的方式。这一概念不仅适用于有形产品，也适用于时间、智力、空间等无形资产或电力等能源产品。

信任共享（Trust in Sharing）

另一个基本原则是信仰（belief）和信任（trust）存在着共同财产，这些财产可以在同一社会的所有成员之间进行管理和使用。社区所有制是通过平衡每个人的个人利益和社区的共同利益而实现的。

信任陌生人（Trust in Strangers）

平台通常以对等交易为特征，需要对外界有一定程度的信任。虽然似乎很难监控和控制系统中涉及的所有人以使交易成功，但该机制具有自我管理功能。企业的作用是创建平台，促进自给自足的交易。在对等的情况下，自信似乎相对容易管理，而在很多情况下，对他人的信任感会得到加强。

协同经济可以被理解为一种经济机会、一种更可持续的消费行为和一种更"民主"的经济形式。客户和企业都可以追求可持续发展的主题。客户可采取对环境影响较小的生活方式和消费行为，提高他们对生态环境的选择意识。企业可以实施旨在发展企业社会责任和保护环境的战略和活动。

共享经济模式充分运用了5R——减少浪费（Reduce）、再循环（Recycle）、再利用（Reuse）、维修（Repair）和再分配（Redistribute）。获取和共享而非拥有，从而具有了更有效地开发资源和减少浪费的潜力。资源密集型产品寿命的延长和使用期的延长，可以实现资源消耗的优化和对已使用资源的再分配。

参与可持续消费行为的意愿，在决定参与共享平台和活动方面发挥着重要作用。共享是一种减少环境影响、改善社会和经济生态、优化和保存现有和未来资源的活动。客户对"绿色"产品和服务表现出极大的兴趣，因此会投入时间和精力寻找更可持续的替代品。

虽然可持续性因素很重要，但经济效益往往比环境效益更重要，这意味着使用共享的产品和服务是因为它们有可能节省成本或有助于赚取更多利润。只有在后期，环境和可持续性的优势才会被认识到：

- 更有效地利用资源；
- 减少浪费；
- 减少污染和环境影响。

三、对差异化和创新的需要

正如Judge和Douglas（1998）所指出的，"自然环境有时会提供重要的新商机。一些企业发现，通过修改其系统的投入、生产量或产出，它们可以将其产品和服务与竞争对手区分开来，从而获得竞争优势"。

对于每个PSS来说，遵循"战略规划能够而且应该产生超越企业财务业绩的影响"这一关键原则（Judge和Douglas, 1998），以及调查和理解它实施背后的原因是必要的。

企业采用PSS商业模式有两个主要目的：一是差异化，这意味着PSS被视为与竞争对手的差异化来源和一种可能的颠覆性创新[①]；二是必要性，这意味着PSS的开发只是为了适应竞争形势或因为它（已经）成了一种必要的特征（在以产品为导向的PSS中提供额外的服务）。

卡片4-2　Xerox（施乐）和Conduent案例——当差异化有用时

复印机市场是最早涉及服务化的市场之一，经常被当作一个经典的例子来解读关于产品服务系统范围的理论[②]。特别是施乐，它被认为是在打印机和复印机领域实施"按次付费"模式的先驱。这一解读的起始是20世纪90年代从复印机的销售到复印活动的销售。后来，施乐公司决定更进一步，建议客户将印刷流程外包，而自己则努力成为文档管理活动最重要的服务提供商。

施乐公司是全球最大的打印机和复印机制造商之一，诞生于20世纪初的美国，如今遍布全球192个国家。今天，施乐已成为世界知名的知识和技术领域的领导者。事实上，随着时间的推移，施乐公司已经从一家生产复印机的制造公司变成了一家支持产品销售和业务流程管理的服务型制造企业。在这种情况下，提供给客户的高级服务，比成本领先情况下提供给客户的基本服务要重要得多，而且，正是因为这个原因，施乐公司从只专注于产品，过渡到专注于"产品-服务包"，这是一个漫长的过程。

施乐的发展一直被"满足客户的需要"所驱动，正因如此，它是第一个向客户出售复印活动而不仅仅是卖复印机的公司。最有可能的

---

① 颠覆性创新，指不以满足市场上主流客户的需求为目的的创新。这种创新往往一开始定位于低端市场或新市场，随着技术或工艺的改进，才逐渐被市场上的主流客户所接受，并与在位企业相抗衡。——译者注

② 出于典型性考虑，施乐是服务型制造研究中的"常客"。我们的译著《制造服务化手册》，针对施乐公司的案例进行了详细剖析。——译者注

是，正是这种适应和不断寻找最佳解决方案的精神，满足了客户日益苛刻的需求，使得企业获得了更大的差异化，从而在市场中顽强生存并持续发展。由于这种在饱和的市场中寻找新生命的转变，从20世纪80年代末开始，施乐公司在其名称后面加上了"文档公司"（Document Company）字样，将自己定位为公司文档生命周期内的解决方案提供商。因此，除了复印机和打印机，该公司早已专注于新的数字打印技术和真正的文档管理服务。

正如上文所述，产品服务系统的变化并不总能立即得到回报，特别是在利润方面。事实上，即使在21世纪初，施乐也不得不投资数十亿美元于新想法和新技术，但没有得到及时的回馈，尤其是在"施乐"的名字仍然与简单的复印机公司联系在一起的情况下。为了能够参与竞争，施乐将其大部分基础生产外包出去，专注于大容量设备和更专业的操作，这奠定了其在市场上的差异化。这些变化意味着，早在2010年，施乐70%的收入便是在产品售后阶段创造的，服务业务的收入每年增长18%。很明显，这种变化是如此的激进，以至于它不可能发生于意外，而必须通过仔细的业务规划，以及招募越来越多能够看到终端客户重要性的员工。正是这种客户解决方案和服务方式——而非技术本身，将施乐与其竞争对手区分开来。多年来，施乐提供的产品不仅用于直接销售，也可以根据特殊合同租用，施乐通过持续监控机器和采取与复制数量挂钩的价格政策来保证客户满意度。近年来，他们还开发了文档管理服务。现在，施乐提供的服务种类繁多，包括印刷咨询、文档翻译、软件和客户支持服务等。施乐2013年的年报写道："2013年，我们总收入的84%来自服务，其中包括合同服务、维护、耗材供应。其余16%的收入来自设备的实际销售……我们的年度收入显著受益于服务的增长。"同年，公司总裁兼首席执行官Ursula Burns告诉投资者："向驱动型服务组合的转型正在结出果实。"为此，施乐于2016年决定分拆为两个不同的上市实体，一个是"施乐公司"，经营文档技术，支持产品的销售，越来越多地满足客户的需求；另一个是"Conduent公司"，它完全以服务人员为基础，经营业务流程外包。

一方面，施乐保留了它最初的名字，作为一个国际知名品牌，它彻底改变了市场，首先是简单的复印，然后是数字技术、软件和服务。该公司继续销售家庭和办公室产品，但同时也提供一系列有别于竞争对手的服务。很容易理解该公司如何销售真正的整合产品，例如，与打印机销售相关的领域也被称为"解决方案"，而不仅仅是简单的产品。如今，施乐提供了直接在打印机中安装应用程序的可能性，从而使客户可以更容易地管理要打印的文档。此外，施乐还提供移动打印服务，允许通过非品牌打印机为网络中连接的所有移动设备打印。除了复印机的租赁服务、零配件供应服务、维修服务、旧配件回收服务，施乐还推出了"文档管理"服务，试图在市场上独树一帜。目前提供的最重要的服务之一是"管理出版社"（managed press）的服务，同时涉及印刷品、耗材、文档使用方式及处理所有这些方面的流程管理。此外，施乐旨在帮助公司保护他们的敏感数据，而打印机实际上是一个薄弱环节，通过它，别人可以攻击和窃取他们的敏感数据。为此，施乐提供了一种可以检测到其他连接的设备从而保护数据和文档的服务。施乐的想法是通过提供这些托管打印服务来加强安全性、优化工作流程和减少所使用的资源。事实上，我们知道PSS的概念非常接近于可持续性，由于对印刷活动更高程度的控制，它有可能大幅减少大公司不必要的印刷数量，从而将"文印"限制在那些实际需要的工作上，并将纸张和油墨的浪费降到最低程度。

另一方面，我们可以找到Conduent公司，其名字的灵感来自该公司在客户护理、运输、医疗保健和服务交付等市场部门连接客户的能力。该公司于2016年从施乐分拆出来后，成为业务流程服务领域的领导者，并保持作为施乐公司文化基础的创新、多样性和业务整合的价值观。该公司在全球40个国家拥有93,000多名员工，现今的目标是在市场上实现差异化竞争优势，这得益于其所提供的服务：

- 凭借稳固的客户关系和在运输和卫生等增长领域提出的差异化解决方案，Conduent 公司在业务流程服务方面处于领先地位。
- 通过持续投资创新业务和开发改善业务流程的新技术，Conduent 公司不断提升终端客户满意度。
- 由于公司产品和服务多样化的程度很高，因此 Conduent 公司可以同时管理大量的流程和客户。

（提供的信息和数据来自两家公司的网站。）

四、新市场细分

不同细分市场的存在表明不同客户群体的存在，他们对产品的属性有千差万别的想法（Tukker 和 Tischner, 2006），在此基础上又存在文化差异和既定习惯的差异（Manzini 和 Vezzoli, 2003）。由于 PSS 引入了所有权、责任、可访问性和成本方面的变化，因此用于定义市场细分的实践考虑了客户的不同习惯。聚焦于正确的细分市场和正确的价值主张，是 PSS 成功的一个关键因素（Kindström, 2010）。事实上，并不是所有的价值主张都适用于所有的客户（Rexfelt 和 Hiort af Ornas, 2009）。PSS 制造追求有效的价值创造，以及客户与提供商商业模式间的适应性（Nenonen 和 Storbacka, 2010）。在选择目标细分市场时，理解客户对价值的感知，以及客户的特征如何影响价值主张是一个难题（Reim 等，2015）。因此，在分析该细分市场的重组时，最好分析两个参数：第一个参数涉及了解客户需求的能力；第二个参数涉及目标市场或考虑选择与哪一个细分市场的客户进行交互。

在 PSS 中，由于价值创造必须通过客户视角来理解（Davies, 2004），因此对客户业务及其运营活动的出色理解就变得至关重要（Kindström 2010; Reim 等, 2015）。制造企业应收集和分析客户及其经营活动中存在问题的数据和信息，从而设法满足客户的真实需求。此外，一旦了解了客户的需求，制造企业就可以影响他们（Payne等，2008）。

此外，制造企业必须为细分市场制定具体的战略和业务目标。为此，制造企业可以采用不同的方法来细化和分析客户需求。在PSS背景下，制造企业尤其需要为每个客户制定特定的价值主张，这些价值主张都是与众不同的（Storbacka, 2011）。正因如此，企业必须定义其细分市场和客户（Storbacka, 2011）。如前所述，细分的标准是以客户行为为基础。这意味着，根据已经看到的三类PSS来细分市场是可能的（见图4-5）：

- **产品导向**：这部分包括所有希望继续占有该资产，哪怕是以财务上的重大支出为代价的客户。同时，该类客户已决定将维修部分外包。以一家拥有发电工厂的企业为例，该企业决定购买换热器或涡轮机等主要设备，但更愿意将维修委托给这些设备的制造商。
- **使用导向**：这部分包括所有不想支出高额的购买成本的客户，哪怕是以不作为资产所有者为代价。以租赁空分设备的企业为例，考虑到购买空分设备对于很多客户来说存在巨大的财务压力，这类企业开始通过租赁的方式鼓励客户使用空分装备，在这种模式下，客户一般根据使用时长付费。
- **结果导向**：包括了所有对拥有或使用产品不感兴趣，只对其产生的结果感兴趣的客户。这样一来，客户就可以在一个较"轻"的资产负债表下，"利用"上游服务型制造企业的资产和服务，获得额外的投入或产出。

图4-5 PSS分类图示

五、难以模仿和不可复制性

与构成竞争优势要素的性质一起，另一个重要的问题是它们随时间的可持续性，这与 Teece 等（1997）所揭示的可复制性和可模仿性概念密切相关：可复制性涉及从一个经济环境到另一个经济环境的"能力转移或重新部署"；可模仿性为是否能被竞争对手复制。根据文献，不可复制性和难以模仿性是衡量竞争优势具有可持续性的指标。

事实上，即便企业可以通过发展自己的一套资源与能力来确保有利的竞争地位，但还要求这些资源与能力必须是难以模仿的（Teece 等，1997）。无论竞争对手是否容易复制或模仿建立竞争优势的独特能力，与之相关的一整套资源、惯例和技能本身，都可能导致其独特价值的丧失。

然而，特定的能力和他们赖以建立的惯例往往很难被复制。实际上，复制工作面临双重困难，首先涉及相关惯例的识别，然后是它们的实际复制。此外，许多惯例和能力取决于企业特定的环境因素，例如，随着时间的推移，地方或区域力量塑造企业能力的力度（Teece 等，1997）。另一个可以解释企业特定能力的关键因素是企业的特定历史（Nelson 和 Winter, 1982），它可能会影响和塑造企业的战略选择，产生路径依赖现象。

六、忠诚是衡量成功的最终标准

服务型制造的服务属性决定了与客户维持一个长期关系的重要性。换言之，客户的高忠诚度是决定 PSS 成功，以及证实其是一个有效市场主张的非常重要的因素。对于制造企业而言，与客户打交道是必不可少的，因为 PSS 一直被认为是制造企业和利益相关者的双赢战略（Mont, 2002）。

此外，以客户的忠诚度为代表的客户认可，是 PSS 成功的一个决定因素，尤其是在面向使用的PSS中。这证明它是PSS中最具吸引力和最有趣的类别，也与当今人们对共享经济和协同消费模型的浓厚兴趣有关。

对面向使用的PSS案例的比较表明，这类特定的PSS受到市场和客户的普遍好评，尽管有许多来自不同的企业、有着不同的目标的产品（自行车和汽车共享，以及联合办公[①]）。因此可以说，基于共享、租赁概念和按次付费系统的面向使用的PSS，可能是PSS实施中最令人鼓舞的情形。相反，面向产品和面向结果的PSS在竞争力方面表现出不一致的结果，这取决于每个产品和商业模式的特征。

想要通过面向使用的PSS来探索共享经济可能性的企业，应该关注客户的需求，从而围绕核心需求构建供应。事实证明，成功实施这类PSS的最重要因素在于满足客户的需求，而非定价、租用或按用途付费公式的采用，以及可供使用的产品类型（共享出行中的汽车、自行车、摩托车）等更具体的特征。根据文献和市场的证据，共享出行构成了面向使用的PSS最有趣和最典型的例子。

---

① 联合办公（co-working）：一种为降低办公室使用成本而进行共享办公空间的办公模式，来自不同公司的个人在联合办公空间中共同工作。——译者注

第四节 产品服务系统竞争优势的可持续性评价

一、产品服务系统风险分析

在产品服务系统情境下,风险在各个参与者之间是共享的。因此,有必要定义风险组成部分,并对其进行分析(Tukker,2004;Meier等,2010)。在PSS情境中工作意味着制造商要为客户活动承担更大的责任,因此也要承担相当大的风险(Spring和Araujo,2009;Reim等,2016)。因此,制造商有必要掌握评估和降低风险的专业知识(Kindström和Kowalkowski,2014),同时还必须注意不确定性,并通过严格的监测,关注由所有参与者共享的风险(Meier等,2010)。采用PSS减轻了客户的负担,客户则专门支付额外费用来享受这一好处。与PSS相关的风险通常可与其运作阶段相联系,分为三个方面(见表4-1):

- **技术风险**。技术风险是指与技术性质(technical nature)相关的一组风险,如机械或其组件的意外故障、未经测试的技术的使用、运营成本的增加,以及技术的过时等。技术发展方向的不确定性是风险的根源。
- **行为风险**。这与客户投机主义或不正确的行为、不遵守合同条款或不正确使用企业提供的解决方案有关,可能导致部件破损或过度磨损情况的突发。

- **传递风险**。传递风险包括提供解决方案的运营管理风险、制造商对客户需求的反应不足、生产能力的限制，以及在解决方案组装过程中流程执行不畅。

表4-1　PSS风险分类

风险类型	技术风险	行为风险	传递风险
典型举例	故障	投机主义行为	服务传递超时
	未经测试的技术	不良使用	生产能力受限
	技术过时	—	管理人员受限
	PSS绩效表现的不确定性	—	—

对于制造商来说，风险管理是企业管理的一个基本组成部分。它包括识别风险、识别应对措施和对结果进行监测的持续活动。因此，为了应对风险，以下介绍四种风险管理模式（见表4-2和图4-6）：

- **风险规避**。通过这种模式，我们试图确保风险不会发生。然而，选择这种模式会减少PSS解决方案的供应，因为只有风险可控的解决方案才会被提供。例如，当某些客户或市场在这些情况下的风险甚至是致命的时候，放弃这些客户或市场是合适的。
- **风险降低**。风险的降低包括那些旨在降低不良事件的严重程度或发生频率的活动。这一目标可以通过提高产品和服务质量、更好地管理信息来实现。降低风险还意味着增加资源，如备件或维修技术人员。
- **风险分担**。通过这种模式，制造商决定与网络中的其他参与者共担风险。这是最有趣和最常用的方法之一，因为它可以将任何经济损失分散到多个参与者身上，并降低它们的影响力。正如我们后面将看到的，为了定义如何分担风险，契约具有重要意义。
- **风险自留**。风险自留是指制造商倾向于承担所有可能的风险，目的是获得更高的经济回报。这一回馈最能吸引企业进入PSS情境（Tukker, 2004）。

表4-2　PSS风险管理策略

风险管理策略	风险规避	风险降低	风险分担	风险自留
特征	避开高风险的环境	提高质量	对风险分担伙伴采取激励措施	高风险带来高收益
	减少供应	主动保养	签订不确定性分担合同	
		精心管理信息系统		

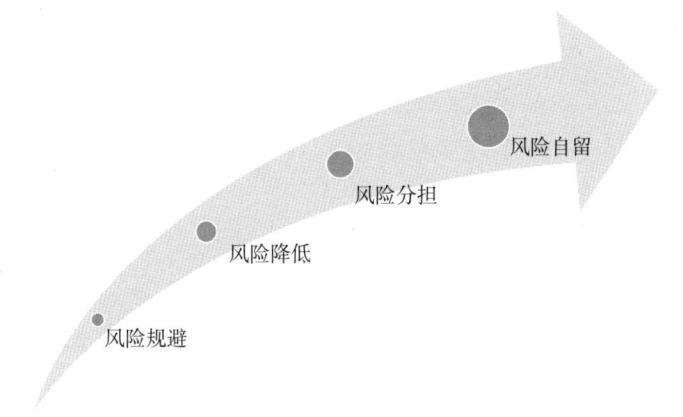

图4-6　风险管理策略等级

所有这些考虑因素都可以通过前瞻性的方式（在决定是否投资于替代方案时），浓缩到决策的评估和支持工具中，但也可以在日常管理活动中加以关注。图4-7报告了PSS风险管理决策树的一个示例，其中风险类别代表决策的各个级别、阶段，经过一系列定义明确的分险准则分析，带来不同等级的风险响应策略。

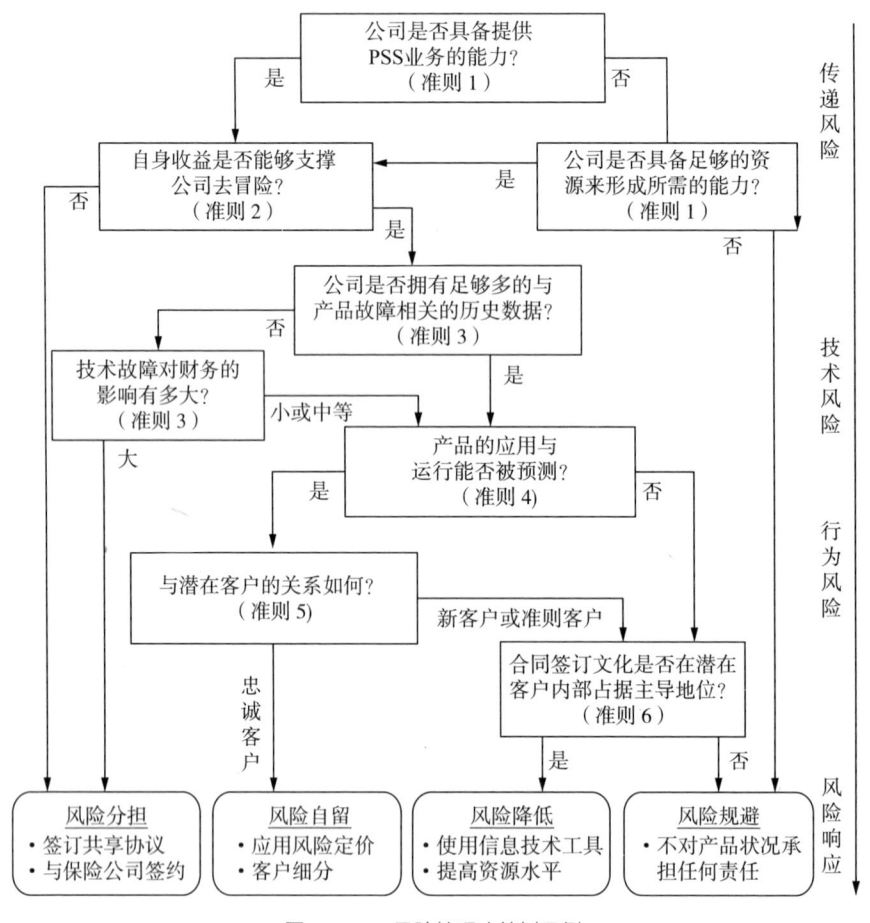

图4-7　PSS风险管理决策树示例

资料来源：Reim等（2018）。

二、产品服务系统的可持续性评估

PSS可持续性评估工作中需要考虑的所有因素，都列在图4-8中。在评估竞争优势的可持续性时，有一些关键因素需要考虑：首先是产品的价格，一是因为它影响客户支付PSS的意愿，二是因为这个因素是收益流的核心；其次是现金流系统，因为PSS作为一个复杂的商业模式，需要仔细的管理和对成本结构的时刻关注。此外，核心是附加值的概念，它在服务型制造（PSS）背景下具有全新的含义，具体如第二章所述。

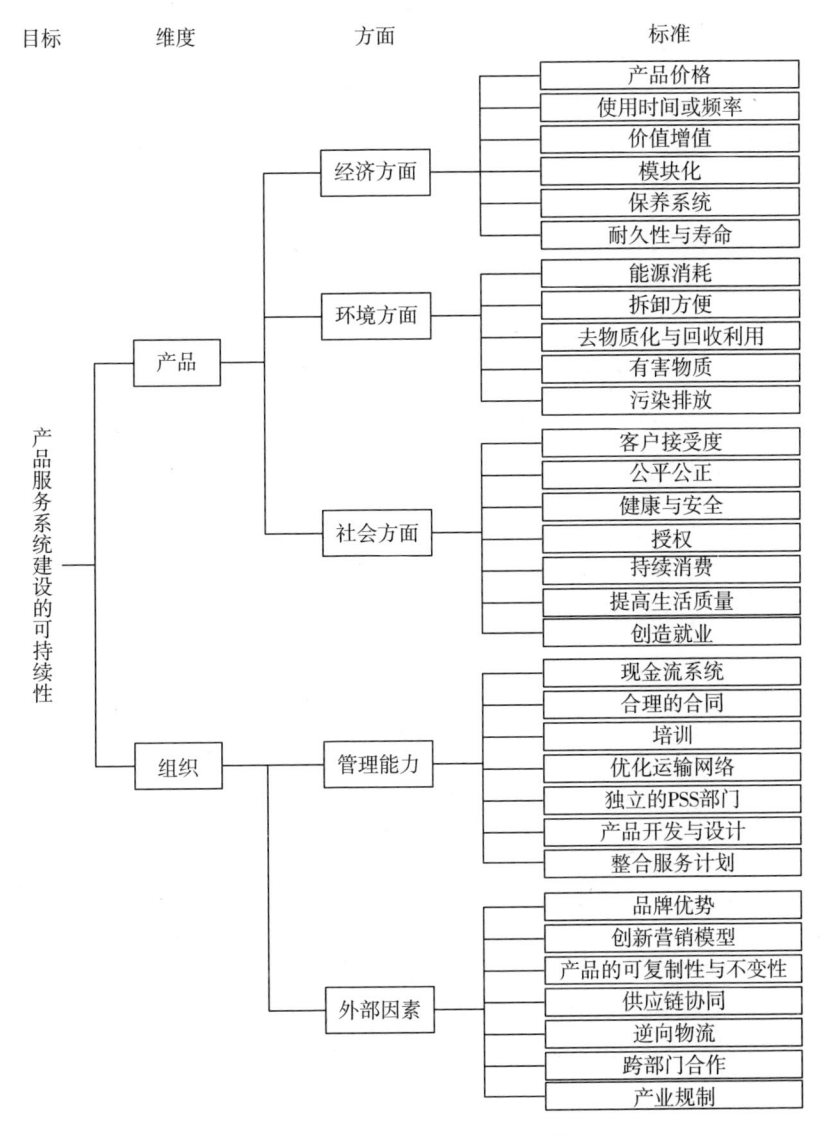

```
目标          维度        方面              标准

                                        ┌─ 产品价格
                                        ├─ 使用时间或频率
                                  经济方面├─ 价值增值
                                        ├─ 模块化
                                        ├─ 保养系统
                                        └─ 耐久性与寿命

                                        ┌─ 能源消耗
                                        ├─ 拆卸方便
                          产品    环境方面├─ 去物质化与回收利用
                                        ├─ 有害物质
                                        └─ 污染排放

                                        ┌─ 客户接受度
                                        ├─ 公平公正
    产品服务                              ├─ 健康与安全
    系统建设                        社会方面├─ 授权
    的可持续性                            ├─ 持续消费
                                        ├─ 提高生活质量
                                        └─ 创造就业

                                        ┌─ 现金流系统
                                        ├─ 合理的合同
                                        ├─ 培训
                                  管理能力├─ 优化运输网络
                                        ├─ 独立的PSS部门
                          组织          ├─ 产品开发与设计
                                        └─ 整合服务计划

                                        ┌─ 品牌优势
                                        ├─ 创新营销模型
                                        ├─ 产品的可复制性与不变性
                                  外部因素├─ 供应链协同
                                        ├─ 逆向物流
                                        ├─ 跨部门合作
                                        └─ 产业规制
```

图4-8 产品服务系统可持续性评估

资料来源：Hu等（2012）。

评估PSS总体效率时需要考虑大量要素。PSS效率评价的多重标准如图4-9所示（Chou等，2015）。在图中所提出的模型中，一系列因素与客户和员工的感知有关，用来评估PSS的整体价值，而客户影响和企业影响决定了PSS整体的可持续性——这在财务、资源消耗、客户的生活条件和员工的工作条件中被解构。所涉及的两种措施被分为与客户相关和与员工相关这两个视角，证明了这两类因素在PSS采用过程中发挥的关键作用。对于企业而言，理解这两种类型所扮演的关键角色至关重要，因为对它们的低估，很可能会导致后续PSS开发的失败。

附加值

一家制造企业的财务状况用经济附加值（EVA）来表示。经济附加值是在营业利润中扣除资本成本，并扣除税收因素后确定的。作为表达制造企业真实经济利润的一种有效、综合的方法，它被视为衡量企业产生利润和财富能力的关键指标。在评估投资时，它也可以作为决策的支持，详细解释见下一小节（服务型制造战略价值的评估）。

成本结构

成本结构管理、定价机制及收益流系统是PSS的核心活动。创造价值的新逻辑要求管理转向新的定价机制，该机制与一揽子产品和服务所包含的价值相关联（Grönroos，2011）。财务和报告活动需要审查，因为就时间而言，现金流将急剧扩大。价值转移不再随着资产交付而停止，而是在很长一段时间内持续进行，这迫使制造商有足够的财务覆盖能力（Mont，2004）。因此，会计实务亟待重新定义和调整（Meier等，2010; Reim等，2015）。由于时间范围的变化，传统的投资计划或成本管理的评估程序不再是充分的（Neely，2009; Richter等，2010; Storbacka，2011）。

在这一点上，我们很自然地会问：如何构建一个能够在PSS情境下运行的成本结构？如前所述，传统结构的风险考虑是不足的（risk to not be enough）。它们本质上有三种：基于活动的成本核算、时间驱动的基于活动的成本核算，以及基于流程的成本核算。表4-3总结了这三种方法的优劣势。

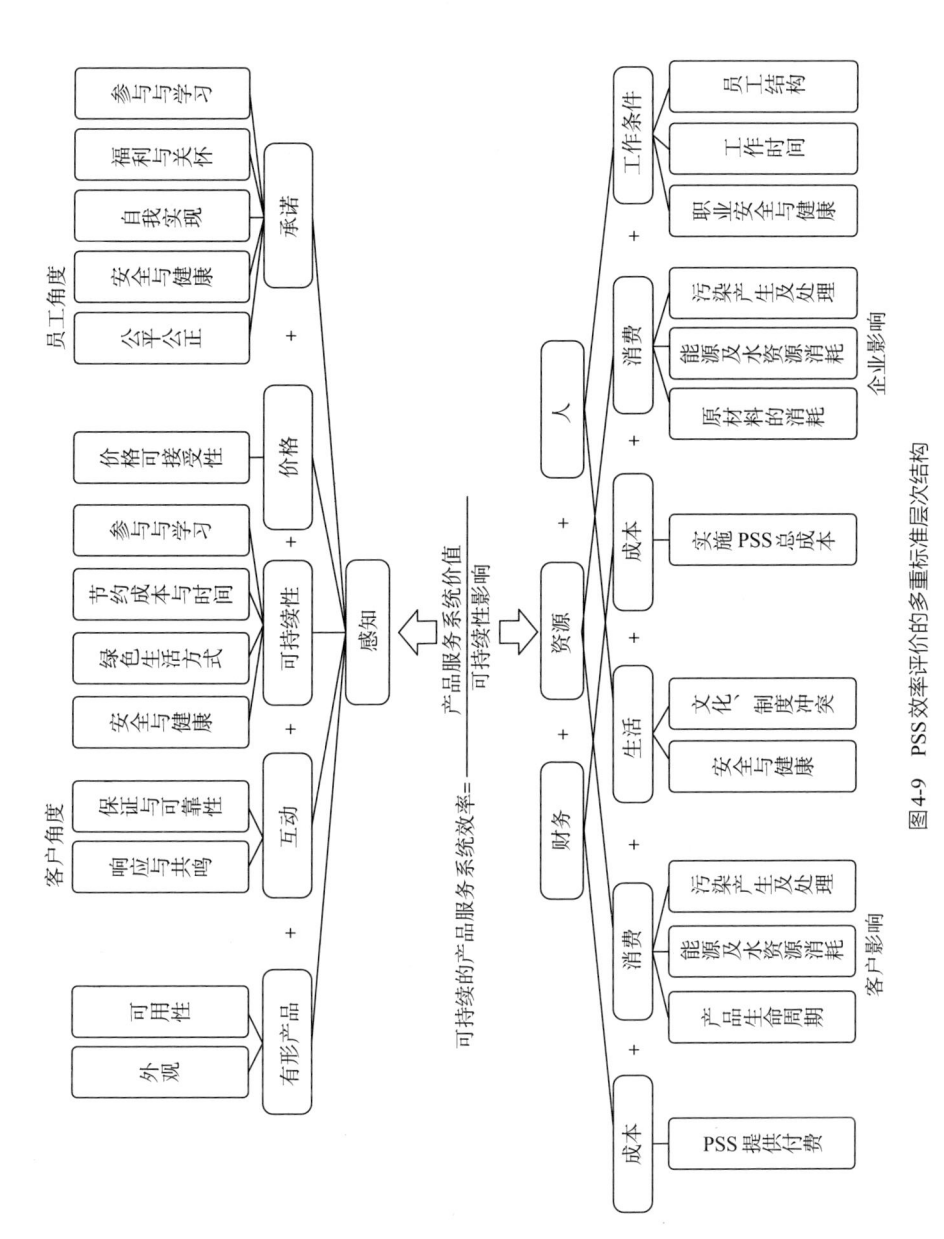

第四章 | 触发产品服务系统的战略优势 • 161

图 4-9 PSS 效率评价的多重标准层次结构

资料来源：Chou 等（2015）。

表4-3 用于描述成本结构的三种方法

成本核算方法	优势	劣势
基于活动的成本核算	● 基于活动中所用实际具体资源 ● 十分准确 ● 可以体现盈利潜力	● 耗费时间 ● 实施起来较为困难
时间驱动的基于活动的成本核算	● 既体现了因实际活动产生的成本,又体现了随时间变化所发生的成本 ● 易于更新 ● 十分准确	● 只有在重复性的工作中才可以较好地发挥作用 ● 不能提供与成本来源有关的信息
基于流程的成本核算	● 即使所获得的数据十分有限,也可以得到较为可靠的结果 ● 过程可视化	● 此种方法不计算间接成本,因此不适用于服务业务

考虑到市场环境变化的速度,这些系统中最具有适应性的那个将被实际采用。打算在服务情境下运营的制造企业必须依赖能够应对关键问题的下述系统:

- 必须清楚地表达建立、实施和维护解决方案所需的成本、时间和精力;
- 必须在整个生命周期内考虑产品;
- 鉴于客户提出的持续更新要求,它必须易于更新。

Azevedo(2015)提出了一个通过以下步骤创建的模型:
第一步,收集过程数据来创建产品和服务;
第二步,绘制价值流以生成价值流图;
第三步,将成本与价值流匹配;
第四步,通过增加与产品和服务相关的成本,计算PSS解决方案的成本。
整个过程如图4-10所示。

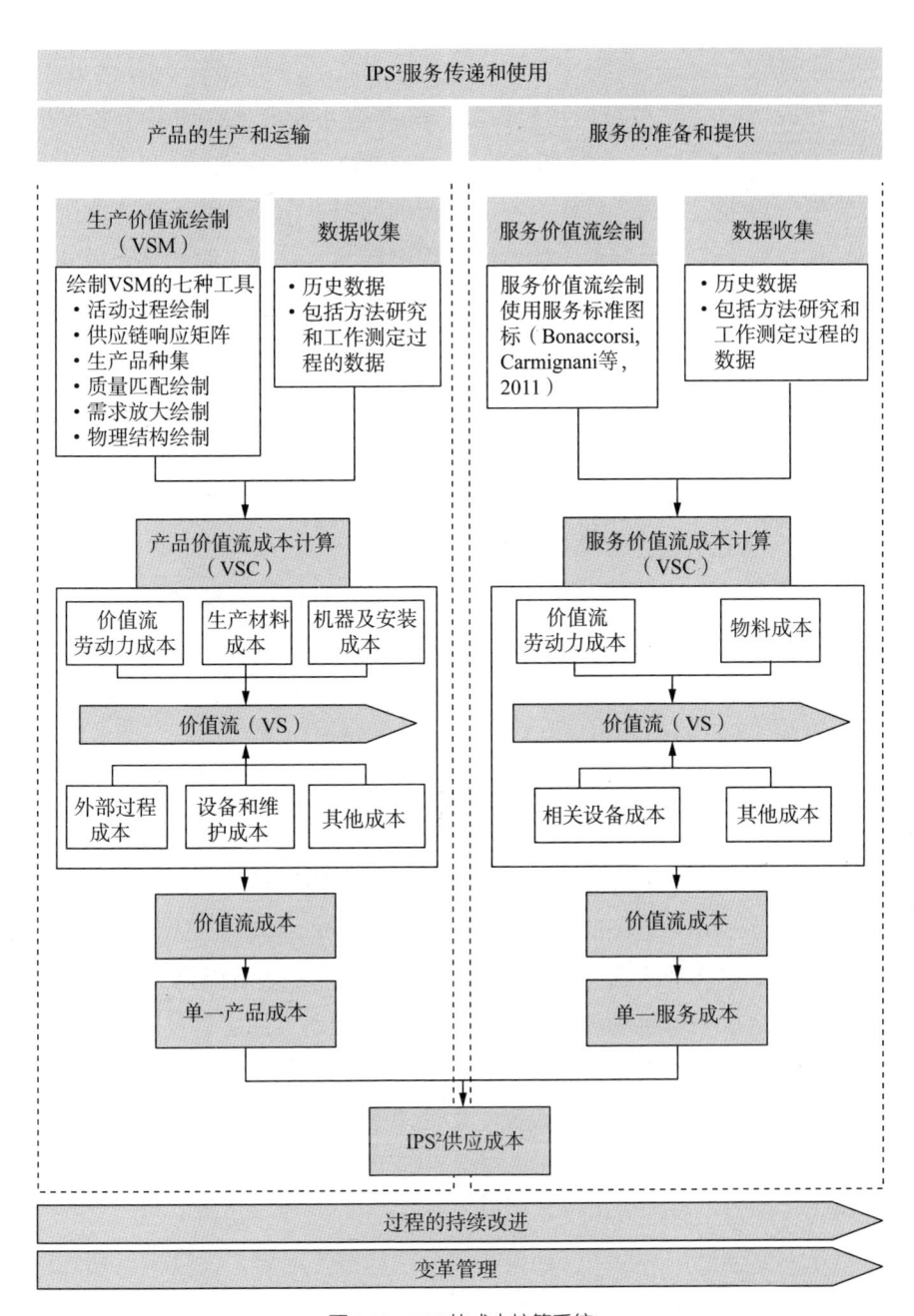

图 4-10　PSS 的成本核算系统

资料来源：Azevedo（2015）。

收益流

在面对收益模型时，我们需要定义制造企业应该如何基于客户价值，用不同的方法来组织他们的销售（Kindström 和 Kowalkowski, 2014）。传统模型规定，支付应该作为产品销售的回报。合理的灵活性体现在分期付款模式上，或者其他既能给服务提供商和客户带来便利又有利可图的支付模式上。随着"所有权范式"向"使用权范式"的转变，收入模型从一次性模式过渡到基于时间的连续性模式或基于产出的连续流模式（Tukker, 2004; Kindström 和 Kowalkowski, 2014）。事实上，混合支付方式的多样性在 PSS 情境中非常常见（Van Ostaeyen 等，2013; Rapaccini 和 Visintin, 2015）。

对于一家制造企业而言，从基于传统概念的销售到 PSS 情境的转变，意味着通过向市场提供更多的功能来增加收入（Mont, 2002）。各种类型的解决方案涉及财产的管理和责任的分配，并且存在不同的支付方式（Tan 等，2010）。换言之，向 PSS 情境的过渡使得以不同方式支付成为可能（Van Ostaeyen, 2013）。例如，支付可以基于产品、服务的可用性、实际使用方式、使用所保证的结果——一种基于绩效的支付方法（Matthyssens 和 Vandenbempt, 2010）。因此我们可以说，所采用的收入机制与所持的价值主张紧密相连，也取决于客户的成熟度和企业在客户业务中的参与程度（projection）等因素（Kindström, 2010）。从生产阶段所看到的 PSS 的经典细分开始，就可以看到如何建立不同类型的收益模型，包括将在下一阶段再次讨论的合同性质和一致的定价技术。

在面向产品的 PSS 中，资产的所有权从制造商转移到客户。因此，所发生的是对交付资产的回报或支出。除了产品，服务部分的费用则根据维修及其消耗的资源和时间来确定，通过固定费用或免费提供模式，在销售行动发生时加以提供（担保）(Bonnemeier 等，2010）。

在面向使用的 PSS 中，如果价值主张构成了对客户的投入，那么该模式的应用就会产生适当的回报（Bonnemeier 等，2010）。该模型表明，客户向制造商支付一笔预定的费用。这个费用是根据客户在一定期限内使用解决方案的预估情况确定的，尤其要参考产品使用强度的因素。

在面向结果的PSS中，如果价值主张是从客户的角度出发的，那么我们可以确定两种可能的方法——"基于绩效的模型"和"基于价值的模型"（Bonnemeier等，2010）。在第一种情况下，制造商向客户保证一定水平的指标或绩效（Nagle和Hogan, 2006）。如果制造商信守承诺，客户就必须支付先前约定的费用，否则客户就会受到惩罚（Turner和Simister, 2001）。这种收益模式的典型例子是基于机器的可访问时间收费。第二种选择是"基于价值的模型"。这种认证技术的特点是解决方案关注客户的过程，并确保解决方案的优化和生产力的提升。因此，价格基于客户获得解决方案所节省的总成本（Sawhney, 2006）。换句话说，制造商受益于其解决方案能够为客户产生的价值，例如，为了确定附加值，产品所有的总成本（TCO）分析在此情境中也很有用。尽管很难量化，但我们可以根据购买解决方案客户的下游参与者[①]满意度的提高来计算回报。例如，当我们应用基于价值的逻辑时，竞争的强度迫使制造商设置参数（如百分比），用于计算节省的成本或营业额的增加（见表4-4）。

表4-4 收益流示例

PSS分类	价值主张	收益来源
产品导向型	与产品的出售、所有权的转移，以及相关服务的使用相联系	● 销售产品 ● 服务另行收费
使用导向型	与产品的使用过程相联系	● 使用方法（产品与服务合并计费）
结果导向型	与产品所达到的绩效水平相联系	● 基于产品的绩效表现收费 ● 与客户收益共享

① 此次应指"客户的客户"。——译者注

三、服务型制造战略价值的评估

本小结的主要目的是提供一种合适的方法（我们将逐步描述），使得每当对服务型制造战略的前瞻性评价——特别是其定性方面的评价发挥作用时，就可以使用此法。第一步是研究和评估每个PSS设计过程中的优缺点。考虑到具体情况千差万别，需要制造企业对引入各种PSS商业模式的可能性进行深入的评估。

方法论方法（methodological approach）的主要步骤如下所示。

第一步，结合被分析传统制造企业的实际情况定义"标准"。

第二步，制定一份采访、分析协议，并阐述五个关键领域。

第三步，在每个关键领域内，企业管理者通过提供一组（最可行的）PSS场景，指出影响引入PSS决策的各方面因素。

第四步，每个相关因素都被归为优势或劣势。

第五步，根据各因素的相关性，建立定量指标作为参考项，从整体上判断优势是否大于劣势，从而支持决策。

第六步，在操作层面上对上述指标进行转换，作为与候选PSS商业模式比较的绩效测度指标。

PSS实施涉及因素评估

为了揭示PSS实施的潜在优势和劣势，第一个必要步骤包括定义可选的PSS场景。当然，它们可以（至少）因所讨论的类别（指面向产品、面向使用和面向结果）而不同，这些类别通常是PSS战略实施的主要特征。因此，必须为每一种情况拟订方案。根据目前的业务，应详细阐述支持三类PSS的所有备选方案。通过非结构化访谈和巨大的对话空间，制造企业可以分析每个场景，并考虑其实施所带来的潜在利益和风险陷阱。这一阶段需要注意的是，可能忽略潜在的利润或财务困难。

在这一阶段的分析中，企业的参与使分析者能够确定关键的调查领域，这些领域显然是从前面的公开讨论中产生的，相关条目如下：

- **技术和设计方面的考虑**。例如，设计问题、设计过程的参与者、产品生命周期、产品组件及其（可重复使用的）可用性方面的考虑。
- **市场反应**。要考虑PSS的市场潜力，以及吸引新客户和扩大实际客户基数的能力。
- **组织方面**。主要涉及对现有生产工厂和资源进行再加工或重新配置的需求分析，以及对新资源、能力和技能的需要。
- **关于价格变化及其影响因素的思考**。主要集中在实际的客户基础上，这里的考虑与价格敏感性、客户忠诚度，以及价格结构的变化等因素有关。
- **外部环境**。要考虑制造商的议价能力、对价格变化的敏感性、客户的议价能力、竞争者、市场上的在位企业，以及新的潜在进入者等因素。

这些条目代表了战略领域，或者更实际地说，代表了可以分解和分析多类型PSS现象的透镜。所有参与的企业（在试点研究中）都同意需要调查这些领域，以解决在引入PSS商业模式时可能显现的优势和劣势。由于制定的场景范围从有远景的PSS实施到不太合理的PSS实施，因此认为受影响最大的业务领域可以被视为详尽无遗了。文献主要就PSS实施过程中的主要利益和障碍达成一致（Annarelli等，2016）——该方法研究目标之一是将这些方面进行系统化的归集，以便以更简单的方式进行分析。重复出现的关键领域的个案，有助于在PSS分析中使用有例可循的访谈协议。此外，也可以决定只分析最有远景和最可行的方案，而不是为三种PSS情境分别提出方案。

在这一步中，有必要让企业（和管理者）反思上述领域，但主要规范是重复出现的方面或例子。因此，人们认为，半结构化的访谈形式能够在不操纵企业立场的情况下，针对PSS情境进行大量正面或负面的讨论。

因此，与确定的关键领域一致，访谈协议（或分析协议）分为五个部分，以指导制造企业和管理者针对PSS战略提出之前从未考虑过的观点和看法。

当然，管理者需要定义所描述的PSS情境是否会影响他们在指定领域的业务。具体而言，他们应该定义每个关键领域中的哪些方面可能受到面向服务情境的影响。

在这种情况下，这种结构化的分析方法允许企业确定影响PSS开发和引入的因素清单，具有令人满意的详细程度和完整性。随后，管理者必须将所发现的PSS影响因素，以及从现有情况分析中产生的个性化情境因素，归类为优势或劣势。

可以通过矩阵对因素进行分类（见表4-5），该矩阵根据PSS引入的效果来分配优先级。因此，根据两方面的程度对因素进行分类，得到四种类型的组合。表里第一个变量代表了特定优势（劣势）与企业战略的一致性程度；第二个变量解释了一个因素对企业活动和项目的影响程度。

表4-5 PSS实施中的因素类别

战略协同程度	影响程度	
	低	高
低	次要的	重要的
高	聚焦的	成功的关键

这一步骤是对所识别因素进行量化的关键，因为每一个优势或劣势都可以被确定为与企业或多或少相关，以及发现它们在多大程度上会对企业产生影响。

根据这种分类和内外部因素的性质（与企业边界相比），就可以确定优先级别，并为每个类别提出战略优先性的定量分数，如表4-6所示。尽管基于常识且基本得到了合作企业的认同，但分数的分配仍是主观和示例性的。但是，据我们所知，目前还不存在商业模式转型分析中为不同因素分配权重的标准实践。此外，从定性指标到定量指标的转换虽然在数学和统计上不甚严格，但在一些最为公认的PSS决策框架中得到了应用，如Dimache和Roche（2013）。由于在应对外部环境方面存在困境，且假定PSS引入后可能会产生重大（积极或消极）影响，因此表中外部因素的得分较高。事实上，本示例中内部因素被认为是次要的障碍来源。内部障碍可能出现的一个较普遍的问题是对变革的抵制（Annarelli等，2016）。

表4-6 PSS实施中的因素等级及对应得分

因素	得分
成功的关键因素（外部）	1
成功的关键因素（内部）	0.9
重要因素（外部）	0.7
重要因素（内部）	0.6
聚焦因素（外部）	0.4
聚焦因素（内部）	0.3
次要因素	0.1

当某一因素对服务化战略的引入产生积极（消极）影响时，就相应的得分而言，这被视为优势（劣势）的增加。如前所述，置身于PSS其中的制造企业最有权评判影响服务化业务的诸多因素，这使得粗略估计PSS实施的非货币方面的优劣势成为可能。给每个优势加一个"加号"，给每个劣势加一个"减号"，便可以将PSS引入的战略优势（SA）评估为每个PSS情境的内部因素之和，将其作为下面所述公式的主要输入。SA涉及内部因素，同理，外部因素的总和被定义为竞争情境（CC），它们的总和（衡量内外部因素的总影响）被称为竞争优势（CA）。

这一做法是本方法的一个关键点，与外部因素不同，内部优势（劣势）与企业直接控制下的一整套行动和决策密切相关。所提供的关于利弊的总体框架（从定性的角度）和相应的分数（从定量的角度），代表了PSS命题背后的价值主张。

操作化因素评估

接下来的计算基于进一步的假设，这些假设对于建立一个充分考虑非货币因素的初步定量方程来说是必要的。

从制造企业的角度来看，SA应该成为估计预期经济效益的调节因素或乘数的基础。换言之，如前面所述，计算的总和与这个乘数之间存在关系，该乘数被称为服务化价值修正系数（SVCC）。特别的是，该系数旨在放大或缩小决策过程中常用的经济价值和指标。可以与SVCC结合使用的指标包括那些通常涉及决策过程的指标，如净现值（NPV）或经济附加值（EVA）。

如果相关指标为正值，则预计PSS引入将带来利润。在这种情况下，CA的正（负）值会促进（抑制）积极结果的前景。当劣势占主导地位时，SVCC的最低值应该趋于0，它们可能危及PSS引入的积极经济前景。当然，当CA等于SA + CC且等于0时，SVCC的值必定为1，这意味着，相同的优势和劣势对经济预测的影响相抵消。为了给出一个有意义的公式来评估SVCC，我们以CA = SA + CC和SVCC的预期对应值——EVA为实施情境的代理指标（根据其符号）。根据EVA的值进行区分的思想，是在决策过程中全面而有意义地使用拟提议指标SVCC的必要点——在EVA为正值的情况下，SVCC充当预期经济结果的放大器（当优势占主导地位时）或限制器（当劣势占主导地位时）；在EVA为负值的情况下，SVCC的目的是将损失最小化（当优势占主导地位时）或放大价值破坏效应（当劣势占主导地位时）。

当EVA >0时，必须考虑以下约束：

（1）若SA趋于 $-\infty$，则对于给定的CC值，SVCC趋于0。

（2）SA+CC=0时，SVCC=1。

当EVA < 0时：

（1）若SA趋于 $+\infty$，则对于给定的CC值，SVCC趋于0。

（2）SA+CC=0时，SVCC=1。

在这些约束条件中，SA被认为是主要的自变量。因为如前所述，该变量代表了制造企业直接控制下的决策集（反过来，CC综合了企业直接控制之外的外部因素）。

根据以上考虑，SVCC的公式如下：

$$SVCC^+ = \begin{cases} e^{SA+CC} & SA+CC \leq 0 \\ \ln(SA+CC+e) & SA+CC \geq 0 \end{cases}$$

$$SVCC^- = \begin{cases} e^{-SA-CC} & SA+CC \leq 0 \\ \ln(-SA-CC+e) & SA+CC \geq 0 \end{cases}$$

其中，$SVCC^+$表示EVA为正值时的情况，$SVCC^-$用于EVA为负值时的情况。图4-11和4-12描绘了SVCC函数的趋势。

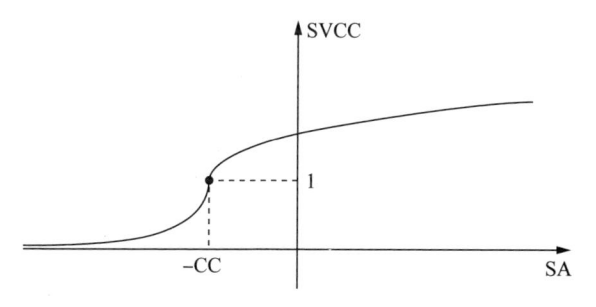

图4-11 $SVCC^+$的趋势，EVA > 0

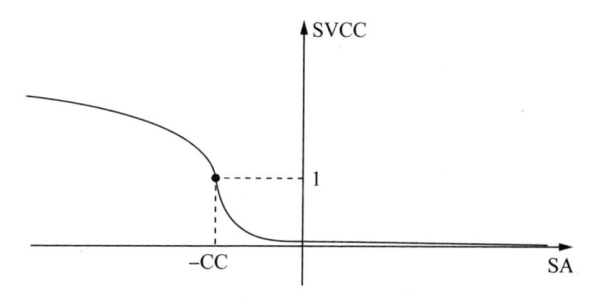

图4-12 $SVCC^-$的趋势，EVA < 0

本章小结

» 将产品服务系统转化为竞争战略需要在战略制定方面付出相当大的努力。
» 在制定服务化战略时，必须在追求产品、服务差异化和创新的同时，注重一些独特的战略驱动因素。
» 制造企业应抓住循环经济和共享经济机遇，同时确保其努力不被竞争对手复制和模仿。
» 新细分市场的开发和客户忠诚度的建立，是确保服务型制造企业持续拥有竞争优势的关键因素。
» 分析和评估与PSS相关的风险，是建立和确保服务化战略成功的关键活动。
» 评估竞争优势的可持续性必须考虑收益流、成本结构和PSS的增加值。
» 非货币因素在PSS的整体成功中起着至关重要的作用，必须在决策中加以考虑，并作为经济评估的一个方面。

原版书参考资料

R. Amit, P.J.H. Schoemaker, Strategic assets and organizational rent. Strateg. Manag. J. **14**, 33–46 (1993)

A. Annarelli, C. Battistella, F. Nonino, Product service system: a conceptual framework from a systematic review. J. Clean. Prod. **139**, 1011–1032 (2016)

W.B. Arthur, Positive feedbacks in the economy. Sci. Am. **262**, 92–99 (1990)

A. Azarenko, R. Roy, E. Shehab, A. Tiwari, Technical product-service systems: some implications for the machine tool industry. J. Manuf. Technol. Manage. **20**(5), 700–722 (2009)

A. Azevedo, Innovative costing system framework in industrial product-service system environment. Proc. Manufact. **4**, 224–230 (2015)

J.B. Barney, *Gaining and Sustaining Competitive Advantage* (Prentice Hall, Upper Saddle River, NJ, 2002)

S. Bonnemeier, F. Burianek, R. Reichwald, Revenue models for integrated customer solutions: concept and organizational implementation. J. Revenue Pricing Manag. **9**(3), 228–238 (2010)

R. Botsman, R. Rogers, *What's Mine is Yours, the Rise of Collaborative Consumption* (HarperCollins, New York, NY, 2010)

K. Chirumalla, A. Bertoni, A. Parida, C. Johansson, M. Bertoni, Performance measurement framework for product-service systems development: a balanced scorecard approach. Int. J. Technol. Intell. Planning **9**(2), 146–164 (2013)

C.-J. Chou, C.-W. Chen, C. Conley, An approach to assess sustainable product-service systems. J. Clean. Prod. **86**, 277–284 (2015)

A. Davies, Moving base into high-value integrated solutions: a value stream approach. Ind. Corp. Change **13**(5), 727–756 (2004)

R. De Coster, A collaborative approach to forecasting product-service systems (PSS). Int. J. Adv. Manuf. Technol. **52**, 1251–1260 (2011)

A. Dimache, T. Roche, A decision methodology to support servitization of manufacturing. Int. J. Oper. Prod. Manage. **33**(11–12), 1435–1457 (2013)

U. Gelbmann, B. Hammerl, Integrative re-use systems as innovative business models for devising sustainable product-service systems. J. Clean. Prod. **97**, 50–60 (2015)

C. Grönroos, A service perspective on business relationships: the value creation, interaction and marketing interface. Ind. Mark. Manage. **40**(2), 240–247 (2011)

T. Hill, *Manufacturing Strategy: Text and Cases* (MacMillan Business, 1994)

H.A. Hu, S.H. Chen, C.W. Hsu, C. Wang, C.L. Wu, Development of sustainability evaluation model for implementing product service systems. Int. J. Environ. Sci. Technol. **9**, 343–354 (2012)

W.Q. Judge, T.J. Douglas, Performance implication of incorporating natural environmental issues into the strategic planning process: an empirical assessment. J. Manage. Stud. **35**(2), 241–262 (1998)

D. Kindström, Towards a service-based business model—key aspects for future competitive advantage. Eur. Manag. J. **28**(6), 479–490 (2010)

D. Kindström, C. Kowalkowski, Service innovation in productcentric firms: a multidimensional business model perspective. J. Bus. Ind. Mark. **29**(2), 96–111 (2014)

P. Kotler, *Marketing Management*, The Millennium Edn. (Person Prentice Hall, Upper Saddle River, 2000)

M.E. Kreye, L.B. Newnes, Y.M. Goh, Uncertainty in competitive bidding—a framework for product–service systems. Prod. Plann. Control **25**(6), 462–477 (2014)

S.J. Liebowitz, S.E. Margolis, Path dependence, lock-in, and history. J. Law Econ. Organ. **11**(1), 205–226 (1995)

E. Manzini, C. Vezzoli, A strategic design approach to develop sustainable product service systems: example taken from the 'environmentally friendly innovation' Italian prize. J. Clean. Prod. **11**, 851–857 (2003)

V. Martinez, M. Bastl, J. Kingston, S. Evans, Challenges in transforming manufacturing organisations into product-service providers. J. Manufact. Technol. Manage. **21**(4), 449–469 (2010)

P. Matthyssens, K. Vandenbempt, Service addition as businessmarket strategy: identification of transition trajectories. J. Serv. Manage. **21**(5), 693–714 (2010)

H. Meier, R. Roy, G. Seliger, Industrial product-service system—IPS2. CIRP Ann. Manuf. Technol. **59**, 607–627 (2010)

G.A. Michaelson, Niche marketing in the trenches: Marketing Communications. **13**(6), 19–24 (1988)

O. Mont, Clarifying the concept of product-service system. J. Clean. Prod. **10**, 237–245 (2002)

O. Mont, Product–service system: panacea or myth? Doctoral thesis. Retrieved from the National Library of Sweden Database. 91-88902-33-1 (2004)

T. Nagle, J. Hogan, *The Strategy and Tactics of Pricing—A Guide to Growing More Profitably*, 4th edn. (Pearson Education, Upper Saddle River, NJ, 2006)

A. Neely, Exploring the financial consequences of the servitization of manufacturing. Oper. Manage. Res. **1**, 103–118 (2009)

R. Nelson, S. Winter, *An Evolutionary Theory of Economic Change* (Harvard University Press, Cambridge, MA, 1982)

S. Nenonen, K. Storbacka, Business model design: conceptualizing networked value co-creation. Int. J. Qual. Serv. Sci. **2**(1), 43–59 (2010)

N. Nishino, S. Wang, N. Tsuji, K. Kageyama, K. Ueda, Categorization and mechanism of platform-type product-service systems in manufacturing. CIRP Ann. Manuf. Technol. **61**, 391–394 (2012)

A.F. Payne, K. Storbacka, P. Frow, Managing the co-creation of value. J. Acad. Mark. Sci. **36**(1), 83–96 (2008)

M.E. Porter, *The Competitive Advantage: Creating and Sustaining Superior Performance* (Free Press, NY, 1985)

M. Qu, S. Yu, D. Chen, J. Chu, B. Tian, State-of-the-art of design, evaluation, and operation methodologies in product service systems. Comput. Ind. **77**, 1–14 (2016)

C. Raddats, C. Easingwood, Service growth options for B2B product-centric businesses. Ind. Mark. Manage. **39**(8), 1334–1345 (2010)

M. Rapaccini, F. Visintin, Devising hybrid solutions: an exploratory framework. Prod. Plann. Control **26**(8), 654–672 (2015)

W. Reim, V. Parida, D. Örtqvist, Product-service systems (PSS) business models and tactics—a systematic literature review. J. Clean. Prod. **97**, 61–75 (2015)

W. Reim, V. Parida, D. Rönnberg-Sjödin, Risk management for product-service system operation. Int. J. Oper. Prod. Manage. **36**(6), 665–686 (2016)

W. Reim, V. Parida, D. Rönnberg-Sjödin, Managing risks for product-service systems provision: introducing a practical decision tool for risk management, in *Practices and Tools for Servitization—Managing Service Transition*, ed. by M. Kohtamaki et al. (Palgrave MacMillan, Cham, 2018), pp. 309–321

M. Rese, M. Karger, W.C. Strotmann, The dynamics of industrial product service systems (IPS2)—using the net present value approach and real options approach to improve life cycle management. CIRP J. Manuf. Sci. Technol. **1**, 279–286 (2009)

O. Rexfelt, V. Hiort af Ornas, Consumer acceptance of product-service systems. Designing for relative advantages and uncertainty reductions. J. Manuf. Technol. Manage. **20**(5), 674–699 (2009)

A. Richter, T. Sadek, M. Steven, Flexibility in industrial product-service systems and use-oriented business models. CIRP J. Manuf. Sci. Technol. **3**, 128–134 (2010)

M. Sawhney, Going beyond the product: defining, designing, and delivering customer solutions, in *The Service-dominant Logic of Marketing. Dialog, Debate, and Directions*, ed. by R. Lusch, S. Vargo (M.E. Sharpe, Armonk, NY, 2006), pp. 365–380

M. Spring, L. Araujo, Service, services and products: rethinking operations strategy. Int. J. Oper. Prod. Manage. **29**(5), 444–467 (2009)

K. Storbacka, A solution business model: capabilities and management practices for integrated solutions. Ind. Mark. Manage. **40**(5), 699–711 (2011)

H. Sun, Z. Wang, Y. Zhang, Z. Chang, R. Mo, Y. Liu, Evaluation method of product-service performance. Int. J. Comput. Int. Manuf. **25**(2), 150–157 (2012)

A.R. Tan, D. Matzen, T. McAloone, S. Evans, Strategies for designing and developing services for manufacturing firms. CIRP J. Manuf. Sci. Technol. **3**(2), 90–97 (2010)

D.J. Teece, G. Pisano, A. Shuen, Dynamic capabilities and strategic management. Strateg. Manag. J. **18**(7), 509–533 (1997)

A. Tukker, Eight types of product-service system: eight ways to sustainability? Experience from SusProNet. Bus. Strategy Environ. **13**, 246–260 (2004)

A. Tukker, U. Tischner, Product-service as a research field: past, present and future. Reflection from a decade of research. J. Clean. Prod. **14**, 1552–1556 (2006)

J. Turner, S. Simister, Project contract management and a theory of organization. Int. J. Project Manage. **19**(8), 457–464 (2001)

J. Van Ostaeyen, A. Van Horenbeek, L. Pintelon, J.R. Duflou, A refined typology of product–service systems based on functional hierarchy modeling. J. Clean. Prod. **51**, 261–276 (2013)

S. Witjes, R. Lozano, Towards a more circular economy: proposing a framework linking sustainable public procurement and sustainable business models. Resour. Conserv. Recycl. **112**, 37–44 (2016)

第五章

将产品服务系统战略转化为运营实践

本章探讨将产品服务系统战略有效转化为运营战略和运营管理的重要性。在介绍运营和服务战略的重要性之后，本文提出并讨论了有效"转化"（translation）的关键要素。PSS不仅需要依据战略方向来设计，还需要考虑设计、架构、传递和集成等一系列关键活动。此外，关键的资源和合作伙伴确保了PSS的最佳实施。

第一节
运营和服务战略的新角色

如前几章所强调的，向服务转变和采用产品服务系统对制造商或提供商的整体结构有很大影响。商业模式的重新配置也会影响制造商或提供商的整个运营体系。事实上，一旦重新定义了战略，管理者就必须重新配置运营战略，进而重置运营体系。

图 5-1 中的框架代表了 PSS 配置的过程：它由七个要素组成，这些要素可以划分为三组（Aurich 等，2009）。第一组是与 PSS 开发的先决条件相关的所有要素：实体产品、服务组件和产品生命周期。第二组是服务和生命周期分别对实体产品的影响。这时，注意力从企业战略转移到运营战略和第一组关键要素上。第三组涉及 PSS 配置的技术层面，包括专注于实际 PSS 设计过程的要素、技术问题和服务配置问题，这些问题是定制化 PSS 的"最终"影响要素。

将 PSS 转化为运营战略的关键，可以用第二组和第三组的要素来表示。此外，在这一关键的步骤中，制造商还应该牢记 PSS 中涉及的各个要素，以及它们的不同起源。例如，服务组件是服务化的核心要素之一，以及 PSS 与服务工程领域有许多共同的要素。事实上，实践证据表明，大多数经历这种转变的制造商，是从以产品为中心的提供开始的，其中标准的提供只专注于独立的销售（stand-alone sales）。

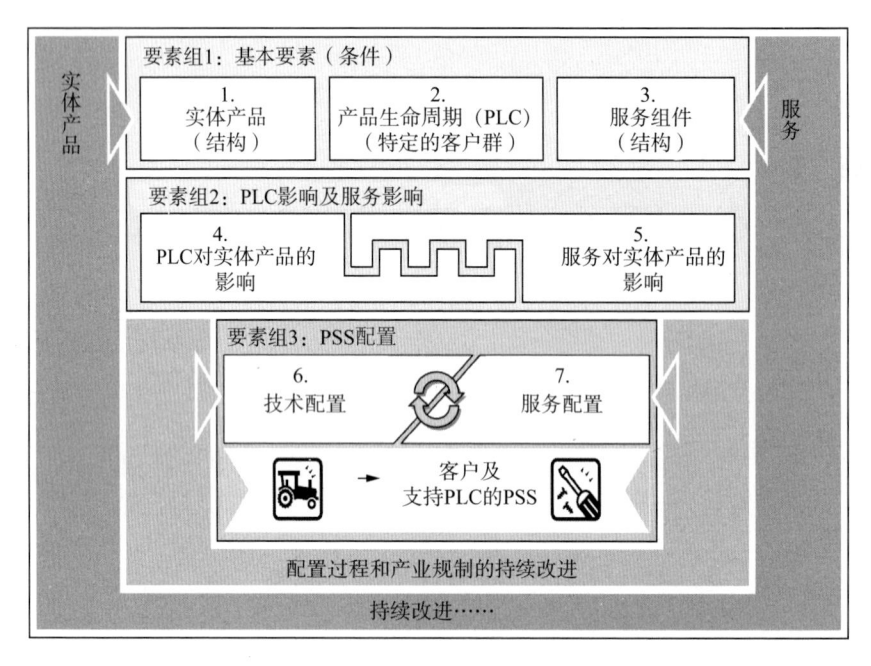

图5-1　PSS配置框架

资料来源：Aurich等，2009。

第二节 产品服务系统设计的关键活动

产品服务系统提供商不应把注意力放在自身产品的物理特性上，而应专注于客户的关键活动。在PSS中，（客户–提供商）过程和经营活动是整合在一起的，产品具有指定的功能。那么，在实际使用前阶段、使用阶段和处置阶段，基本活动都与产品相关联（Cook等，2006）。事实上，在使用阶段，产品服务系统提供商可以监控产品的性能并据此进行维护和干预（Schuh et al., 2009）。

制造企业必须从战术和战略视角谨慎管理，以整合运营及其活动。订单制定、存储、成本控制、安装、使用、维护和故障排除都是PSS的典型活动（Grönroos, 2011）。对活动的识别，凸显了开发和服务传递的关键过程（Lay等，2009; Kindström和Kowalkowski, 2014）。转换到PSS逻辑，可以推动企业将之前由内部开发的活动外包出去（Storbacka, 2011; Dimache和Roche, 2013）。向服务逻辑的转变可能需要企业重新设计其内部组织，以便识别从传统情境向典型PSS情境转换的过程，以及识别其中必须进行的关键活动，从而实施新的服务导向活动（见图5-2）。

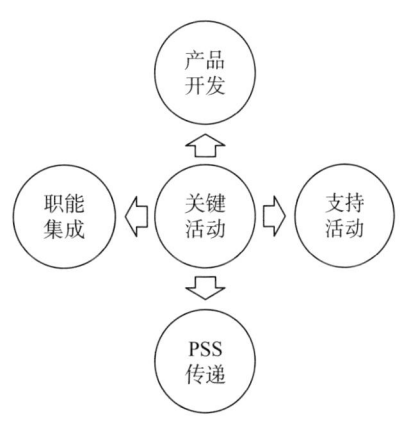

图5-2　PSS设计关键活动的识别

一、产品和服务设计

第一个活动涉及制造商计划提供的解决方案的开发和设计。在 PSS 商业模式中,为了符合产品和服务规范,特别强调产品的物理特性与服务规格之间的一致性(Reim 等,2015)。此外,企业通常要承担产品生命周期内发生的所有费用。这促使我们重新思考设计阶段,以求最大限度地减少产品在生命周期中产生的总成本(延长寿命、降低运营成本),使资产易于维护(Azarenko 等,2009),并使用产品生命周期结束时可重复使用的部件(Tukker, 2004)。

为了便于管理与上述服务相关的产品,并增加新商业模式创造的价值,在设计阶段,需要确定产品的可维护、易于更新和再利用等诸多特性(Sundin 和 Bras, 2005)。因此,服务质量与服务组件的构思、创新有关,这些服务可以改进 PSS 提供,以便更好地理解客户的要求,并创造最有效的价值(Kindström 和 Kowalkowski, 2009; Pawar 等,2009)。新服务及相应服务工程的开发,有助于企业在产品活动中拓展服务,进而推动其向服务化逻辑转变(Rapaccini 等,2013)。图 5-3 展示了这些活动是如何组织的,设计中又涉及哪些信息系统。

图 5-3　PSS 设计流程

产品设计

长久以来,企业都专注于产品的批量生产和实物销售,这使得工程师和整个设计流程都专注于产品和部件的设计。后来,一些技术性服务被注入,以延长产品的寿命,如远程服务和维护(Maussang, 2009)。将生命周期管理纳入考虑后,产品的实际可用性受到了更多关注。而制造商专注于产品本身的弱点,可以通过注入能够在未来的维护活动中发挥功效的技术来解决。

服务设计

通常，服务的设计被委托给市场运营商，而产品则在工程部分占据优先权（Maussang 等，2009）。Tomiyama（2001）的研究提出了一种开发服务的新方法。该方法有以下三个基本步骤：

- **流程模型**，允许开发人员标记（map）参与服务交付及其交互的所有代理。
- **范围模型**，关注受服务影响的参数。
- **场景模型**，显示出一组客户参数和相关控制渠道。

PSS 设计

PSS 设计和开发要比单独的产品或服务的设计和开发复杂，也更有战略意义。这是因为，单独的产品或服务设计不需要考虑彼此之间的关联。在这个阶段，我们会权衡不同部门的各个方面，从市场营销到生产情境，再到客户参与必要共创活动的程度。随着 PSS 解决方案的出现，市场需求发生了变化，为了满足新的先决条件，特别要强调企业产品[①]的实体特性和服务特性之间的一致性（Reim 等，2015）。

为了提高 PSS 提供的价值，一些方面必须予以重视，例如易于维护、更新和使用。这些方面可以概括为两个基本特性：与功能相关的方面和与定制相关的方面。这两个特性在 PSS 的设计和开发阶段必须予以考虑。

与功能相关的方面涉及各种组件的设计需求，以便随后以客户积极感知的方式被纳入另一个组件。(1) 对于产品导向的 PSS，这意味着在提供维护的合同中，产品具有可维护性；或者在提供处置（disposal）的合同中，零件易于回收（Reim 等，2015）。(2) 在使用导向的 PSS 中，企

---

① 本章中的产品有两层含义，一层是指由"产品+服务"组合而成的"产品–服务包"；另一层是指单独的实体产品。这两层含义在本章中交叉出现，根据具体语境即可区分。——译者注

业承担保证资产正常使用的责任，因此，除了保证简单的可维护性，设计还必须保证组件的强度和耐用性。（3）对于结果导向的PSS，功能的概念得到加强，因为它需要通过各种组件和服务的组合来创建一个灵活的解决方案（Reim等，2015）。

定制的相关方面与个性化有关，即需要使解决方案适应每个客户。个性化在产品导向和使用导向的情境中的程度相对较低，但在结果导向的PSS中具有重要意义。这是因为服务必须与客户的生产和组织系统完美融合，以至于每种情况都是独一无二的。此时，必须谨慎实施与所提供解决方案相关联的服务设计，并且要与客户深度交互（Reim等，2015）。

根据上述两个方面，可以列出一些用于PSS开发和设计的技术（见表5-1）。

表5-1　PSS情景下的设计方法

方法	方法描述
服务CAD（service CAD）	一种PSS设计结构。它有助于设计师发现问题，并允许他们概念化问题和提出替代方案
服务模式（service model）或服务浏览器（service explorer）	一种以特定图表来展示服务活动中出现的人和物的方法。它通过综合考虑产品和服务间的协同效应、替代性和互补性来使客户的价值最大化
集成设计流程（integrated design process）	一种用于技术服务设计的过程。它以模块逻辑来匹配产品和技术服务设计，实现服务和产品并行开发
异构概念建模（heterogeneous concept modelling）	一种对元素进行多领域组合的方法。它以软件原型的形式实现，并利用系统要素、扰动要素和情境要素进行开发
PSS设计（PSS design）	一种系统考虑产品和服务的设计方式，旨在提升设计阶段的价值增值
快速跟踪的设计（fast track design）	一种用于降低运营流程复杂性的方法。它可以帮助客户和提供商简化决策阶段和替代方案的分析
服务开发的设计流程（design process for development of service）	一种由理论、服务化逻辑设计序列组成的方法。它主要涉及市场分析、使用假设和模拟
PSS流程设计（PSS process design）	一种精细化PSS运营过程的方法。它包括价值主张、产品生命周期、参与者网络和活动建模周期四个维度

资料来源：Vasantha等（2011）。

表中总结的这些方法如下所示：

- **服务CAD**。服务CAD系统有助于设计人员生成PSS的设计结构。该结构可以帮助设计师发现问题，并允许他们概念化问题和提出替代方案。根据这种方法，设计师可以定义具有特定性能和符合先决质量条件的活动。服务CAD中存在的变量是操作环境、提供商、客户、渠道、活动、使用意图、可预见性、质量和附加值等。该系统的一个扩展名为ISCL（Integrating Service CAD with a Life-cycle simulation，集成服务CAD和生命周期模拟器），用于模拟产品的生命周期，其中有与使用活动的后果相关的概率描述。这种方法是设计者以不同方式构建PSS模型的代表（见图5-4）。

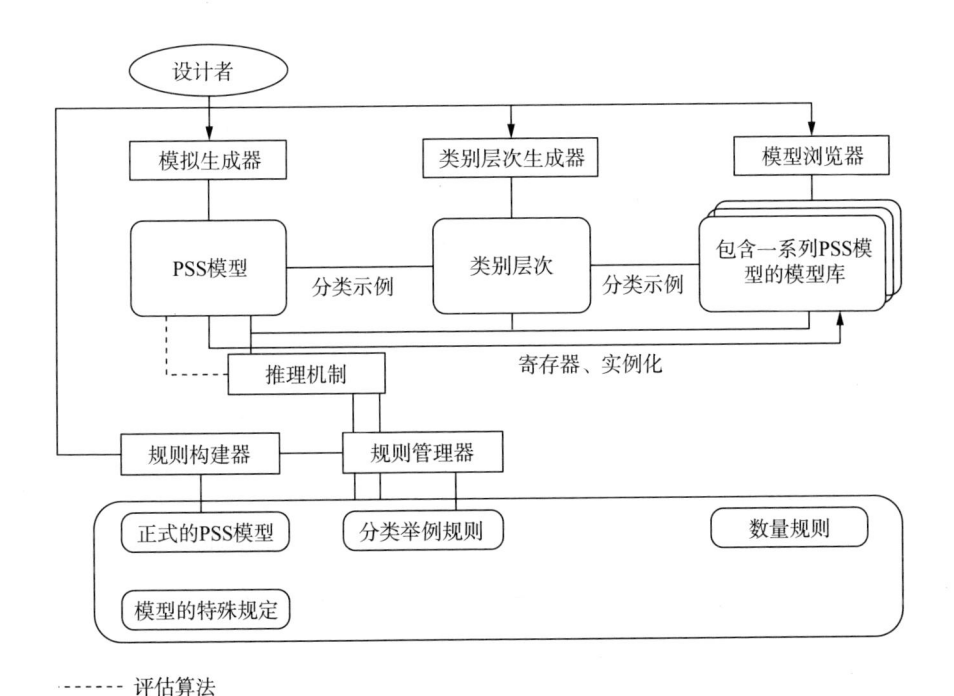

图5-4 服务CAD系统结构

资料来源：Komoto和Tomiyama（2008）。

- **服务浏览器**。在PSS开发的早期阶段同步设计产品和服务，通过综合考虑产品和服务间的协同效应、替代性和互补性，使客户的价值最大化。该方法以特定图表来展示服务活动中出现的人和物，由三个主要阶段组成：为客户确定价值、规划服务内容，以及规划服务活动。使用这种方法，便可以通过质量功能配置（QFD）①工具对过程进行评估。从图形化的角度来看，可以确定四个模型：流程模型（Who）、范围模型（What）、模型场景（Why）和视图模型（How）（见图5-5）。

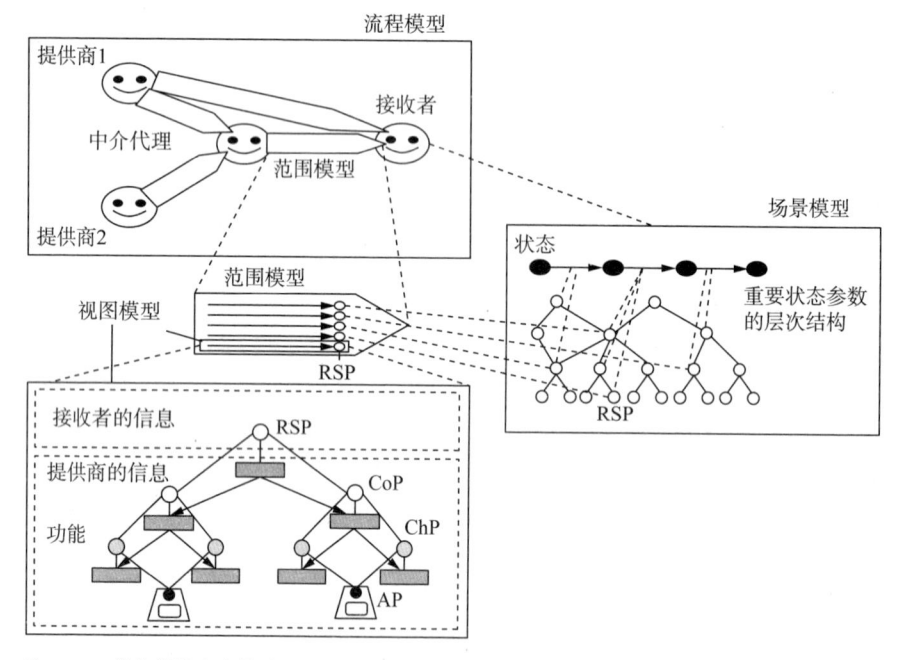

注：RSP: 接收器状态参数（Receiver state parameters），即接收机器的运行状况。
Cop: 内容参数（content parameters），由提供的内容决定。
Chp: 渠道参数（channel parameters），受到提供内容的流量变化的影响。
AP: 接入点（access point）。

图5-5 流程模型、范围模型与场景模型之间的关系

资料来源：Sakao等（2009）。

---

① 质量功能配置（QFD）：一种在设计阶段应用的系统方法。通过QFD，客户需求可以被精确无误地传递到与产品生命周期相关的各个流程中。——译者注

- **集成设计流程**。该方法介绍了一种用于技术服务设计的过程，以模块逻辑来匹配产品和技术服务设计。实现服务和产品并行开发，从而集成到PSS中（见图5-6）。

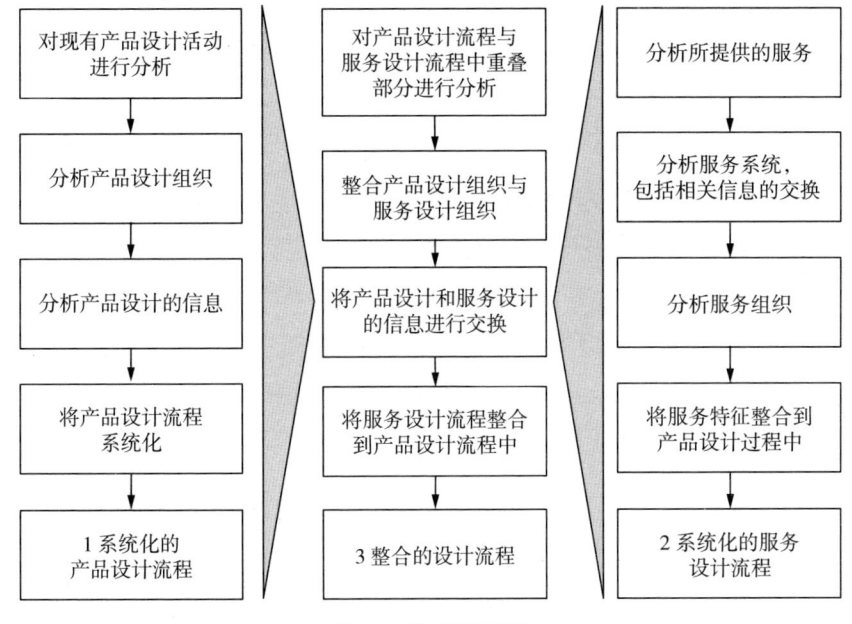

```
对现有产品设计活动           对产品设计流程与              分析所提供的服务
    进行分析               服务设计流程中重叠
                            部分进行分析
        ↓                        ↓                           ↓
  分析产品设计组织          整合产品设计组织与           分析服务系统，
                            服务设计组织            包括相关信息的交换
        ↓                        ↓                           ↓
  分析产品设计的信息        将产品设计和服务设计            分析服务组织
                            的信息进行交换
        ↓                        ↓                           ↓
  将产品设计流程            将服务设计流程整合          将服务特征整合到
      系统化                到产品设计流程中            产品设计过程中
        ↓                        ↓                           ↓
   1 系统化的                3 整合的设计流程            2 系统化的服务
   产品设计流程                                            设计流程
```

图5-6　集成设计流程

资料来源：Aurich等（2006）。

- **异构概念建模**①。这种方法允许从不同的开发角度、在不同的抽象级别上，对元素进行多领域组合。这就需要通过模拟的方式来确定流程和组件的行为。该方法以软件原型的形式实现，并利用三种要素，即系统要素、扰动要素和情境要素进行开发。未来PSS解决方案的特征有五个要素：专用性、主要转变、集成水平、部分替代的倾向性及连通性（见图5-7）。

---

① 异构概念建模：这是一个组合词，由异构概念和概念建模组合而来。其中，异构概念是指一个整体由多个不同的成分构成；而概念建模是指根据概念的不同维度或要素，建立不同维度或要素之间的关系。——译者注

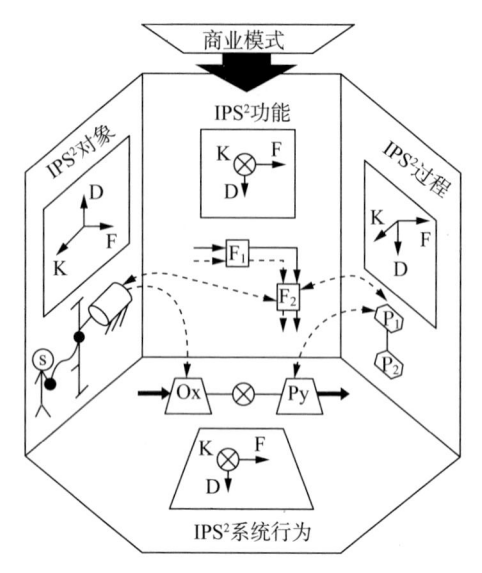

图5-7　异质概念建模

资料来源：Welp等（2008）。

- **PSS设计**。通过这种方法，设计师不仅注意产品的实体部分，而且注意系统整体，包括开发一个成功的PSS所需的实体部分和服务。一旦确立了核心要素（实体和服务组件），就可以使用运营场景进行更详细的描述。该方法的实质是为生命周期的每个阶段模拟运营场景，是一种很好的做法（见图5-8）。
- **快速跟踪的设计**。在这种方法中，有两个需要考虑的方面：架构和业务。架构由硬件和支持服务组成；而业务包含与解决方案的市场、风险、合作伙伴关系、合同、销售和分销相关的所有细微差别。架构和业务描述了硬件和服务的不同组合——新的硬件、基于先前硬件改编的产品、新的支持服务或改编的支持服务。目标是选择最合适的产品和服务组合，从而为所有利益相关者创造最佳的解决方案。在运营上，这涉及客户需求和产品特性概念化之间的整合。为了正确执行这一步骤，企业需要一个IT工具，该工具要集成服务设计、仿真、硬件架构和计算支持服务成本的功能。通过全面分析，可以查明关键要素、成本或效益和所需资源。该方法的实施，可以帮助客户和提供商简化决策阶段和替代方案的分析，从而降低运营流程的复杂性（见图5-9）。

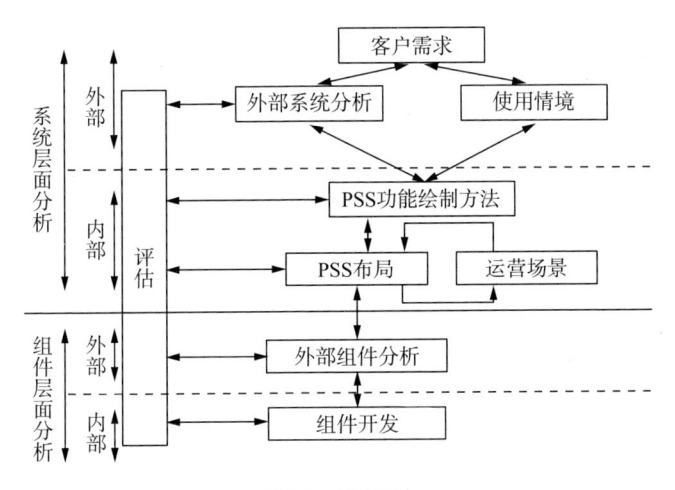

图5-8 PSS设计

资料来源：Maussang等（2009）。

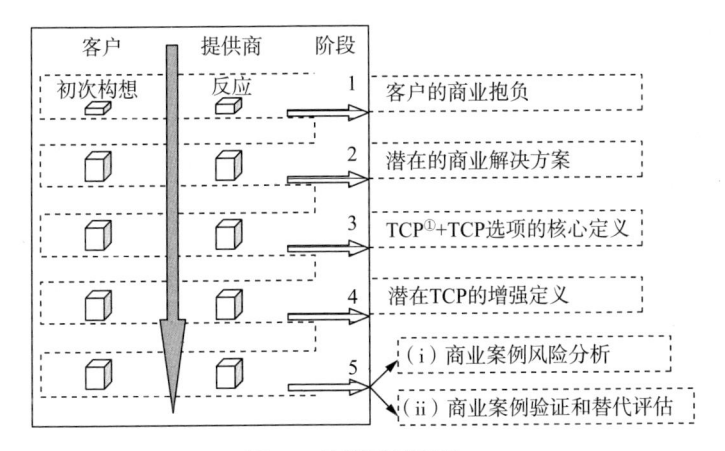

图5-9 快速跟踪的设计

资料来源：Alonso-Rasgado等（2004）。

---

① TCP：全面照护产品（Total Care Product），也称功能性产品（Functional Products），是由物理组件和服务组件组合而成的产品。其核心要义是，客户购买的是一项功能，而物理组件和服务组件的组合，包括了使客户从功能中受益的全部内容。——译者注

- **服务开发的设计流程**。该模型更多地由理论方法而非精确的技术实践组成，并由服务情境中逻辑设计序列的重新排列组成。从图形上看，该方法可以通过将空间划分为两个维度来表达——专用于解决问题的空间（问题空间），以及专用于与所识别问题相关的设计解决方案的空间（解决空间）。该部分中存在的典型要素涉及市场分析、使用假设和模拟（见图5-10）。

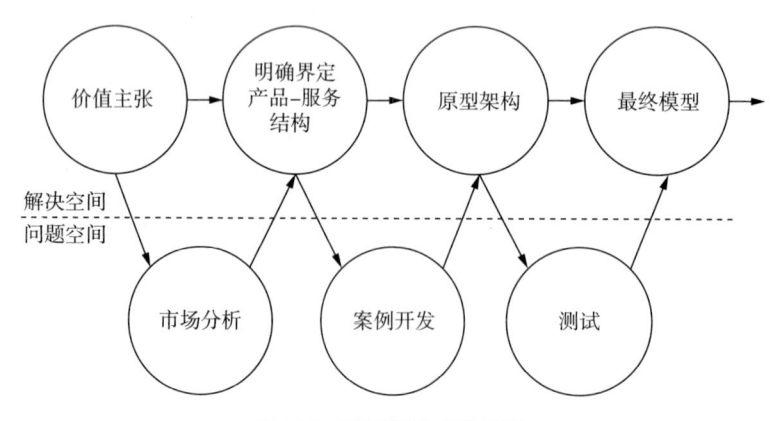

图5-10　服务开发的设计流程

资料来源：Morelli（2002）。

- **PSS流程设计**。该方法需要在空间上设置四类维度，即价值主张、产品生命周期、行动者网络和活动建模周期（见图5-11）。这些要素涵盖了PSS的所有基本概念。对这些维度的精准分析，有助于理解产品和系统是如何工作的，同时也强调了四个维度必须匹配。需要注意的是，这四个维度中单个维度的变化会影响其他维度，设计人员必须确保新PSS各维度间的相互支持。根据这种方法，PSS流程设计需要特别关注四个维度中尚未就绪的开发活动的管理、组织结构、协调和集成。

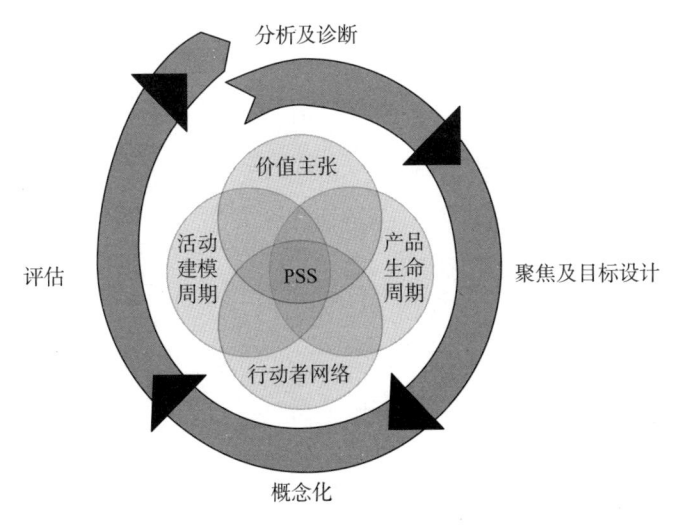

图5-11　PSS流程设计

资料来源：Tan等，2009。

二、产品和服务配置支持

为支持新的解决方案，企业应执行一系列有助于客户了解PSS潜力的活动。由此，PSS应当包含一个新的产品和服务配置，从而为客户创造价值。这时，PSS的产品是复杂的，并且当企业需要向潜在客户展示其新产品时，企业所秉承的是价值驱动的逻辑。在这方面，有一些具体的策略和方法（如总拥有成本、服务水平协议），可以帮助客户了解PSS的改进和效益。考虑到PSS提供中包含的技术密度，服务前台必须得到充分培训，从而向客户有效地传递理念和价值（Kindström和Kowalkowski，2009; Kindström等，2015）。因此，有必要从技术的角度对销售人员进行培训，使其以清晰、简单的方式将PSS的改进之处和优势传达给客户。在销售阶段，总拥有成本或生命周期成本评估可以发挥用处。但是，上述这些仍处于探索阶段，目前仅应用于少数产品和服务配置（Bonetti等，2016）。

三、产品和服务传递

在 PSS 逻辑中，企业必须仔细管理服务传递计划和相关的运营活动，以确保有效地访问集成系统（Storbacka，2011）。为了加快运营活动的服务传递速度，并与客户广泛结合，企业必须持续、仔细地监控流程。此外，企业有必要向客户和组织内部报告并检验流程价值，以明确相关流程是否实际创造了计划中的价值，并记录了交付过程（Kindström 和 Kowalkowski，2009）。

提供服务并不意味着只需要保证备件、运营信息和日常维护，还需要承诺提供远程诊断和产品状况分析。这对最小化管理成本起着至关重要的作用，并且可以产生与产品等量齐观的价值（Meier 等，2010；Rapaccini 和 Visintin，2015）。这时，与产品和服务传递相关的活动变得至关重要，因为正是在生命周期的这个阶段，PSS 活动的价值才得以体现，客户才能够清楚地感知到该价值。在此步骤中，企业必须负责解决方案的功能，并保证达到约定的结果。企业不仅可以直观地观察到解决方案运营与设计活动间的关联，还可以洞察解决方案与产品生命周期管理之间的紧密联系。

这一关键活动可以分解为以下几个子活动或管理做法（见图 5-12）：

- **沟通过程**。在使用阶段，需要建立沟通渠道，以交换有关正确运用解决方案的信息。
- **监控**。为保证解决方案能够正确地为客户服务，必须建立一个流程来监测提供给客户的 PSS，以优化不良事件的响应时间。
- **合同**。为了使解决方案达到预期水平，必须和行动者就合同进行细致定义，明确各自的权责及利益。
- **通信接口**。通过外部网络来连接不同行动者，确保企业能够立即访问所有网络行动者的信息。

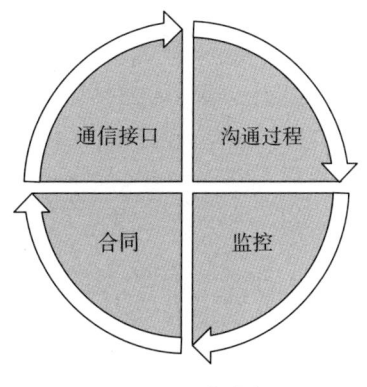

图5-12　PSS传递流程

四、功能集成

为了实现内部职能活动及不同企业功能的整合，向PSS的转变需要建立正式流程和机制（Kindström等，2015; Nordin和Kowalkowski，2010; Storbacka等，2013）。在设计阶段，企业需要考虑营销部门和技术部门如何协调工作，以开发出符合客户需求的解决方案。更确切地说，PSS商业模式需要服务和研发之间的协作（Kindström和Kowalkowski，2014）。综上所述，PSS解决方案的落地并不简单，企业要对其进行管理就必须将解决方案整体的落地考虑在内。随着PSS服务的日益复杂，协调生命周期中产品销售之前和之后的每个步骤，以保证客户与提供商的单点接触（a single point）就变得十分必要（Kindström等，2015）。换句话说，PSS商业模式需要协作管理，在工作质量的评估过程中，必须考虑到这种新的内部功能性质（Storbacka，2011）（见图5-13）。

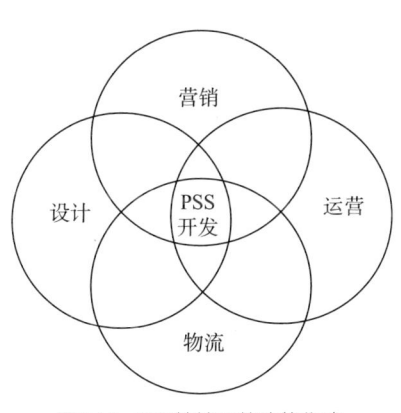

图5-13　PSS情境下的功能集成

第三节 产品服务系统实施中的关键资源

关键活动可以被定义为一组流程，这些流程是解决方案开发和服务传递的核心。与此同时，为了实施产品服务系统，制造商必须了解需要使用哪些新的关键资源来应对这一挑战。多数情况下，在与客户和供应商的接触中，制造商必须提供的另一种关键资源并不是完全的实体资源，而是由进行信息交换的信息技术及其应用所组成的。据此逻辑，制造商有必要对能够促进客户关系的基础设施进行投资。基于PSS逻辑的企业可以将一些以前的内部活动进行外包。因此，基于PSS逻辑的企业对资源的需求超出了传统企业边界（Dimache和Roche，2013）。

此外，不同参与者之间的关系在PSS实施过程中发挥着非常重要的作用。因此，PSS提供方要在人力资本方面投入大量资源也是理所应当的（Tan和Mcaloone，2006）。人力资源的质量必须无懈可击。从这个意义上说，制造商必须为员工开发新的技能（主要是对在职员工和新员工的培训课程），以便员工在与客户交互的过程中表现得称职且令人放心（Cook等，2006）。综上，服务创新可能需要组织变革（Kindström和Kowalkowski，2009），以开发与所提供服务相关的新活动（Cavalieri和Pezzotta，2012）（见图5-14）。

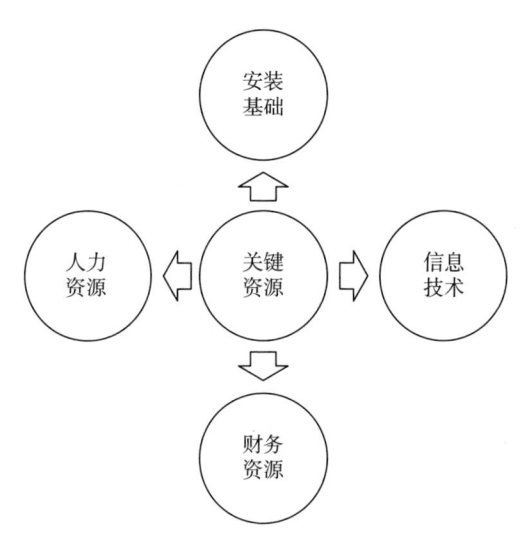

图5-14　PSS实施中的关键资源

一、信息技术

信息技术和数字技术是PSS实施的基础[1]（Becker等，2013；Ardolino等，2018）。PSS系统允许共享不同功能的信息，并对数据潜在价值进行判断（Storbacka, 2011）。经典的管理系统（从ERP到PDM）必须以一种流动和实质性的方式进行集成，以便连贯地支持促进供应链协作的应用程序（Neff等，2014）。远程控制技术的使用在PSS逻辑中起着关键作用，它可以确保监督、维护和升级的有效实施。

---

[1] 信息技术在本书中一般是信息与通信技术（ICT）的统称。ICT = IT + CT，其中，IT（Information Technology，信息技术）指借助一定的设备将各种信息转化为二进制数字"0"和"1"后进行运算、加工、存储、传送、传播的技术。CT（Communications Technology，通信技术）指传输接入、网络交换、移动通信、无线通信等通信技术。信息技术的应用有助于改善企业决策或提升企业内部效率。

数字技术包括但不限于信息技术，它是由广泛的信息和通信技术组成的，侧重于将所有信息相互连接，具备可编辑性、可扩展性、开放性和关联性四大特征，更加智能化。数字技术的应用包括人工智能、大数据、区块链技术、物联网等。数字技术可以赋能企业进行商业模式等方面的转型。信息技术是数字技术的基础。——译者注目前，大量地使用信息技术工具是确保PSS解决方案有效性的前提。这些信息技术工具从两个方面发挥作用：对流程进行支持、标准化流程。明确信息技术与PSS之间的关系，是理解信息技术对服务质量影响的基础。已有研究表明，对信息技术的投资改善了采用PSS系统的企业的经济绩效、资金及组织福利（financial and organizational well-being）。因此，为确保企业解决方案的附加值，信息技术解决方案被视为组织必须装备的关键工具之一。信息技术工具的影响主要有以下两个方面：产品提供、运营流程（Belvedere等，2013）。

产品提供

信息技术的发展促使PSS提供发生了明显变化。首先，信息技术显著提高了开发新PSS解决方案的效率和有效性，使其价值主张更具吸引力。其次，它允许开发全新的解决方案，从而增强了企业的竞争力（Belvedere等，2013）。

关于信息技术和产品开发，一方面，信息技术有可能实现对自身网络的重新组合，进而促进创新，并且发展远距离行动者之间共同设计的能力。另一方面，决策工具的应用强烈激发了新产品的开发过程，这是产品生命周期管理（Product Lifecycle Management, PLM）工具应用的典型情况，它允许设计师存储、共享文档和相关信息，从而减少流程创新中的错误和冗余。这类技术在获取"客户声音"[①]时具有明显的优势，进一步促进了PSS的实施，例如，可以开展在线问卷调查。最后，我们还必须考虑使用互联网工具来分销实体或虚拟物品（products or music）（Fisher, 2004）。

在信息技术和服务化方面，竞争环境被混合了产品-服务解决方案的新商业模式所塑造。在产品使用情境下，实体产品仍然出售给客户，

---

① 客户声音（Voice of Customer）：系新产品开发术语，指为了解客户需求而从潜在目标客户那里通过访谈、焦点小组、观察使用中的产品等方法收集来的陈述。这些陈述通常是问题导向的和口语化、情绪化的，需要产品开发团队从产品应该具有的功能的角度进行转换表述和加工，从而引导产品开发的方向，确定产品开发的目标功能框架。——译者注

价值主张通过服务组件得到丰富。Simmons（2001）认为，这一战略的实现得益于信息技术工具，这些工具允许实时交换信息。这些工具有利于观察部件的磨损水平或它们的实际可用性。如果在前一种情况下，信息技术对开发和设计阶段的积极影响是无可争议的，那么在从开发到服务化的情况下，只有在围绕运营需求重新设计运营流程时，信息技术才会产生积极影响（Belvedere等，2013）。

运营流程

希望提供一系列产品和服务的企业，经常面临如何建立运营流程的问题。这是服务型制造企业必须直面的核心问题，对于打算提供售后服务（如备件供应和维修服务）的制造商而言尤甚。此类服务需要对相对无组织的流程进行适当的结构化。信息技术工具的使用，可以成为开发和重新设计流程的一种方法（Belvedere等，2013）。这种有益的效果是双重的，即运营流程的标准化和其响应能力的增强。

关于流程标准化，企业使用信息平台的主要目的之一，是将信息平台与流程的自动化相联系。这是通过系统和流程之间在运营中的相互渗透实现的。在销售阶段，流程的标准化和信息平台的统一可以减少差错，或减轻未经培训人员造成的损害（Buttle等，2006）。除标准化外，组织内部的最佳实践经验总结也得到了广泛的传播（Belvedere等，2013）。这两个方面结合在一起便会带来更高的生产率并增加流程的反应性（the reactivity of the processes）。除了调度工具带来的好处，应该指出的是，在设计阶段，可以使用CAD（计算机辅助设计）和CAQ（计算机辅助质量保证）等信息技术工具，来实现成本降低和交货时间保证的目标。

另一方面，有关流程反应性，可以从三个角度进行观察：容积、产品和流程（Holweg，2005）。其中，容积是指根据需求峰值调查产量的能力，产品是指向生产线添加新产品的能力，流程是生产和快速交付产品的能力。因此，由于信息技术的发展，生产阶段的数据得到了控制，从而有可能解决贯穿整个供应链的众多低效问题，或防止弗雷斯特效应[①]。事实上，如果有任何延误，可以立即通知客户，或立即考虑采取特殊措施，以安排活动并保证在预先设定的最后期限内交付（见图5-15）。

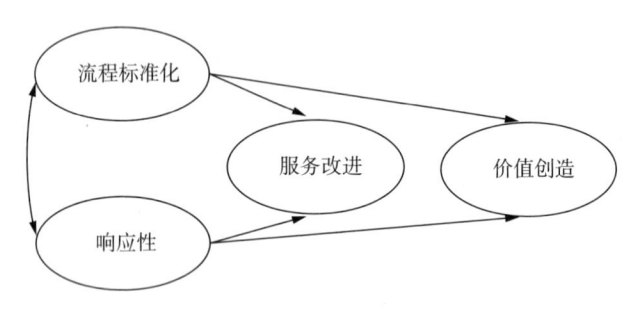

图5-15 价值创造的概念化

资料来源：Belvedere等（2013）。

二、安装基础

安装基础[②]是指PSS企业已经为客户提供的所有解决方案的数量。有关解决方案的操作和运行的数据集，经过收集就构成了安装的基础信息。这些数据集蕴含着正确开发和实施PSS的知识，因此成为PSS开发的关键资源。对于一些企业而言，已有的解决方案集是其真正意义上唯一的资产（Wise和Baumgartner 1999; Ulaga和Reinartz, 2011），对此类信息的管理成为这类企业的解决方案落地的基础。换句话说，在PSS领域正确管理安装基础至关重要，因为它不仅是知识的来源，同时也是新服务和收益模式的来源（Storbacka, 2011）。

---

① 弗雷斯特效应（Forrester effect，也被称为牛鞭效应）是一种分销渠道现象，指的是在供应链上游移动时，随着客户需求的变化，库存订单的波动越来越大。
② 安装基础的原始定义是网络效应产业中已有客户的数量，它会对潜在客户决定是否加入该网络（购买该系统）产生影响，因为更大的安装基础往往意味着更便利的供应和服务、更多的辅助产品，甚至更广泛的客户连接（如通信网络标准竞争）等。网络效应的竞争很多时候会出现"赢家通吃或马太效应"。——译者注

基于维修、维护而收集和更新的历史数据，对于日后的预防性维护、客户流程优化及客户关系管理有着重要作用。因此，企业应该对客户在使用过程中产生的数据进行有效控制（Neff等，2014）。例如，航空发动机巨头Rolls-Royce开发了安装基本信息的管理系统，体现了产品-服务逻辑，并将其商业模式由交易型转变为关系型，这意味着企业要关注解决方案的使用价值而非交换价值。通过采用这类系统，Rolls-Royce有效降低了其运营风险。此外，除了与数据收集本身相关的结构，用于分析和解释的工具也很重要（Saccani等，2014）。

三、人力资源

服务化过程涉及人力资源管理的变化。例如，为使组织各个层面对服务逻辑都足够敏感，制造企业需要改变员工心态并对文化进行重组（Gebauer等，2005; Barquet等，2013）。从这个意义上讲，制造企业必须在人力资源方面投入巨资，以开发新技能并对现有技能进行重新配置（Ulaga和Reinartz，2011; Kindström和Kowalkowski，2014）。如前所述，从基于单一产品销售的传统情境过渡到PSS，并不是一个简单的过程，事实上，有必要发展与人力资源管理相关的内部竞争力（Parida等，2014）：

- **商业模式设计能力**。将产品和服务结合起来，对于走服务化道路的制造企业来说是一个挑战。最重要的是，制造企业必须能够构建新的商业模式，以便理解客户的需求并传递客户的价值。重新定义与客户的关系，迫使制造企业开发一种对产品和服务同等重视的营销方式，由于这种营销方式有别于传统营销，因此制造企业需要对销售人员进行更多的技能培训。为了正确定义要传递的价值，制造企业还需要采用更精细的方法对解决方案进行定价。
- **合作网络管理能力**。PSS的引入涉及合作网络的重新定义和新伙伴的加入。管理合作网络通常是一个不断调整激励措施的过程（Parida等，2014）。为了确保与各种合作伙伴之间的一致性，制造企业通常需要引入了解合作伙伴和提高关系技能的流程，从而更好地了解客户的目标、技能和发展方向。一些制造企业已经建立了共同管理的项目，以确定新问题的解决方案。鉴于网络管理的重要性，制造企业专门建立了相关职能部门，来负责管理和维护与合作伙伴之间的关系。

- **集成开发能力**。对于制造企业而言，产品开发仍然是其主攻方向。产品-服务解决方案的集成提供，要求制造企业在设计阶段就对这两个要素进行共生管理。为了正确地管理这一步骤，参与开发的人员必须了解解决方案在客户企业中的运行环境和组织环境。
- **供应链传递能力**。解决方案的有效运作，依赖由经销商、分销商、服务合作伙伴和其他分支机构组成的网络，这些分支机构在连接终端客户和上游供应商方面发挥着积极作用。为完成这项任务，合作伙伴需要具备与服务组件安装和运行相关的服务传递技能（见图5-16）。

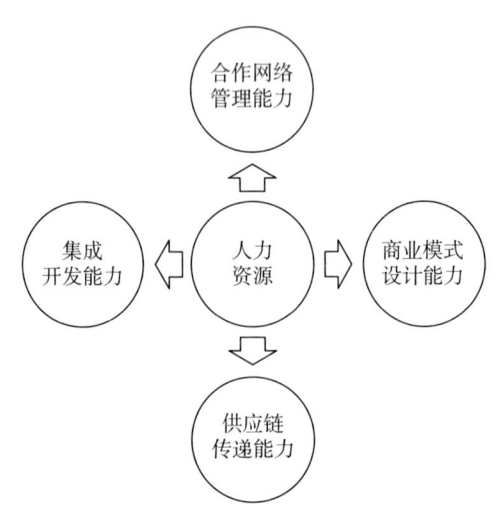

图5-16　PSS实施过程中的关键能力

四、财务资源

PSS 逻辑的引入，会对制造企业财务资源产生深远的影响。事实上，在传统情境下，由于其业务的纯关系性质，制造业可以从频繁的正现金流中受益。而对于 PSS 的投资，可能成为影响制造企业收益的关键因素之一，因为在 PSS 逻辑下，制造企业仍然是产品的所有者，而且与产品的实体销售相比，制造企业盈亏平衡点持续的时间可能更长（Tukker 2004; Barquet 等，2013）。

如果一家制造企业决定提供使用导向或者结果导向的 PSS，那么，该企业可能会面临因资产所有权的内化而带来的预算负担，这要求企业具备足够的财务资源来克服这一资金压力（Mont, 2002）。此外，产品和服务范围的扩大，意味着制造企业将面临巨大的财务风险（Kindström 和 Kowalkowski, 2014; Alghisi 和 Saccani, 2015）。总之，制造企业必须拥有充足的资源或通过与金融伙伴建立亲密关系来有效应对这一风险。

第四节 产品服务系统实施中的关键合作伙伴

对于打算聚焦于产品服务系统提供的制造企业而言，PSS提供为这类企业的运营活动增加了新任务。由于不可能独自开发出应对此类挑战的必要技能，因此制造企业必须发展一个合适的合作网络，并与关键的合作伙伴建立关系（Baines等，2009; Gao等，2011）。

合作网络描述了主体制造企业与不同利益相关者（客户、经销商、服务合作伙伴和供应商）的关系和互动。随着关系变得更加紧密，维护大量客户变得困难且成本高昂，因此选择利益相关者的过程变得极其重要（Mont, 2002）。这可能会促使企业在合作中变得大胆，即敢于在结果未知的条件下展开合作（Evans等，2007）。

在选择好合作伙伴并确定互动水平之后，企业需要付出更多的努力，来进行协调关系和精准共享信息的实践（Schuh等，2009）。在这一过程中，企业应关注积极参与PSS系统开发和实施的关键合作伙伴。

一般而言，合作伙伴的类型因服务而异，但服务型制造也有其共通的方面。首先必须强调的是，在创造和实施所提供解决方案的过程中，制造企业应发挥客户的本质作用，进而通过建立共创机制来使其成为关键合作伙伴。客户在设计和产品开发过程中可以展示自己的经验和需求，吸引制造企业为自己的解决方案增添更多价值。如果认为在传统关系中客户是一个外部参与者，那么在PSS情境下，与客户建立基于信任的深层关系就变得至关重要。

金融机构是企业在PSS网络中的另一个关键合作伙伴，主要扮演接管资产所有权或参与合资企业的角色。立法机构扮演着更为制度化的角色，因为它们通过制定更严格的法律，对产品的废弃环节加以规制。除了这些合作伙伴，企业还可以通过分析产品导向、使用导向和结果导向的PSS来识别其他合作伙伴。

首先，在产品导向的PSS中，与资产交付和安装相关的活动通常由提供商负责，但提供商或客户可以将其委托给外部经销商（Tukker，2004）。这意味着，在某些配置中，由于第三方合作伙伴的存在，提供商无法与客户直接接触（Reim，2015）。

其次，在使用导向的PSS中，B2B和B2C情境中与服务传递相关的部分通常被外包给第三方。如上所述，在使用导向的模式中，金融机构通过提供交易所需的现金流参与到客户–提供商关系中（Mont，2006）。在产品（或供应合同）生命周期的末期，还存在可以参与处置或回收装备的另一方。

最后，在结果导向的PSS中，网络结构发生了显著变化。这种类型的供应接近于垂直整合，客户和提供商之间的相互渗透起着至关重要的作用。除了与客户密切合作，其他利益相关者（金融机构、运输和回收公司等）也可能参与其中（Azarenko等，2009）。

PSS的价值主张涉及一个庞大而复杂的利益相关者网络。制造商与其PSS网络之间关系的质量，影响着PSS的生命周期和客户活动。向基于PSS的模型转变，意味着制造商需要重新定义关系结构和参与者（Mont，2002；Ferreira等，2013；Liu等，2014；Reim等，2015），并且必须从短期价格关系转向更广泛的战略合作关系（Barquet等，2013）（见图5-17）。

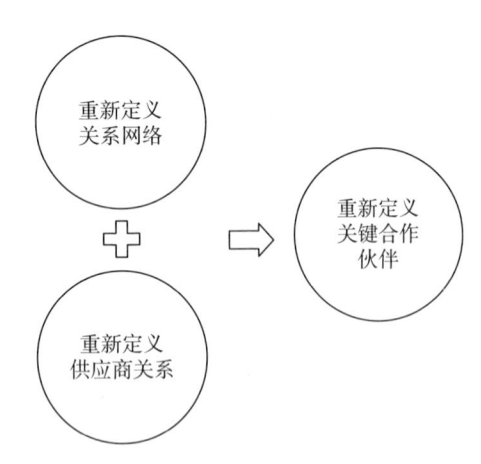

图5-17 重新定义关键合作伙伴和他们所扮演的角色：关键元素

一、服务网络

PSS解决方案的实施，增加了制造企业内部的运营复杂性（Reim等，2015）。制造企业实施这一战略时，必须建立新的关系结构（Baines等，2009; Gao等，2011），来共享能力并创造价值。因此，制造企业必须在重新设计合作网络的过程中，将价值主张考虑在内（Aurich等，2006），明确每个合作伙伴的角色及整个生命周期的价值（Storbacka，2011）。也因此，制造企业要创建这类网络，就需要明确合作伙伴及他们的主要特长（Barquet, 2013）。综上，PSS解决方案实施的一个关键阶段，就是寻找能够为新服务增加价值的合作伙伴，而对于供应商选择的标准则应当超越价格因素。Gebauer等（2013）在资本品制造背景下的研究，阐明了有助于PSS实施的四种类型的网络。

这四种网络是纵向售后服务网络、横向外包服务网络、纵向一体化全生命周期服务网络和横向一体化全生命周期服务网络。纵向和横向术语描述了网络的结构（Möller等，2005）。虽然这种分类被广泛接受，但网络很少是完全纵向或完全横向的。例如，横向网络也可以包含一些垂直定位的供应商，反之亦然。因此，纵向和横向的命名是指主导的方向。售后服务、服务外包、全生命周期服务和集成服务等概念描述了网络提供的服务类型。

类型A：纵向售后服务网络

纵向售后服务网络如图5-18所示。纵向，意味着参与者扩展到单个特定价值链的上游或下游；售后，表明活动集中在产品的使用上。该网络包括实体制造商、物流服务供应商和零部件供应商。

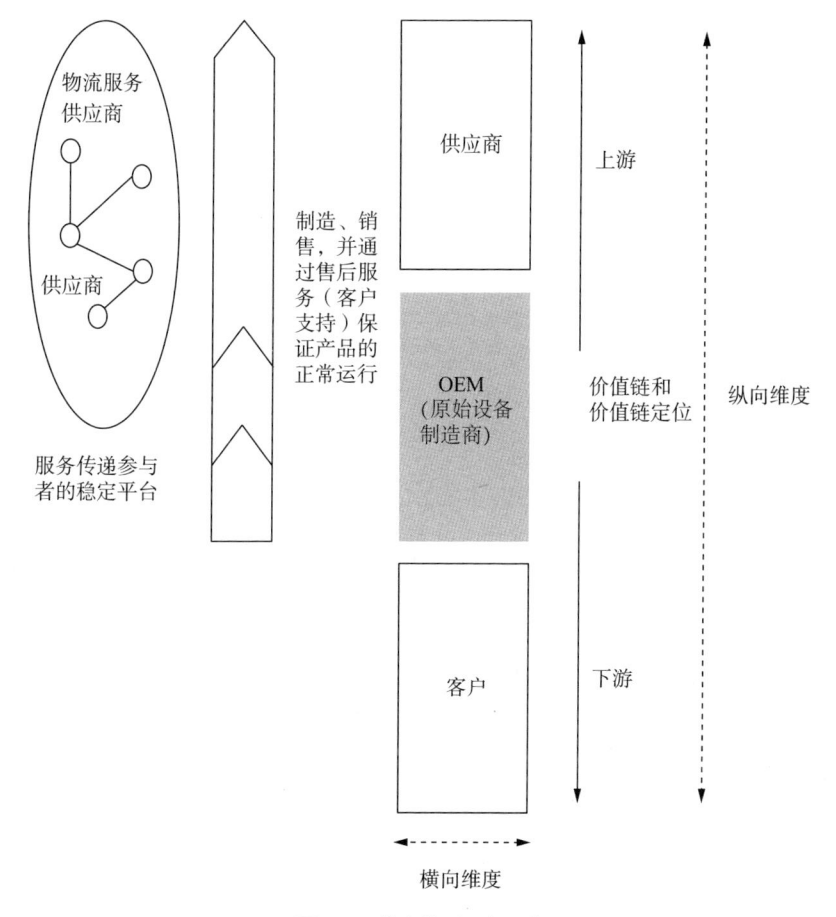

图5-18 纵向售后服务网络

资料来源：Gebauer等（2013）。

OEM处于网络的中心，这种类型的网络是一个相当稳定的业务系统，涵盖了所有计划的价值活动。产品高度标准化，因此活动是众所周知的和预定义的。整个关系结构的价值主张集中于售后阶段（或称产品的使用阶段）。每个参与者所进行的活动都是为了促进产品的使用。OEM提供备件交付、维修和维护等服务。通过储存和运输备件，物流服务供应商在这项活动中为专家提供支持。如果需求比例不足以在其他市场上建立子公司，那么服务网络还可能包括外部分销商或合作伙伴。这类配置的关键合作伙伴是负责销售、安装和维护的专业分销商。

类型B：横向外包服务网络

横向外包服务网络如图5-19和5-20所示。横向，意味着参与者涵盖不同的价值链。企业转向为不同类型的设备提供外包服务，而对外包逻辑起支持作用的"外包专家"是网络的焦点。"外包专家"有两种可能的

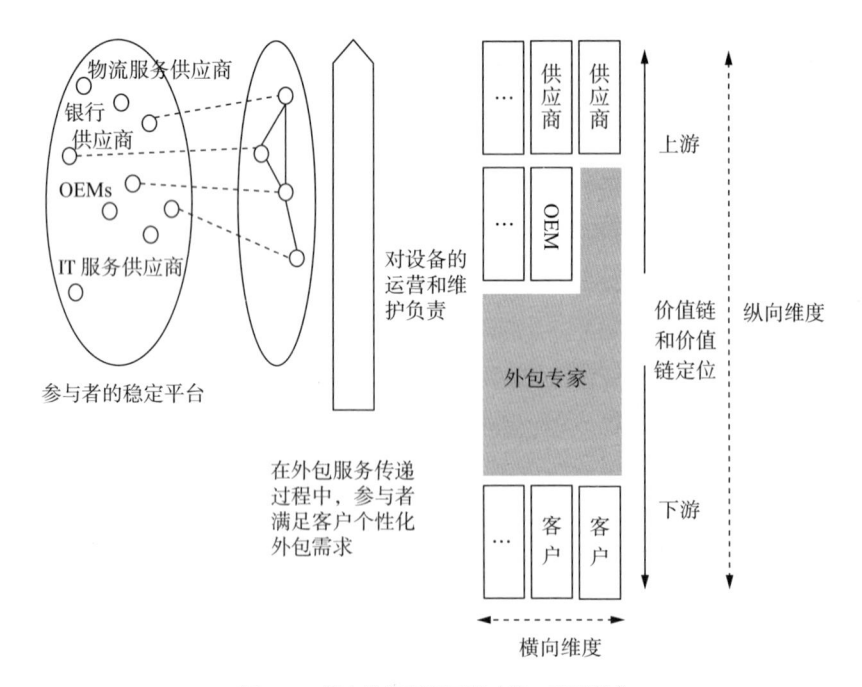

图5-19 横向外包服务网络（第一种配置）

资料来源：Gebauer等（2013）。

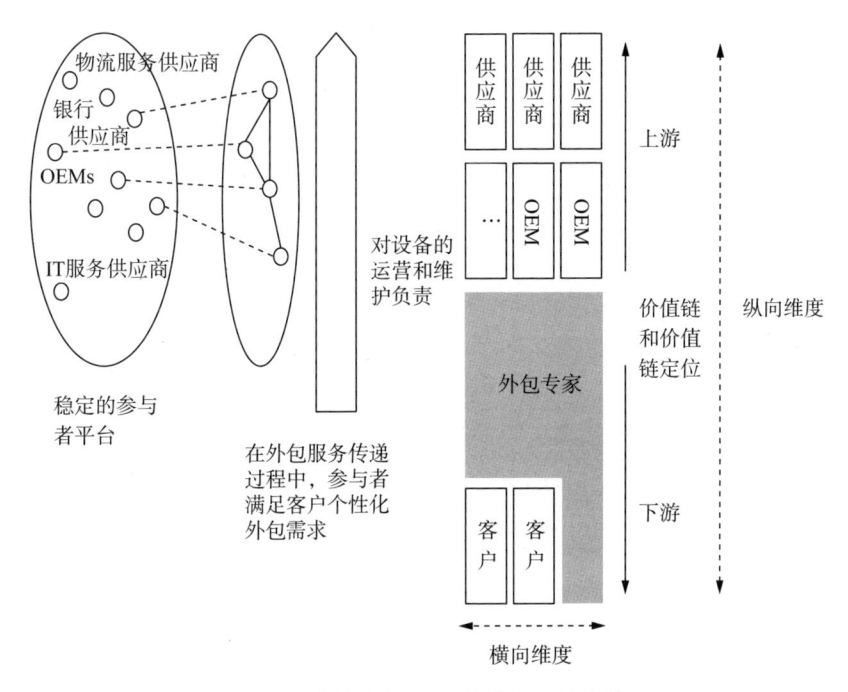

图5-20 横向外包服务网络（第二种配置）

资料来源：Gebauer等（2013）。

配置：在第一种配置中，"外包专家"由OEM承担，OEM将其外包服务拓展到产品类别之外，"外包专家"全权负责在客户现场运营和维护设备；在第二种配置中，"外包专家"由客户承担，客户因此扩展了维护服务的任务，进而可能涉入新业务。客户从"外包专家"角色中获得的技能，可以作为外包服务进行协调，并提供给其他客户。

与类型A相比，类型B的网络虽然也是一个稳定的参与者平台，但它允许根据客户的要求进行灵活的配置。这意味着，"外包专家"可以在这个稳定的平台上，根据客户需求和参与者能力来选择参与者和他们的价值活动。"外包专家"扮演指导者和协调者的角色。在这种类型的网络中，当所涉及活动的重要性不高时，客户更愿意与相似的参与者相互依赖。其他OEM被迫只提供基础服务，如与备件供应、保修服务或解决高技术厚度问题相关的服务。而剩下的活动，如检查、维修、维护、更新及流程优化等，均委托给外部参与者。物流服务供应商通常在备件的存储和处理方面为"外包专家"提供支持，在这一点上，类型B与类型A一样。其他OEMs和上游参与者确保这些备件的可用性，并参与回收和维修活动。为了确保远程监控，"外包专家"可以借助提供IT支持能力的合作伙伴。

类型C：纵向一体化全生命周期服务网络

纵向一体化全生命周期服务网络如图5-21所示。纵向，表明活动在单一的价值链上加以延伸。与类型A不同的是，这种配置并不仅限于产品的使用阶段，而是涵盖了设备的整个生命周期——从开发和设计到装配活动，再到运营结束时的寿命结束管理。有趣的是，网络结构随企业所处设计或使用阶段的不同而变化。在设计阶段，专业从事工程的企业

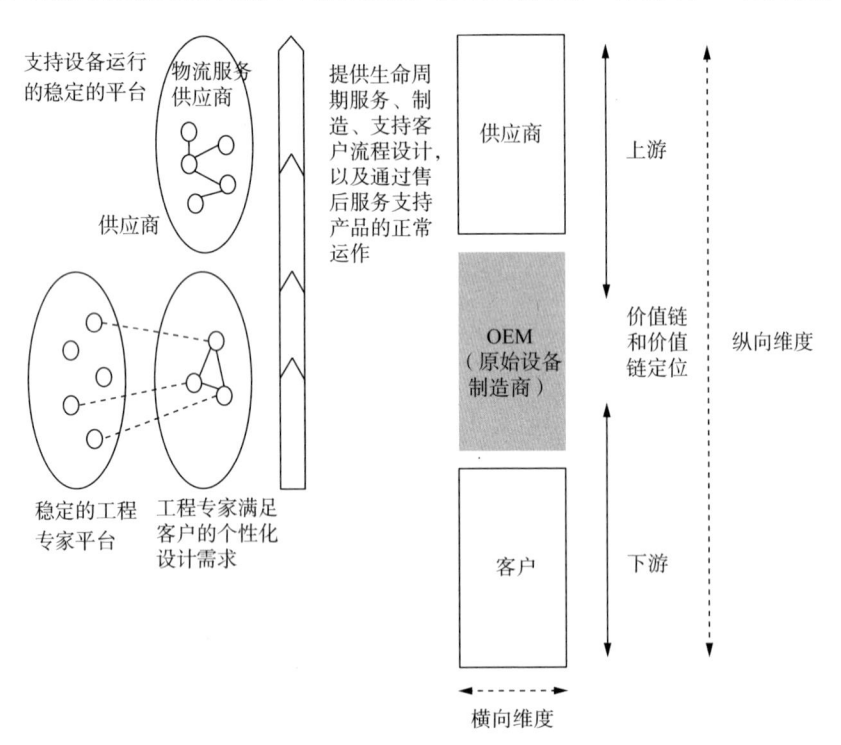

图5-21 纵向一体化全生命周期服务网络

资料来源：Gebauer等（2013）。

为OEM提供支持。但是，这些企业并不参与所有的订单，只有当他们的技能可以给客户带来一致的满意度时，他们才会被召唤。这意味着，OEM将从网络附近的平台中选择工程专家，在这一阶段，类型B中的网络被简化为在类型A中所看到的网络。一般而言，在上述两类网络中，监控服务由参与备件交付、物流支持的供应商和专业的IT企业提供。

类型D：横向一体化全生命周期服务网络

横向一体化全生命周期服务网络如图5-22所示。横向，表示资产分布在多个价值链中。与类型A、类型B不同，但与类型C类似，横向一体化是从产品开发阶段开始的。OEM代表了网络的焦点，涵盖了设备的设计、制造和维护。此外，OEM还为第三方产品提供服务，如此配置网络的最终目的是集成单一工作方案中的各种服务。这种类型的网络

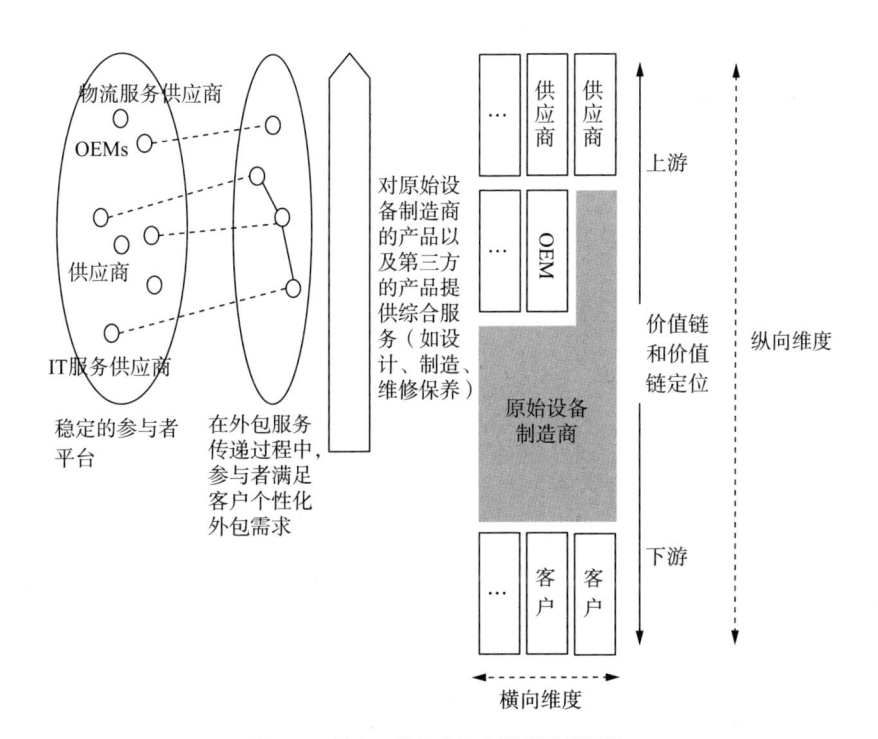

图5-22 横向一体化全生命周期服务网络

资料来源：Gebauer等（2013）。

存在大量的辅助供应商，这些辅助供应商为构建所采用的解决方案做出了贡献。他们与各个价值链中的供应商一起，共同构成了一个新的价值体系。在这种情况下，网络结构并非纯水平结构，因为纵向要素也可以被囊括在内，比如，与当地市场中经验丰富的合作伙伴形成战略联盟。OEM经常会与提供所要求服务的本地企业形成这种类型的关系。所采用的服务网络在某种意义上形成了一个灵活的平台，即领先企业选择和编排必要的"工具"，来解决服务网络必须面对的问题。

二、供应商关系

在PSS商业模式中，制造企业有必要与关键供应商建立并维持牢固的关系[①]（Gebauer，2013）。网络中的参与者变得越来越相互依赖，对参与者组织边界内外进行协调也显得至关重要（Oliva和Kallenberg，2003；Brady等，2005）。制造企业一旦确定了合作伙伴，就需要努力协调关系，并促进网络中的信息精准、有效地共享（Schuh等，2009）。由于这些原因，制造商应当特别注意合作伙伴之间的沟通界面，以确保信息交换的透明度和高质量（Storbacka，2011）。在Saccani等（2014）的研究中，服务类型被视为分析制造商和供应商间关系的透镜，其研究动机是不同类型PSS之间的差异性，这种差异性影响着制造商和供应商，以及制造商之间的关系。需要考虑的三类情况分析如下[②]。

首先是产品支持服务，包括安装和维护等传统的售后服务。其特点是缺乏复杂性和过于事务性，各类供应商和服务性制造客户之间的合作

[①] 本小节讨论的是服务型制造企业与其供应商的关系，在此情境下，服务型制造企业就成为其供应商的客户。在这一部分的文字中，制造企业、制造商、服务型制造企业与供应商是不同的主体。事实上，当本书讨论的是制造商的上游企业时，才会使用供应商的提法。对服务型制造企业则会根据语境，使用制造商（突出其制造角色）、提供商或服务提供商（突出其服务角色）的提法。——译者注

[②] 关于本小节的内容，译者根据对Saccani等（2014）文献的阅读，对原文做了一定程度的调整。——译者注

程度较低、缺乏定制化。为了提供这些服务，相关员工必须对产品有深入的体验，并具备完善的管理技能。在这种情境下，制造企业需要有较强的产品专业化知识和能力。在产品支持服务模式下，制造商与其供应商之间关系的特征为信息交换受限、关系特定投资受限、基于法律债券的正式控制特征明显，以及几乎不存在合作规范。

其次是客户支持服务，其复杂程度和定制程度可能会因业务情境而产生显著差异。这类服务的特点是与服务型制造客户的交互程度很高。由于该类服务是以与客户之间的交互为基础的，因此，客户导向的态度、一定程度的标准化、人员和设备等各种资源的高效部署，都至关重要。在客户支持服务模式下，制造商与其供应商之间的关系特征为：产品信息交换仍然受限，但最终客户相关信息可作为补充；业务联系较为频繁；法律债券作为一种激励或惩罚机制，关系特定适应[①]明显；长期导向的合作规范。

最后是流程相关的服务，这类服务通常非常复杂且高度个性化。这些服务旨在响应特定的需求，并改进与所提供产品相关的流程。这类服务的供应，要求服务型制造的供应商对产品、客户需求、商业环境和目标组织有高水平的认知。在这种服务模式下，制造商与其供应商之间关系的特征为：信息交换是密集且双向的，是自强化的；合作规范更强；运营联系主要与信息交换有关；需要法律债券、非正式机制及关系治理共同作用；买卖双方都需要进行关系特定适应。

---

① 关系特定适应：指关系双方根据对方的需求或能力调整流程、产品或程序，以建立双方交流和合作的惯例。我们另一本译著《服务供应与采购》，就是围绕服务型制造情境下的关系治理进行详细分析的。——译者注

本章小结

» 产品服务系统会影响企业的商业模式、运营战略和运营管理。
» PSS 设计可以通过多种方法来结合产品和服务要素。
» PSS 相关商业模型成功设计的另外两个关键活动为产品设计和服务配置。
» PSS 设计还需要正式的流程和方法,以实现内部活动和功能的整合。
» 物质资源、财务资源和人力资源的精心组合,是 PSS 运营战略的核心。
» PSS 人力资源必须涵盖广泛的能力:网络管理、设计、营销和运营能力等。
» PSS 的实施需要重新定义关键合作伙伴,考虑相关商业关系及服务网络结构。

原版书参考资料

A. Alghisi, N. Saccani, Internal and external alignment in the servitization journey—overcoming the challenges. Prod. Planning Control **26**(14–15), 1219–1232 (2015)

T. Alonso-Rasgado, G. Thompson, B.O. Elfström, The design of functional (total care) products. J. Eng. Des. **15**(6), 515–540 (2004)

M. Ardolino, M. Rapaccini, N. Saccani, P. Gaiardelli, G. Crespi, C. Ruggeri, The role of digital technologies for the service transformation of industrial companies. Int. J. Prod. Res. **56**(6), 2116–2132 (2018)

J.C. Aurich, C. Fuchs, C. Wagenknecht, Life cycle oriented design of technical product-service systems. J. Clean. Prod. **14**, 1480–1494 (2006)

J.C. Aurich, N. Wolf, M. Siener, E. Schweitzer, Configuration of product-service systems. J. Manuf. Technol. Manage. **20**(5), 591–605 (2009)

A. Azarenko, R. Roy, E. Shehab, A. Tiwari, Technical product-service systems: Some implications for the machine tool industry. J. Manufact. Technol. Manag. **20**(5), 700–722 (2009)

T.S. Baines, H.W. Lightfoot, O. Benedettini, J.M. Kay, The servitization of manufacturing: a review of literature and reflection on future challenges. J. Manufact. Technol. Manage. **20**(5), 547–567 (2009)

A.P.B. Barquet, M.G. de Oliveira, C.R. Amigo, V.P. Cunha, H. Rozenfeld, Employing the business model concept to support the adoption of product-service systems (PSS). Ind. Mark. Manage. **42**(5), 693–704 (2013)

J. Becker, D. Beverungen, R. Knackstedt, M. Matzner, O. Muller, J. Poppelbuss, Bridging the gap between manufacturing and service through it-based boundary objects. IEEE Trans. Eng. Manage. **60**(3), 468–482 (2013)

V. Belvedere, A. Grando, P. Bielli, A quantitative investigation of the role of information and communication technologies in the implementation of a product-service system. Int. J. Prod. Res. **51**, 410–426 (2013)

S. Bonetti, M. Perona, N. Saccani, Total cost of ownership for product-service system: application of a prototypal model to aluminum melting furnaces. Procedia CIRP **47**, 60–65 (2016)

T. Brady, A. Davies, D. Gann, Creating value by delivering integrated solutions. Int. J. Project Manage. **23**, 360–365 (2005)

F. Buttle, L. Ang, R. Iriana, Sales force automation: review, critique, research agenda. Int. J. Manage. Rev. **8**(4), 213–231 (2006)

S. Cavalieri, G. Pezzotta, Product-service systems engineering: state of the art and research challenges. Comput. Ind. **63**, 278–288 (2012)

M. Cook, T.A. Bhamra, M. Lemon, The transfer and application of product service systems: from academia to UK manufacturing firms. J. Clean. Prod. **14**, 1455–1465 (2006)

A. Dimache, T. Roche, A decision methodology to support servitization of manufacturing. Int. J. Oper. Prod. Manage. **33**(11–12), 1435–1457 (2013)

S. Evans, P.J. Partidário, J. Lamberts, Industrialization as a key element of sustainable product-service solutions. Int. J. Prod. Res. **45**(18–19), 4225–4246 (2007)

F.N.H. Ferreira, J.F. Proenca, R. Spencer, B. Cova, The transition from products to solutions: external business model fit and dynamics. Ind. Mark. Manage. **42**(7), 1093–1101 (2013)

W.W. Fisher, *Promises to Keep: Technology, Law, and the Future of Entertainment* (Stanford Law and Politics, Stanford, CA, 2004)

J. Gao, Y. Yao, V.C.Y. Zhu, L. Sun, L. Lin, Service-oriented manufacturing: a new product pattern and manufacturing paradigm. J. Intell. Manuf. **22**(3), 435–446 (2011)

H. Gebauer, E. Fleisch, T. Friedli, Overcoming the service paradox in manufacturing companies. Eur. Manage. J. **23**(1), 14–26 (2005)

H. Gebauer, M. Paiola, N. Saccani, Characterizing service networks for moving from products to solutions. Ind. Mark. Manage. **42**(1), 31–46 (2013)

C. Grönroos, A service perspective on business relationships: the value creation, interaction and marketing interface. Ind. Mark. Manage. **40**(2), 240–247 (2011)

M. Holweg, The three dimensions of responsiveness. Int. J. Oper. Prod. Manage. **25**(7), 603–622 (2005)

D. Kindström, C. Kowalkowski, Development of industrial service offerings: a process. J. Serv. Manage. **20**(2), 156–172 (2009)

D. Kindström, C. Kowalkowski, Service innovation in productcentric firms: a multidimensional business model perspective. J. Bus. Ind. Mark. **29**(2), 96–111 (2014)

D. Kindström, C. Kowalkowski, T.B. Alejandro, Adding services to product-based portfolios: an exploration of the implications for the sales function. J. Serv. Manage. **26**(3), 372–393 (2015)

H. Komoto, T. Tomiyama, Integration of a service CAD and a life cycle simulator. CIRP Ann-Manufact. Technol. **57**(1), 9–12 (2008)

G. Lay, M. Schroeter, S. Biege, Service-based business concepts: a typology for business-to-business markets. Eur. Manage. J. **27**(6), 442–455 (2009)

C.H. Liu, M.-C. Chen, Y.-H. Tu, C.-C. Wang, Constructing a sustainable service business model: an S-D logic-based integrated product service system. Int. J. Phys. Distrib. Logistics Manage. **44**(1–2), 80–97 (2014)

N. Maussang, P. Zwolinski, D. Brissaud, Product-service system design methodology: from the PSS architecture design to the products specifications. J. Eng. Des. **20**(4), 349–366 (2009)

H. Meier, R. Roy, G. Seliger, Industrial product-service system—IPS2. CIRP Ann-Manufact. Technol. **59**, 607–627 (2010)

K. Möller, A. Rajala, S. Svahn, Strategic business nets—Their type and management. J. Bus. Res. **58**(9), 1274–1284 (2005)

O. Mont, Clarifying the concept of product-service system. J. Cleaner Prod. **10**, 237–245 (2002)

O. Mont, C. Dalhammar, N. Jacobsson, A new business model for baby prams based on leasing and product remanufacturing. J. Clean. Prod. **14**(17), 1509–1518 (2006)

N. Morelli, Designing product/service Systems: a methodological exploration. Des. Issues **18**(3), 3–17 (2002)

A.A. Neff, F. Hamel, T.P. Herz, F. Uebernickel, W. Brenner, J. vom Brocke, Developing a maturity model for service systems in heavy equipment manufacturing enterprises. Inf. Manage. **51**(7), 895–911 (2014)

F. Nordin, C. Kowalkowski, Solutions offerings: a critical review and reconceptualization. J. Serv. Manage. **21**(4), 441–459 (2010)

R. Oliva, R. Kallenberg, Managing the transition from products to services. Int. J. Serv. Ind. Manage. **14**(2), 160–172 (2003)

V. Parida, D. Sjodin Ronnberg, J. Wincent, M. Kohtamaki, Mastering the transition to product-service provision: insights into business models, learning activities, and capabilities. Res. Technol. Manage. **57**(3), 44–52 (2014)

K.S. Pawar, A. Beltagui, J.C. Riedel, The PSO triangle: designing product, service and organisation to create value. Int. J. Oper. Prod. Manage. **29**(5), 468–493 (2009)

M. Rapaccini, N. Saccani, G. Pezzotta, T. Burger, W. Ganz, Service development in product-service systems: a maturity model. Serv. Ind. J. **33**(3–4), 300–319 (2013)

M. Rapaccini, F. Visintin, Devising hybrid solutions: an exploratory framework. Prod. Plann. Control **26**(8), 654–672 (2015)

W. Reim, V. Parida, D. Örtqvist, Product-service systems (PSS) business models and tactics–a systematic literature review. J. Clean. Prod. **97**, 61–75 (2015)

N. Saccani, F. Visintin, M. Rapaccini, Investigating the linkages between service types and supplier relationships in servitized environments. Int. J. Prod. Econ. **149**, 226–238 (2014)

T. Sakao, Y. Shimomura, E. Sundin, M. Comstock, Modeling design objects in CAD system for service/product engineering. Comput. Aided Des. **41**, 197–213 (2009)

G. Schuh, W. Boos, S. Kozielski, Lifecycle Cost-orientated Service Models for Tool and Die Companies. In *Proceedings of the 1st CIRP Industrial Product-Service Systems (IPS2) Conference*, 249 (Cranfield University Press 2009)

D. Simmons, *Field Service Management: A Classification Scheme and Study of Server Flexibility*. Ph.D. Thesis. Binghamton University, Binghamton, NY, 2001

K. Storbacka, A solution business model: capabilities and management practices for integrated solutions. Ind. Mark. Manage. **40**(5), 699–711 (2011)

K. Storbacka, C. Windahl, S. Nenonen, A. Salonen, Solution business models: transformation along four continua. Ind. Mark. Manage. **42**(5), 705–716 (2013)

E. Sundin, B. Bras, Making functional sales environmentally and economically beneficial through product remanufacturing. J. Clean. Prod. **13**, 913–925 (2005)

A.R. Tan, T.C. Mcaloone, Characteristics of strategies in product– service-system development. *Proceedings of the 8th International Design Conference*, 2006, pp. 1–8

A. Tan, T.C. McAloone, L.E. Hagelskjær, Reflections on product/service-system (PSS) conceptualization in a course setting. Int. J. Des. Eng. (2009)

T. Tomiyama, Service engineering to intensify service contents in product lifecycles. In *Proceedings of Eco-design*, 2001, pp. 613–618

A. Tukker, Eight types of product-service system: eight ways to sustainability? Experience from SusProNet. Bus. Strategy Environ. **13**, 246–260 (2004)

W. Ulaga, W.J. Reinartz, Hybrid offerings: how manufacturing firms combine goods and services successfully. J. Mark. **75**(6), 5–23 (2011)

G.V.A. Vasantha, R. Roy, A. Lelah, D. Brissaud, A review of product-service systems design methodologies. J. Eng. Des. **23**(9), 635–659 (2011)

E.G. Welp, H. Meier, T. Sadek, K. Sadek, Modelling approach for the integrated development of industrial product-service systems. *The 41st CIRP Conference on Manufacturing Systems*, 2008

R. Wise, P. Baumgartner, Go downstream: the new profit imperative in manufacturing. Harvard Bus. Rev. **77**(5), 133–141 (1999)

第六章
Chapter

以产品服务系统颠覆企业商业模式

作为本书前面各章研究结果的一个系统总结，本章首先将产品服务系统作为一种商业模式提出，所采用的理论框架是商业模式画布（Osterwalder 和 Pigneur, 2010）和商业模式创新流程（Adrodegari 等, 2018）。我们将介绍PSS商业模式的六个关键要素——供应设计、价值共创、与合作伙伴的功能集成、服务化程度、售前和售后价值沟通，以及客户承诺与客户保留，并用案例说明在不同环境下实施PSS时不同的关键要素和受影响领域。可以说，商业模式已经成为整体性分析探讨PSS理念和实施的理想工具。

第一节 分解产品服务系统商业模式

服务化转型看起来好像仅仅是在现有的产品上简单地添加服务，但对于制造企业来说，这一改变背后其实具有深远的战略意义。开发产品服务系统可以开辟新的市场前景，保持竞争力和推动创新（Mont，2002）。由于其难以模仿和高度定制，因此实施PSS能够淘汰一些竞争对手（Annarelli等，2016）。这是因为，PSS的性质使得产品差异化成为可能（Baines等，2007），企业能够以更积极的方式进入市场。对竞争对手的排斥是由客户所受到的约束来保证的，这鼓励企业聚焦于那些最有利可图的客户（Wise和Baumgartner，1999）。

对客户而言，产品服务系统理念带来的变化有助于采用可持续发展的生活方式和消费理念。除了环境可持续发展，服务化的普及预计将为社会创造更多的就业机会。这是因为再利用系统和废弃物处理系统都需要长期的维护和更新，从老的"生产-销售系统"过渡到新系统时，将需要更多的劳动力（Mont，2002）。

客户可以从PSS的开发中获得各种收益，因为他们可以在现有解决方案的基础上增添新的解决方案。除了拥有产品所有权这一方式，客户还可以采用新的方式来获取产品和服务。最重要的是，客户可以在产品设计和售后服务方面得到制造商更多的重视。读者可以根据日常经验想象一下，如果在客户使用技术产品时，制造商能够提供足够的帮助，使他们顺利使用产品的每一项功能，那么将会对客户的满意度产生多大的影响！同样，我们可以观察到PSS是如何被构思、设计和管理的，以便最大限度地延长产品生命周期，并通过系统的维护和持续的更新来保证产品的性能（Cook等，2006; Armstrong等，2015）。

虽然商业模式的概念可以追溯到20世纪50年代，但对这一主题的研究在近些年才有所加快。商业模式是一个创造、传递和接收价值的逻辑基础（Osterwalder和Pigneur, 2010）。更详细地说，商业模式是组织以下三个关键方面的概念转换（Osterwalder, 2004）：

- 为向客户传递价值，关键部件、功能和组件是如何集成的？
- 这些部分如何在企业内外部通过供应链与利益相关者的网络相互联系起来？
- 企业如何利用这些相互联系来创造价值或利润？

为了保证企业的竞争优势，商业模式应该追求顶层战略与基础资产的一致性。如果组织内部默契地理解了这组关系（Teece, 2010），那么商业模式将成为使这些相互联系明确化的工具（Chesbrough, 2010; Amit和Zott, 2010），进而为企业如何创造价值开辟新的可能解释。

一、商业模式画布

商业模式画布是一个公认的商业模式描述模型，它由Osterwalder和Pigneur（2010）提出，该模型能够描述组织并支持PSS的实施。画布模型由以下九个关键元素组成（见图6-1）。

- **客户细分**：企业想要接触和服务的人群或组织；
- **价值主张**：为特定细分市场和客户创造价值的产品和服务；
- **分销渠道**：企业与客户的接口；
- **客户关系**：企业与特定细分客户建立和维护的关系类型；

- **收入结构**：企业从每个细分客户那里获得的收入；
- **核心资源**：提供和交付上述要素所需的资源；
- **关键活动**：开发和供应上述要素所需的活动；
- **关键伙伴**：支持企业业务的供应商和合作伙伴网络；
- **成本结构**：运营一个商业模式所发生的全部成本。

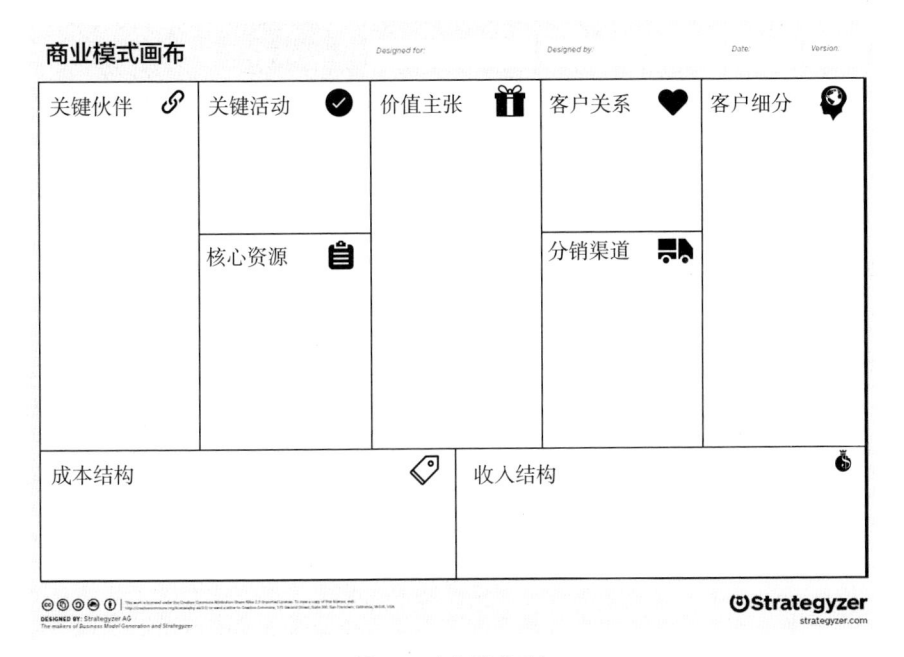

图6-1　商业模式画布

资料来源：Osterwalder和Pigneur（2010）。

PSS的可行性还取决于新技术和新概念的引入。本节的主要目的是理解"产品-服务"逻辑的转变，并强调管理层面的一系列关键问题，以作为实施PSS商业模式的指南。首先，需要定义制造商的运营环境。PSS必须适应制造商之前的实际情况，以免造成太大影响。其次，需要将新的解决方案与旧的解决方案进行比较，思考是否提升了绩效和客户满意度（Barquet等，2013）。这个过程也应该是循序渐进的，并能够提前预见可能的风险和障碍。

此外，PSS的独特元素（见前几章）可以总结并插入上述框架中，如图6-2所示。

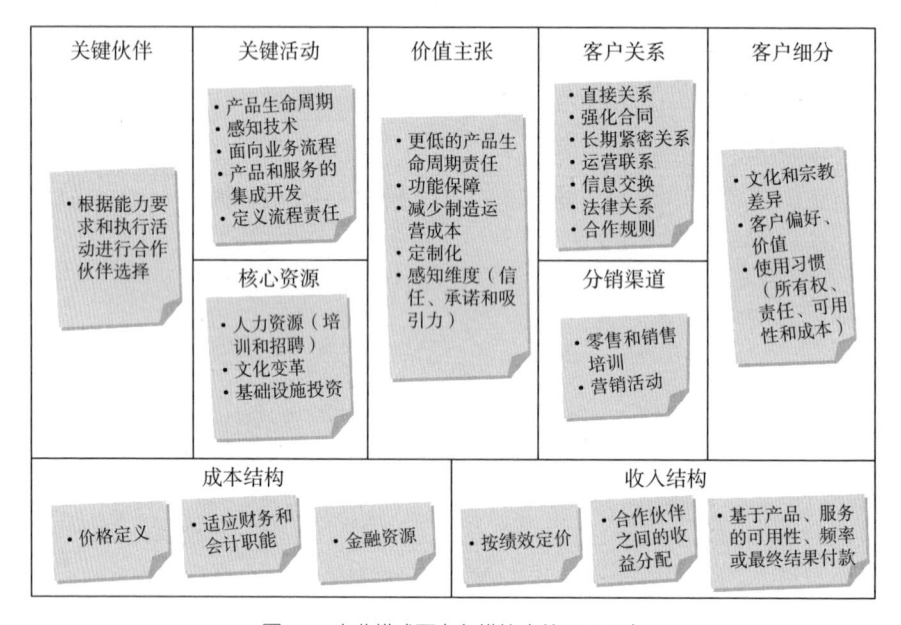

关键伙伴	关键活动	价值主张	客户关系	客户细分
• 根据能力要求和执行活动进行合作伙伴选择	• 产品生命周期 • 感知技术 • 面向业务流程 • 产品和服务的集成开发 • 定义流程责任	• 更低的产品生命周期责任 • 功能保障 • 减少制造运营成本 • 定制化 • 感知维度（信任、承诺和吸引力）	• 直接关系 • 强化合同 • 长期紧密关系 • 运营联系 • 信息交换 • 法律关系 • 合作规则	• 文化和宗教差异 • 客户偏好、价值 • 使用习惯（所有权、责任、可用性和成本）
	核心资源		分销渠道	
	• 人力资源（培训和招聘） • 文化变革 • 基础设施投资		• 零售和销售培训 • 营销活动	

成本结构	收入结构
• 价格定义　• 适应财务和会计职能　• 金融资源	• 按绩效定价　• 合作伙伴之间的收益分配　• 基于产品、服务的可用性、频率或最终结果付款

图6-2　商业模式画布各模块中的PSS元素

资料来源：Barquet等（2013）。

商业模式画布也被用作分析和比较不同PSS方案的工具。Barquet等（2013）为该框架的使用提供了一个示例，比较了四种不同的PSS方案在热成型机业务（thermoforming machines business）中的应用。画布可以用于表示现有产品的升级，也可以用于表示新业务概念或想法的开发，如图6-3所示。

一方面，引入产品导向的替代方案所影响的领域，主要涉及关键活动、核心资源和客户关系。事实上，提供额外的服务需要在维护和改善客户关系方面做出额外的努力（如第二章第四节所强调的），这主要涉及产品的使用阶段。

1 针对现有产品的产品导向PSS

关键活动 新业务的需要
核心资源 新资源的需要 内部文化问题
客户关系 新型客户关系

2 针对现有产品的使用导向PSS

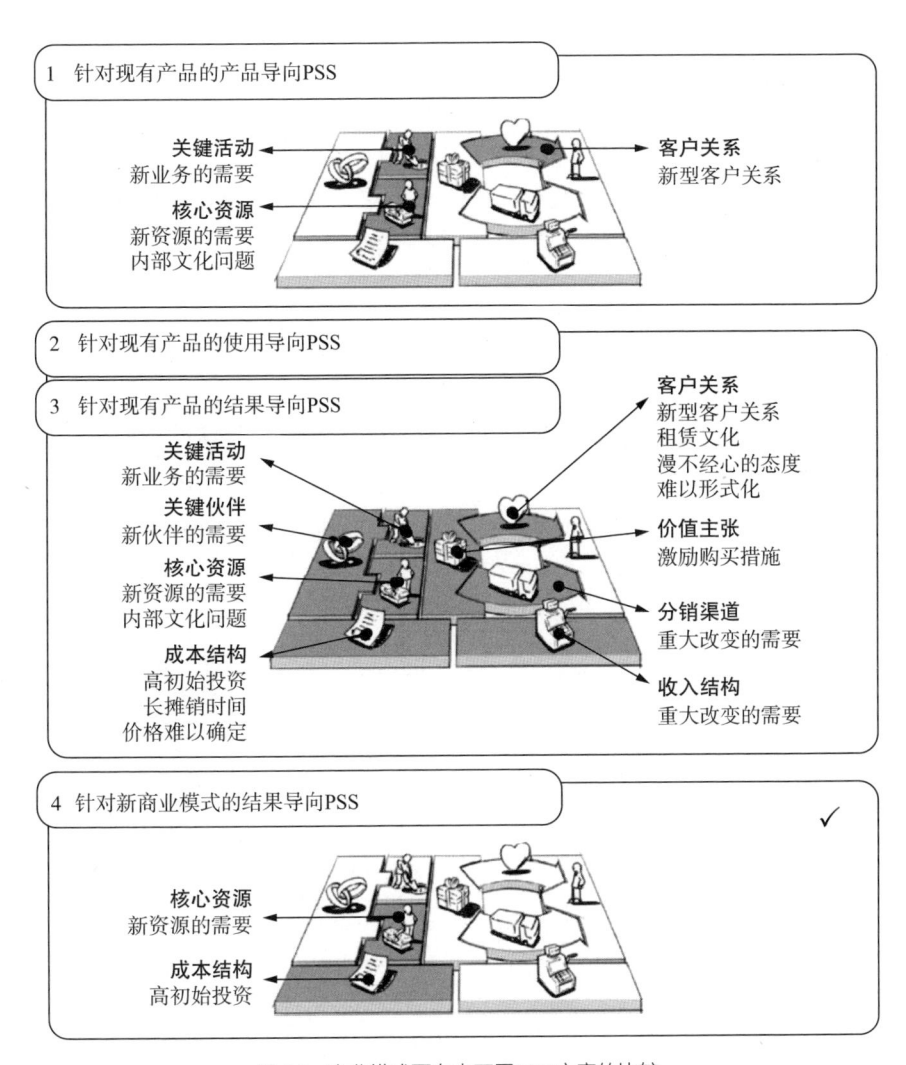

3 针对现有产品的结果导向PSS

关键活动 新业务的需要
关键伙伴 新伙伴的需要
核心资源 新资源的需要 内部文化问题
成本结构 高初始投资 长摊销时间 价格难以确定

客户关系 新型客户关系 租赁文化 漫不经心的态度 难以形式化
价值主张 激励购买措施
分销渠道 重大改变的需要
收入结构 重大改变的需要

4 针对新商业模式的结果导向PSS ✓

核心资源 新资源的需要
成本结构 高初始投资

图6-3 商业模式画布中不同PSS方案的比较

资料来源：Barquet等（2013）。

另一方面，开发使用导向的PSS和结果导向的PSS，影响的领域大致相同。唯一的例外是，开发结果导向的PSS意味着难以确定应该向客户收取的价格。

Barquet等（2013）提出的第四个方案显示了新业务的开发，但仅限于使用导向的情况。事实上，在考虑热成型机的背景下（Barquet等，2013），任何新机器和新服务的开发都必须包括机器本身的外部供应，然后销售给最终客户。鉴于这种限制，使用导向的替代方案对提供商和客户都是最有利的，因为需要高额的初始投资及新资源，该替代方案将主要影响企业的成本结构。

二、商业模式创新流程

正如本书所有内容证实的那样，将PSS作为一个整体的商业模式来设计和实施，是一个复杂且具有挑战性的流程。Adrodegari等（2018）认为，商业模式创新流程框架可用于支持这一流程（见图6-4）。它分为四个主要步骤，具体如下：

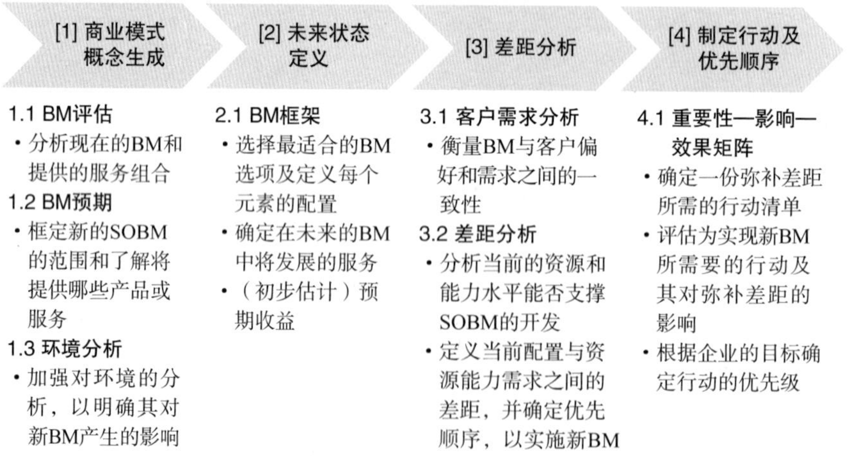

[1] 商业模式概念生成	[2] 未来状态定义	[3] 差距分析	[4] 制定行动及优先顺序
1.1 BM评估 • 分析现在的BM和提供的服务组合 1.2 BM预期 • 框定新的SOBM的范围和了解将提供哪些产品或服务 1.3 环境分析 • 加强对环境的分析，以明确其对新BM产生的影响	2.1 BM框架 • 选择最适合的BM选项及定义每个元素的配置 • 确定在未来的BM中将发展的服务 • （初步估计）预期收益	3.1 客户需求分析 • 衡量BM与客户偏好和需求之间的一致性 3.2 差距分析 • 分析当前的资源和能力水平能否支撑SOBM的开发 • 定义当前配置与资源能力需求之间的差距，并确定优先顺序，以实施新BM	4.1 重要性—影响—效果矩阵 • 确定一份弥补差距所需的行动清单 • 评估为实现新BM所需要的行动及其对弥补差距的影响 • 根据企业的目标确定行动的优先级

注：（1）BM——商业模式；
（2）SOBM——服务导向商业模式。

图6-4 商业模式创新流程

资料来源：Adrodegari等（2018）。

第一步，商业模式概念生成。这一步的主要目的是通过三个不同的步骤（包括对当前商业模式的分析、对未来商业模式的预期，以及比较分析），来确定将要采取的商业模式的范围和目标。

第二步，未来状态定义。这一步骤的主要任务是将上一步产生的商业模式理念和概念转化为"具体的"商业模式特征。

第三步，差距分析。在这一步骤中，企业必须仔细分析需要解决和满足的关键客户需求，以便了解支持商业模式发展的资源和能力的准备程度，并由此确定所需资源和可用资源之间的差距。

第四步，制定行动及优先顺序。鉴于上一步中出现的差距，企业应确定一份弥补差距所需的行动清单，然后制定一个"重要性—影响—效果"矩阵，从而确定这些行动的优先顺序。

本章的其余部分将提供一些解释性案例，以描述 PSS 在不同背景下的具体开发和实施要点。

第二节 产品服务系统商业模式的关键要素

产品服务系统在影响和改变"传统"商业模式方面带来了大量的新颖性。PSS商业模式引入了各种要素，这些要素与产品和服务的转变息息相关。

图6-5显示了价值转移对产品、制造和质量方面的影响趋势。产品变化趋势的焦点是"能力"，制造方面的焦点则是"灵敏"（smart），质量方面则建立在以客户为中心的逻辑上。因此，PSS商业模式的重点不再是产品本身，而是超越产品，转向更新的服务能力。

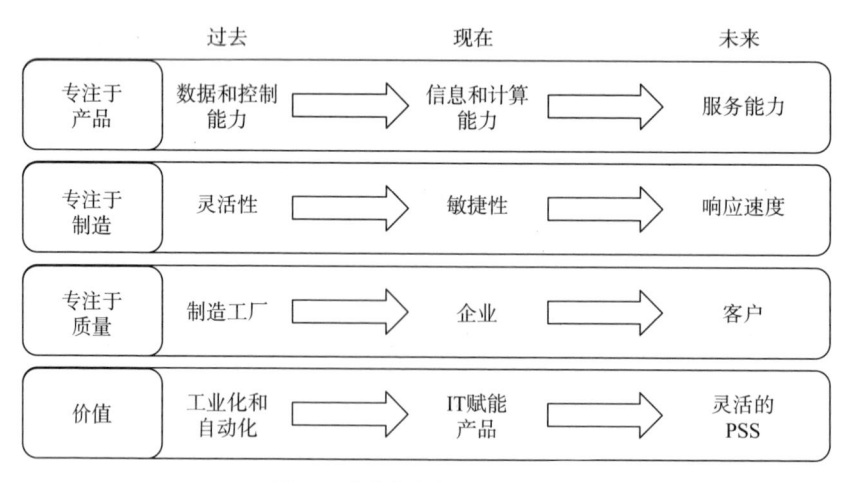

	过去	现在	未来
专注于产品	数据和控制能力	信息和计算能力	服务能力
专注于制造	灵活性	敏捷性	响应速度
专注于质量	制造工厂	企业	客户
价值	工业化和自动化	IT赋能产品	灵活的PSS

图6-5 价值的演变和焦点的变化

资料来源：Lee和AbuAli（2011）。

通往服务化道路的第一步是，阐明这种转变是如何发生的，以及它是如何影响和塑造与 PSS 相关的环境的。

基于PSS商业模式的六个关键要素归属于三个大类：

- 价值创造
    - ——供应设计
    - ——价值共创
    - ——与合作伙伴的功能集成
- 价值传递
    - ——服务化程度
    - ——售前和售后价值沟通
- 价值获取
    - ——客户承诺和客户保留

这六个关键要素可以根据对价值创造、价值传递和价值获取的贡献来加以区分，而这正是商业模式背后的主要目标。

（一）供应设计

由于在其产品中提供了服务，制造商现在可以"打开一个窗口"，收集有关客户资产使用和流程运作的数据，从而获得竞争对手无法复制的独特信息源。这种可能性随着智能产品的普及而进一步增大。得益于数字技术的发展，制造商甚至能够实时获取这些数据（Porter 和 Heppelmann，2014）。因此，保护这一特殊资源变得至关重要。制造商应该将巨额资源投入云归档和产品的数字安全系统中。

如第三章所述，循环经济和共享经济与新的数字化影响一起，发挥着重要的作用。在再利用、协同消费和再分配的概念上重新设计产品，是确保服务化商业模式开发成功的一个关键要素。

制造商的供应不再简单地局限于实体产品。它由若干要素相互集成,并且按照产品模块、服务模块和信息模块的模块化方法加以开发（Lerch和Gotsch, 2015）。信息模块使产品模块和服务模块相关联,并在监控产品性能的同时将数据上传到制造商的云归档中。模块化带来的优势是多方面的。首先,它保证了巨大的灵活性,无论在规模上,还是在范围上,企业都能开发出个性化的产品（Cenamor等,2017）。其次,模块化设计降低了开发成本,因为标准化的模块能以最小的成本供多个客户使用。最后,模块化设计还降低了PSS产品管理的复杂性,后者正是实施以服务为中心的方案的障碍之一。

（二）价值共创

一个以产品为中心的组织与一个采用PSS的组织的主要区别之一,是价值创造过程中的演变。价值创造虽然是一个抽象的概念,并且好像与特定的企业流程没有直接联系,但对整个企业活动确实产生了至关重要的影响,它是提供一整套产品和服务所保证的竞争优势的基础。

以产品为中心的制造商通过产品的生产过程来产生价值,并将服务限制为"支持性角色"。与之不同的是,采用PSS的企业提供的服务为客户创造了大部分价值。价值是企业和客户之间产生的交互作用的结果,比如资源的整合和技能的应用（见图6-6）。在这种背景下,价值共创的重要性也就不言而喻了（Grönroos和Voima, 2013）。

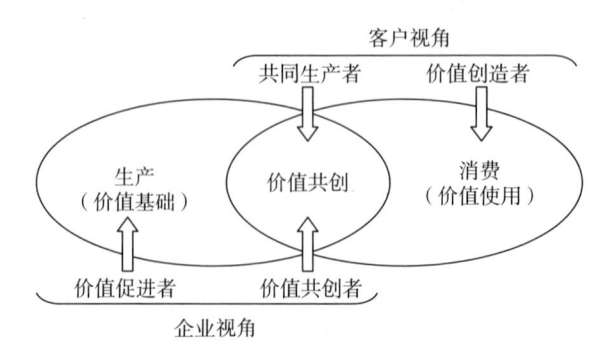

图6-6 PSS价值共创的使能机制

资料来源：Grönroos和Voima（2013）。

这种价值创造的创新流程最近已被理论化，目前已经确定了如下三种使能机制。

第一种使能机制是价值感知机制，即企业识别、分析和满足客户特定需求的能力（Lenka等，2017）。这种机制往往涉及数字能力。例如，由于联网机器内部安装了传感器，制造商能够观察其客户的活动，并向客户共享所获得的信息，这样可以帮助客户提高使用产品的效率和效益[①]。此外，通过获得的数据，制造商还可以推断出如何以最符合客户需求的方式构建PSS，从而进一步提高产品的定制化程度。

第二种使能机制是价值响应机制，即企业针对不断变化的客户需求做出有效率和高效益反应的能力（Lenka等，2017）。在这种情况下，数字能力同样发挥着重要作用。在当前复杂且多变的市场环境下，客户正在寻找能够及时、灵活地满足其需求的提供商。这些提供商能在短时间内为客户提供互补功能，并帮助他们制定积极的战略，以利用任何新兴的价值创造机会。如今，数字化数据分析工具和共享的云技术平台使这一切成为可能。保证灵活性的另一个因素是，PSS提供了开发具有灵活收益模式合同的可能性。在这种情况下，两个行动者往往共担风险和利润。这使得可以根据客户所需的功能情况设置相对应程度的关系配置条款。

第三种使能机制是价值沟通机制。因为服务的无形性，服务的优势和结果并不总能清楚地被客户所感知，因此在这种背景下，向客户传递价值的能力就显得至关重要（Baines 和 Lightfoot, 2013; Kindström 和 Kowalkowski, 2009）。Baines 和 Lightfoot 文章中一位受访者的说法极具代表性："如果客户没有看到他得到了什么，他就认为他没有收到任何东西。"因此，制造商必须精心培养这种能力。通常采取的方式是为每一个客户开发定制的服务绩效测量系统，使他们能够充分了解所接受的服务。售后阶段的员工负责此流程，他们与客户建立特殊关系并利用先

---

① 效率（effectiveness），指正确地做事，即不浪费资源；效益（efficiency），指做正确的事，即所从事的工作活动有助于组织实现其目标。——译者注

进的数据分析工具来提取和展示有用的信息（Kindström和Kowalkowski，2009）。

通过对实现价值共创三种机制的描述，我们可以看出，每个机制中都存在一个处于中心位置的连接元素，它假定了一个新的核心资源，即来自客户的数据。

（三）与合作伙伴的功能集成

为了实现高效益和有效率的规划，大多数企业着手设立后台部门（如研发部门和IT部门）。这些部门通过标准化模块的开发和设计，能够轻松适应各类型市场，以减少这一阶段的总体承诺和费用（Kindström和Kowalkowski，2014）。在这个过程中，主要的价值链行动者，如分销商、外部服务提供商和核心提供商，往往参与其中。这个过程的关键输入是位于价值链下游、与客户直接接触的前台的信息。因此，前台和后台必须紧密合作[①]，最大化未来创新的价值。通常，企业需要开发一个数字平台，用于促进数据流通流程与活动管理的最佳实践和知识共享（Cenamor等，2017）（见图6-7）。

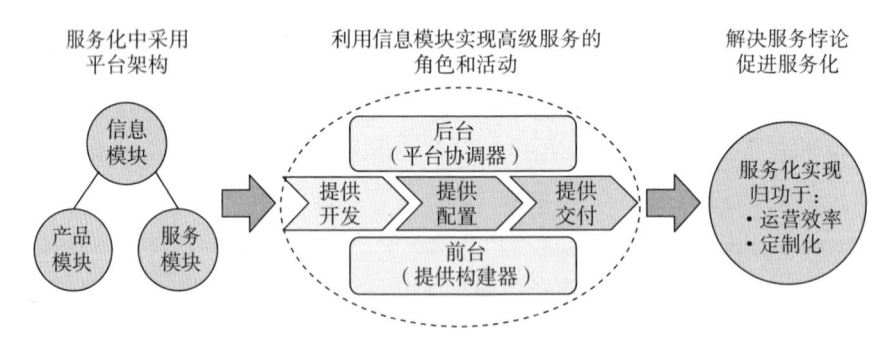

图6-7　促进企业实施高级服务的数字平台

资料来源：Cenamor等（2017）。

[①] 前台主要承担客户接触活动，后台主要对非实时和非交易性业务进行标准化和专业化处理。一般认为，前台是在同一时间发生的客户和制造商之间的直接接触，但不一定发生在同一地点；后台主要承担那些与客户没有接触的活动。——译者注

一旦独立的模块开发完毕，责任就会转移给前台。前台除了提供信息，还通过组装上游部门设计的模块来参与产品设计，从而实现最能反映客户需求的PSS。通常前台有能力在本地开发或修改一些模块以满足客户的特定需求（Cenamor等，2017），从而实现动态和部分分散的设计。如果说几年前这种调整主要涉及服务模块，那么近期，由于3D打印机等增材制造工具的普及，企业为产品模块进行定制的可能性正在增大，这为价值创造提供了新的机会。

随着PSS的采用，组织结构的最后一个要素将经历重要的转变，这个要素就是与提供商同场竞争发展的行动者网络，即所谓的价值链。

在此背景下，价值链出现了扩张，许多新的企业进入，并基于密集的信息和资源共享进行强有力的集成。

这种选择的原因是多方面的，并且是迫不得已的。没有任何企业能够独自承受PSS管理的复杂性和风险性（Gao等，2011）。即使是那些大型的规范化企业也不行。为了解决这一问题，许多企业选择专业化，使自身专注于核心活动，而将其余流程外包给第三方。

因此，与网络内的行动者（商品提供商、服务提供商和分销商）建立深层次的关系是必不可少的。这样能够在设计新产品或服务、生产计划、质量监督和库存控制等各种活动时，创建一个支持主要提供商的集成、有机的解决方案。尽管供应管理分散化，但无论如何都保证了其同质性，并且由于各个专业化实体的相互集成，产品的总价值比以前更高了。这种集成通常是通过公共数字平台实现的，这些平台促进了信息的流通和各方之间的实时持续互动（Reim等，2015）。

（四）服务化程度

服务化对企业商业模式的影响程度，以及PSS在这种服务化驱动的转型中的作用有多大，与企业愿意实现的服务化程度密切相关。Martinez等（2010）使用了四个标准来评价服务化水平，以确定服务化转型的影响。这些标准（见表6-1）必须与第一章中的产品服务连续统一体结合起来一起考虑。

表6-1 识别组织服务化水平的标准

标准	高服务化水平	低服务化水平	参考文献
活动的价值基础	关系基础	交易基础	Gundlach和Murphy（1993）；Lambert等（1996）
资产的主要作用	资产利用率	资产所有权	Tukker（2004）
产品类型	整体服务集成	实体产品加上额外服务	Boyer等（2003）
生产战略	大规模定制	大规模生产	Gilmore和Pine（1997）

资料来源：Martinez等（2010）。

第一个标准"活动的价值基础"是指交付给客户的价值，被认为是保留客户和维持关系的主要驱动力。在高服务化水平的背景下，价值被认为是通过长期的关系——而不是基于单一的交易——来实现最大化的。

第二个标准"资产的主要作用"着眼于资产。高服务化水平要求企业更加关注资产的利用而不是其所有权。

第三个标准"产品类型"与PSS类别相关联（Tukker, 2004）。低水平的服务化意味着在产品中附加服务，更高水平的服务化旨在为每个客户（或客户类别）提供一致的"整体服务集成"和个性化解决方案。

最后一个标准是"生产战略"，处于大规模生产（低服务化）和大规模定制（高服务化）两个极端之间。

当企业决定走服务化的道路并开始开发PSS时，服务化程度的选择就会影响商业模式的各个方面。企业对其商业模式进行深入的修改，不亚于一场真正的"革命"。企业打算向客户提供的服务越先进、越复杂，这一点就越突出、越有必要。

（五）售前和售后价值沟通

决定采用PSS的企业，其售前和售后阶段将产生重大变革。下面我们可以将其与企业交付系统的术语结合起来。如前所述，PSS的价值在很大程度上是由双方共同创造的。因此，与喜欢通过大量数据和信息交换建立紧密关系的客户建立信任和合作关系，就变得至关重要。涉及的主要人力资源是负责管理此关系的人。鉴于以产品为中心和以服务为中心的方案之间的巨大差异，他们现在需要比以前拥有更广泛和更横向的技能（Ulaga 和 Reinartz, 2011）。首先，适合这个职位的员工必须具备一些软关系技能，例如与人产生共鸣的能力，这样他们才能在诚实和相互尊重的基础上与客户建立真诚和牢固的关系（Baines 和 Lightfoot, 2013）。这种能力，虽然看起来很抽象，没有什么竞争价值，但在基于长期关系的服务化环境中，反而是至关重要的。此外，与实体产品销售的生态系统相比，承担该职能的员工必须有一些技术和经济的异质性知识，包括商业概念、管理技能、理解客户的运作能力，以及对企业可提供服务范围的深刻理解（Kindström 和 Kowalkowski, 2009）。如果没有这些方面的知识，销售经理就无法充分了解企业的结构和动态，从而无法帮助企业开发出能够最好地支持客户需求的产品。

进一步需要的能力是在售前和售后阶段进行价值沟通的能力（Reim 等，2015）。考虑到服务的无形性，客户可能很难意识到服务为其带来的好处以及其应为此支付的费用。具体而言，最根本的是要知道如何制定适当且可衡量的绩效指标。这些指标并不局限于财务和绩效方面，因为 PSS 带来的好处不仅仅是运营上的，还可能存在于更广泛的范围（如企业之间的合作、信任和吸引力等）。

（六）客户承诺和客户保留

正如我们在价值共创的关键要素中所强调的那样，PSS 商业模式的最后一个关键要素是客户在整个 PSS 中的角色。

这最后一个因素也影响了规范双方关系的合同。一个切实的转变就是合同结构。合同中必须清晰界定以下内容：目前已提供的服务是什么，本次必须提供的服务是什么（Reim 等，2015），以及双方在各种流程中所需承担的风险和责任各是什么。因此，合同将会变得更加复杂和更加精确。此外，在确定各种服务和产品的价格和支付方式时，不应采用传统的成本驱动定价机制，而应采用价值驱动机制。在许多情况下，这将会涉及修改会计机制和确定一种新的定价原则。该原则应建立一个弹性和动态的收入模型，同时将企业因为提供服务而增加的新固定成本或隐藏成本也纳入计算中。

合同的复杂性、服务固有的巨大活力，以及确定履行职责和分配责任所需的精确性，将严重影响参与谈判进程的行动者的数量。在传统销售系统中，提供商的销售职能和客户的购买职能之间建立了双重对话（也会粗略地涉及其他职能），随着服务的引入和情境的激进演变，PSS得到明确的界定。现在，PSS呈现出微妙的细节，提供各种类型的服务，并通过复杂的合作过程拟定各个要素。这个过程要求客户价值链上各个职能部门和参与者进行充分的互动（Ulaga和Reinartz, 2011）。

一旦合同签订完毕，并且确定了两家企业之间关系的所有要素，所谓的售后阶段就开始了。当今时代，售后阶段发挥着比以前更为重要的作用。在谈判阶段建立的服务包通常必须持续很长的时间——有时甚至是产品的整个生命周期的服务——这意味着企业价值链会发生各种变化。此外，企业还需要开发合适的工具和方法，以便让客户了解其所接受服务的价值。这是一个已经深入分析过的话题，当然，它也是突破传统交付系统的最大要素之一。因此，售后是一个分布在客户附近的基础设施的"毛细血管网络"，其任务是及时提供客户所要求的服务，并与之保持具体和持续的联系（Baines和Lightfoot, 2013）。该条件意味着，制造商在全球范围内对资产进行强有力的投资和资源分配是至关重要的。因为它需要与客户保持接触，从而"感受脉搏"。如果仅仅依赖第三方服务提供商和过滤后的知识，效果则会大打折扣。

第三节 产品服务系统商业模式案例

本节将介绍产品服务系统实施的相关案例，展示如何将本书提出的概念付诸实践。表6-2总结了这些案例，强调了区分每个案例PSS商业模式相关要素的重要性。

表6-2 PSS案例研究提要

序号	案例	产品设计	价值共创	功能集成	服务化程度	价值沟通	客户保留
1	Ability数字化解决方案	√		√	√		√
2	宜家	√			√	√	
3	罗尔斯-罗伊斯			√	√		
4	eStoks		√	√		√	
5	优步						
6	爱彼迎	√	√	√			

卡片6-1中的案例描绘了一个工业互联网平台[①]，它将说明软技能的

[①] 工业互联网平台解决的是制造企业数字化转型的问题，它能够推动制造资源优化配置，通过信息技术实现工业数据的分析利用和生产销售全流程乃至全行业的信息共享。国内的工业互联网平台，如树根互联旗下的根云平台，可以为各类工业企业提供设备实时数据采集、资产性能管理、产品生命周期管理和大数据分析等服务，能够覆盖95%的主流工业控制器，成功助力产业链生态，打造了包括纺织行业、工业机器人行业、机床行业等在内的20个产业链工业互联网平台。——译者注

发展和与客户的互动是成功实施PSS的关键因素。这个案例表明，PSS分别作为一种全新的产品或现有商业模式的升级来实施时，所面临的环境可能会有多大的不同。此外，根据所考虑的具体情况，每个案例对商业模式各领域的影响也会有所不同。这里考虑的服务化商业模式的关键要素是服务化程度、产品设计、与合作伙伴功能集成和客户承诺与客户保留。

卡片6-1　Ability数字化解决方案

对于Ability这家企业来说，数字化并不是新领域。事实上，它专注于运营技术领域，尤其是为不同类型的资产开发监测和控制系统方面。它的许多业务部门一直在其产品中使用先进的传感器。有些传感器连接到云上，有些由系统相互连接调节。这些产品同时包含传统服务和数字服务。然而，每个业务部门在某种程度上都以独立的方式管理自己的数字流程，并以不同的方式进行结构化，因此同质性较低。为此，该企业开始了一个标准化进程，涉及各个流程，以确定其所有业务部门的共同准则。标准化通过一个名为Ability（能力）的数字化平台进行，目前可以为客户提供210种产品、服务和解决方案。服务的产业化使企业能够制定先进的方案，包括为客户开发协同定制的解决方案。

与竞争对手不同，为了开发这个平台，该企业选择了一条激进的道路。企业决定与合作伙伴合作，建立战略伙伴关系，以补充其在运营技术领域的经验、能力和专业知识的不足。

即使是像这样有着坚实基础的企业，为了成功开发其技术平台，也倾向于与一些战略合作伙伴分担风险和责任。

该数字平台建立在微软Azure云架构上，并通过与主要IT企业的合作而得到增强，因此代表了客户创新和价值的潜在来源。它与现有其他系统的互联能力也提供了相当大的灵活性和活力。尽管如此，仍有一些障碍在某种程度上阻碍了企业数字化解决方案的推广。这些障碍有三个：第一个障碍是客户对变化的抵制，他们往往不知道这些创新解决方案的潜力，为了克服这一障碍，企业正在改善与客户的沟通，使客户建立对这些新PSS所能带来优势的认识；第二个障碍是客户通常受制于启动数字化进程所需的财务资源；最后一个障碍是实施这些新技术所需的技能目前并不普遍，不过，从这个角度来看，企业可以在数字化流程中以合作的角度，用自己的专业知识支持客户。

此外，另一个令人感兴趣的因素与平台的名称有关——"Ability"，它代表了平台的一个基本概念。在产品的中心，没有特定的技术，而是人、公司及其员工所建立的特定的技能和经验。通过密切的合作，将这些技能和经验转化为客户的潜在价值，并在提供服务时体现出来。技术被视为一种工具，是现有技能的使能器。由于技术的存在，技能可以更好地被利用，在快速变化的环境中增强竞争力。具体而言，这导致了该企业提供的许多服务的更新和演变。

最后，在企业的销售过程中，销售员工基本上都具有足够的技术背景，可以有效地与客户互动。因此，向标准化和更数字化的产品转型并不需要销售部门的员工有任何特别的改变，仅仅需要他们改变与客户的互动方式。销售中的重点转向了技能。销售过程不再局限于将其技术产品与竞争对手的产品进行简单的比较，而是要让客户了解公司的核心能力。这时，领域专业知识和专有技术，以及这些特征如何与客户自身的特征相结合，必须能够响应作为附加值来源的特定需求。接下来的售后阶段便是对这一良性合作过程的自然推进。

（以上信息和数据来自作者的访谈）。

从上面介绍的案例来看，PSS的开发和实施也可以更加"简单"。卡片6-2的案例将介绍一个简单的产品导向的PSS，并解释PSS如何为像宜家这样拥有成熟稳健业务的大企业带来不可忽视的收益。在这个案例中，商业模式的关键要素是服务化程度、产品设计、售前和售后的价值沟通。

卡片6-2 宜家——成本领先战略

宜家是一家在瑞典成立的跨国公司，专门销售家具、家具配件和其他家居用品。宜家战略的重点是成本领先，企业保持低价的同时特别关注产品质量。公司创始人Kampard认为，当时市面上精心设计的家具似乎只提供给高收入群体，因此他决定为大多数人提供具有良好设计和完备功能的各种家具。为了能够同时满足各种需求，价格标签在家具的设计理念诞生之前就已经"设计"好了。宜家在全球四十多个国家和地区拥有三百多家门店，知名度享誉全球，每年都能吸引大量客户。尽管有价格战略的限制，但近年来，宜家通过推广服务化策略来提高对环境的关注，以更好地满足日益苛刻的客户群的需求。宜家的理念经过多年的发展，已经融合了惠及大多数人的社会价值、环境价值和对客户的使用价值。正如上文所强调的，企业现在已不可能仅依靠价格策略来保持自己在市场上的良好地位。

宜家为了建立更强大的竞争优势，在购买前阶段通过共创解决方案，为客户提供"服务体验"。这有助于提高客户的参与度，使其更有信心做出正确的选择。除此之外，宜家的展厅可以被看作是"体验室"。宜家试图在情感上让客户参与进来，有机会在实际购买之前获得真实的体验。

该公司的网站概述了当前提供的服务。这是一系列支持简单销售产品的基本服务，如下所示：

- 设计、测量服务和咨询服务；
- 产品可用性和订单状态查询；
- 运送服务；
- 门店提货服务；

- 组装服务；
- 废物处理；
- 产品退货和质量保证；
- 线上安装指南；
- 零件更换。

因此，宜家的产品可以被视为一种产品导向的PSS。商品的所有权在购买时转移到了客户手中，并有可能提供支持性服务来构成PSS。在客户实际购买之前，宜家会根据"房间"的风格和大小，提供基本的在线配置服务，并立即提出相应的设计方案和资金预算。或者，客户可以预约宜家的顾问，更详细地规划自己的家居空间。宜家的成本领先政策不允许根据客户的意愿设计产品，但可以尝试将不同的标准化产品组合起来，以获得最能满足客户不同需求的最终解决方案。

近年来，宜家还开展了与服务最终客户和环境效益相辅相成的客户服务。产品服务系统的概念与环境可持续发展的概念是可以相结合的。收集和再利用旧产品，能够减少浪费和随之而来的环境污染。在成本领先的细分市场中运营的企业，很难在产品的整个生命周期跟踪产品，直到产品完全被再利用或处置。因为这将带来难以维持的成本，进而难以维持真正具有竞争力的价格。为了与环境可持续发展理念相匹配，宜家在购买新产品时或在送货时提供在商店和家中处理旧家具的服务，并且客户可以预订主要结构（如浴室和厨房）的拆卸和处置服务。因此，当客户仍然决定从宜家购买一件新家具，并有信心从这项服务中获得收益时，宜家就会提供这项服务。

（以上信息和数据来自宜家网站。）

卡片6-3将介绍一个超级经典的案例，该案例在今天仍然具有现实意义，展示了关于PSS开发和成功实施的许多有趣见解。该案例中的商业模式侧重于服务化程度、与合作伙伴的功能集成、客户承诺和客户保留。

> **卡片6-3　罗尔斯-罗伊斯——利基市场的战略重要性**
>
> 罗尔斯-罗伊斯控股有限公司（Rolls-Royce Holding plc）是产品与服务集成最成功的范例之一，被认为是第一家成功推出面向结果的PSS合同的企业[①]。近二十年来，其管理层致力于消除制造和服务之间的差异，将一家亏损的英国企业转变为一家成功的世界级大型喷气发动机制造商。该企业面临的市场环境竞争十分激烈。为此，管理层决定开发更加先进的产品——从使用碳材料进行发动机叶片的制造，到通过两个三轴传动轴来改变发动机的基本结构。从结果来看，新产品比竞争对手的产品更高效，当然，价格也更高，设计和制造也更加困难。罗尔斯-罗伊斯公司还了解到，在发动机生产领域，向客户提供额外服务（如维护和备件销售）可以增加利润。这是一个渐进的过程，旨在集成技术与服务，使其提供的服务变得越来越不可模仿，进而使其可以脱离激烈的竞争。促使企业采用PSS商业模式的关键一步是从销售简单的产品转向提供集成服务。
>
> 早在20世纪80年代，该企业就推出了"按小时计费"计划，客户（航空公司）可以根据飞行时长，按照每小时固定费用来支付发动机的维护费用。最初，客户仍然需要购买产品，然后再决定是否激活附加服务。下一代是"总代管"（Total Care）服务，每个新引擎都有能力收集技术数据，然后将数据传输到能够存储和处理数据的控制中心。智能分析的开发能够支持和提高企业的预测能力——发动机性能预测、备件需求预测和故障预测的能力。该解决方案提高了企业售后的效率和效益，为提供商和客户创造了价值。为了实现这些成果，该企业需要依托大量

[①] 英国Rolls-Royce公司成立于1906年，于1973年拆分为汽车和发动机两家公司。国内在翻译时多将汽车公司称为劳斯莱斯，将发动机公司称为罗尔斯-罗伊斯。——译者注

的内部和外部资源。随着"总代管"服务的诞生，企业还需要大量的存储数据和实时分析这些数据的能力，因此需要开发企业内部技能和提高管理能力。

在该领域，罗尔斯-罗伊斯首次提出不再销售简单的产品和随后的备件与维护服务，而是销售产品真正的功能，即发动机的运行能力。在这种情况下，企业采用了服务集成度最高的PSS类型，即使用导向的PSS和结果导向的PSS。这些类型的PSS需要大量的投资和对整个企业环境进行改造。罗尔斯-罗伊斯实际上已经说服了其客户按小时为发动机工作付费，从而使销售对象不再是产品而转变为它的功能。客户可能会因为不再拥有产品的所有权而感觉受到限制，但同时，在发动机出现故障或失灵的情况下，客户可以获得持续的维护或全面的更换以解决问题。罗尔斯-罗伊斯提供该服务已经有十多年了，超过一半的在役发动机都包含在这种新型合同中。

罗尔斯-罗伊斯开发的发动机是市场上最先进的产品之一。在此基础上，根据客户的确切需求，它又增加了一系列不同规模的可选服务。例如，除了上述的"总代管"服务，还可以根据需要选择多种不同的航空发动机相关解决方案，或仅选择某些领域的服务，如维护、效率控制、资源管理和售后协助。

如今，遍布世界各地的重要运营商与重要客户建立了密切的关系，通过对数据的持续监测，他们能够利用越来越先进的技术开发出越来越个性化的解决方案。如果企业继续以吸引大量客户为目标而不是设计最高质量的产品（显然成本将会更高，会导致价格高于竞争对手），那么这些项目将是不可想象的。

在船用发动机方面，该企业同样提供全方位的服务[1]。"客户能力培训"（Customer Power Training）甚至在售前阶段就向客户提供了真实发

---

[1] 罗尔斯-罗伊斯公司主要由"航空航天部"和"陆地和海洋部"两大部分组成。后者又包含动力系统、海洋和核能三个业务模块。——译者注

动机体验或模拟虚拟现实。在售后阶段，企业将会提供不同领域的专业团队，能够解决不同的问题。因此，这背后需要企业对选定的员工和培训的课程进行投资，使员工尽可能地提供最好的服务。

（以上信息和数据来自罗尔斯-罗伊斯公司网站。）

在本书中，我们一直在强调 PSS 的重要性。即使在循环经济和共享经济等"现代"商业趋势中，PSS 仍然非常重要。卡片 6-4 和卡片 6-5 旨在介绍与这两种趋势相关的案例。卡片 6-4 中展示的案例围绕价值共创、与合作伙伴的功能集成、售前售后价值沟通三个关键要素展开。

卡片 6-4　eStoks——循环战略

对电子仪器和电气设备的需求激增，使得该产业越来越专注于制造和报废产品处置等活动。

2012 年，巴西市场新增 200 万吨电子材料，产生了 140 万吨电子垃圾，使巴西成为仅次于美国的世界第二大电子垃圾产生国。此外，只有大约 2% 的废弃产品被重新处理，投入了新的生命周期中。

eStoks 公司的创始人了解到，大约 5% 的产品会因为缺陷或不完善而被退回制造商那里，由于地方性法规的限制，这些产品无法作为新产品销售而成为电子垃圾。这使巴西遭受了巨大的经济损失。但与此同时，这也是一个价值 19 亿英镑的未被开发的市场。

巴西幅员辽阔，物流运输困难重重。大多数信息技术制造商集中在该国的中部和南部地区，但大部分市场需求位于东北部。这些有缺陷的高价值产品，难以用传统的逆向物流模式进行价值创造。eStoks 创造了一种简单而聪明的方法——再制造[①]，来抓住这个尚未开发的市场，同时

---

① 再制造是指对已经报废产品中的部分零件进行重新加工和替换而重新投入产品制造，从而使该产品的质量和性能达到新产品的状态。——译者注

消除了电子品牌的逆向物流成本。

eStoks在累西腓东北部设有工厂，负责回收当地客户退回的产品。在评估退回产品的状态和质量后，选定保证其有用性和价值的最佳处理策略。

从数量上看，50%~55%的回收产品得到更新，20%~25%的产品得到修复和再销售。剩下的10%~15%，包括损坏最严重的产品，被拆解成零件，用于其他产品的维修。

因此，eStoks以再制造产品的销售服务，用更便宜的价格吸引新的客户群体。通过这种方式，eStoks可以向低收入人群提供高质量的技术和设备。

循环经济的实施取得了成功。翻新产品产生的价值是回收产品的六倍，低收入客户可以用极具竞争力的价格获得高质量产品。物流成本的降低幅度高达65%。eStoks未来的目标是对企业进行扩张。考虑到最后一点，eStoks现在面临的挑战是向电子电气设备领域的更多品牌、制造商和零售商推广和实施其服务。

（以上信息和数据来自艾伦·麦克阿瑟基金会网站和eStoks公司网站。）

与循环经济的案例相似，卡片6-5和卡片6-6将展示与共享经济相关的一些案例，以及确保整个PSS实施成功的相关战略和机制。所有呈现的商业模式都以价值共创、产品设计和与合作伙伴的功能集成为关键要素。其中，最后一个要素——与合作伙伴的功能集成——在共享经济的背景下发挥着特殊的作用。

卡片6-5 优步（Uber）——提供"移动"价值

优步的总部位于美国旧金山。该企业通过App将乘客和司机直接相连，提供私人汽车交通服务。企业目前在全世界范围内提供服务。

该平台由Travis Kalanick和Garrett Camp于2009年成立，2010年在旧金山地区正式推出。

该应用程序通过让司机和乘客直接接触来改变出行的概念——与有交通工具的其他人一起出行。优步提供的是真正的服务，从而被归入"按需经济"（on-demand economy）这一类企业。"按需经济"指"在数字市场上开展经济活动，能够通过直接获得产品和服务来满足消费者的需求"。

该App的操作很简单。用户仅需输入一张信用卡的信息就可以订阅该应用[①]。然后，在任何一个优步提供运营服务的地区，用户只要在手机屏幕上点几下，就可以呼叫司机和看到行程的价格。除此之外，用户还能知道行程路线、等待时间、车牌号和以前乘客对司机的评价等信息。在服务结束之后，用户须对行程进行评价。用户可以通过短信或App进行预约，也可以实时跟踪预约车辆的位置。

在本案例中，我们考虑了所有能够接触优步业务的实体，一方面是作为乘客或司机（而不是员工）而与公司交互的群体；另一方面是一切能够影响组织行为的外部环境。

用户选择优步主要是为了找到出租车的经济替代方案；决定成为优步司机的人本质上是想赚钱，在很多情况下，他们将其作为副业。

优步有两类用户：乘客和司机。优步的乘客与传统出租车企业的乘客不同，因为他们必须配备智能手机和信用卡或借记卡。在传统出租车市场上，司机并不会作为目标用户，而是出租车企业的员工，这也是优步与传统出租车企业的差别之一。优步使用的是自由职业司机，对司机为数不多的要求是有一部智能手机、一辆状况良好的汽车和其本人赚点

[①] 中国共享出行行业已走在世界前列，例如，滴滴出行等共享出行平台，只需与支付宝或微信支付等支付平台完成线上支付账号绑定，即可在出行服务完成后自动扣款。——译者注

外快的愿望[1]。

该企业所依赖的自动化和技术导致了企业与用户之间的互动显得相当"随意",该平台让乘客清楚地了解他们将在哪里上车,而无须进一步沟通。而优步与未来的新司机之间的接触,主要是向他们充分说明提供服务时应遵守的基本准则。

可以识别几个联系渠道。最初,优步的重点是从一个城市转移到另一个城市,以确保发展了足够多的司机和乘客。随后,该企业通过开发应用程序和网站来巩固自己的地位。但最重要的是传统的"口碑",这是此类服务的基础。

关于积极的价值主张,我们可以确定这样一个事实——当司机有空并想提供搭车服务时,总能确保有一个通道(passage),并总有乘客可以搭乘。

优步还能够实时测量需求,识别超出可用能力的时刻,并通过提高价格的方式进行引导,从而增加供应恢复供需平衡。

另一点是使用优步就可以在旅程中不携带现金。无论是对司机还是乘客,使用信用卡付款无疑更安全。此外,乘客和司机可以实时了解对方的位置,减少焦虑和不确定性。

最后,乘客可以从1星到5星给司机打分,那些平均评分低于某一阈值的司机将被企业淘汰,从而提高了服务质量。

对于用户来说,关键点是安全和隐私保护。优步将司机视为自由职业者,而非企业员工,因此他们不具备正式员工所具有的所有优势。

优步最重要的合作伙伴是司机,他们拥有自己的汽车,使企业节省了因为租赁汽车所需要花费的成本。

另一个关键合作伙伴是地方政府,尽管目前并非所有地方政府都支持优步的商业模式。优步的PSS商业模式有三大支柱:

---

[1] 相较于本案例,中国政府对国内网约车和兼职司机的资质监管更为严格,司机需要拥有《网络预约出租车驾驶员证》和《网络预约出租车运输证》才能正式上岗运营。——译者注

- 该应用程序易于使用，几乎没有缺陷；
- 使用智能手机使服务方便实用；
- 此前在出租车服务领域没有竞争对手，因此公司建立了坚实的基础设施，并与用户建立了信任关系。

然而，由于出租车司机和不同城市的工会采取了法律行动，优步模式仍存在着一些弱点，尤其是在保险和法律诉讼问题上。

与其他合作伙伴一样，世界地图系统（world mapping system）也有投资者和供应商。

优步的主要资源有：

- 允许司机和乘客相互交流的平台；
- 定价算法，满足司机和乘客的供需动态平衡的价值主张；
- 路径算法，保证等待时间尽可能短。

优步的关键活动主要有两个，一是平台的开发和优化，以确保用户的使用；二是营销活动，将用户弃用率降到最低。

优步的主要目标是巩固其在城市交通市场的领先地位，以替代价格更高、灵活性更低的出租车服务。因此，企业的利益主要集中在经济方面。尽管如此，从社会和环境的角度来看，优步同样具有一定的优势（例如结交新朋友、减少汽车数量），但这些肯定不是促使用户使用这项服务的主要因素。

优步使用自己的服务器进行税务管理，使用手机的GPS技术来监控行程，并根据行驶里程收取乘客服务费用。

优步最大的支出是平台的开发、运营，以及IT工程师、销售团队、营销团队和各位经理的薪水，此外还要加上支付给司机的费用。

（以上信息和数据来自优步公司网站。）

卡片6-6　爱彼迎（Airbnb）——共享住宿平台

爱彼迎成立于2008年8月，总部位于美国旧金山[①]。爱彼迎是一个门户网站，人们可以通过计算机、手机或平板电脑发布、发现和预订世界各地独特的住宿。无论是住一晚的公寓、一周的城堡，还是一个月的别墅，爱彼迎都能通过真实的旅行体验，在191个国家和地区的34000多个城市将人们联系起来。得益于用户服务和不断壮大的用户社区，爱彼迎成为从空余房间中赚取利润的最经典案例。

爱彼迎的这个想法诞生于2007年秋天，由Brian Chesky和Joe Gebbia（分别为现任CEO和CPO）提出，二人在2008年8月正式宣布成立爱彼迎。当时，他们搬到旧金山来参加美国工业设计协会的年度大会，但由于没有足够的钱支付房租，他们决定提供公寓多余的空房间，给那些对会议感兴趣的其他旅行者住宿。住宿条件其实只是三个充气垫，这也是网站最初的名称Airbed & Breakfast的灵感来源。他们随即创建了一个非常简单的网站，很快就有三个人以每人80美元的价格进行了预定。可以用最小的投资提供巨大的增长机会，这是他们对这个商机所具潜力的看法。2008年春天，Brian和Joe决定让他们的室友Nathan Blecharczyk（现任CTO）参与进来。他毕业于哈佛大学计算机科学专业，曾在Microsoft、Opnet Technologies和Batiq担任过不同的职务。

2009年1月，Y Combinator（一家创业孵化器企业，YC）对这家初创公司进行了投资。3个月后，企业搬到了硅谷，与YC的专家开展密切合作，以方便他们评估企业所具有的潜力。在正式提出爱彼迎这个名称之前，实验周期在演示日（Demo day）达到高潮。在该演示日，这家初创公司向精心挑选的受邀者展示自己的新名称。名称的改变意味着该

[①] 爱彼迎于2015年宣布进入中国市场，于2017年推出"爱彼迎"这一品牌中文名称。尽管其国外业务发展迅速，但在中国大陆市场，由于本土化问题、市场竞争激烈、频繁更换负责人等原因，爱彼迎一直未能得到快速发展。截至2021年，中国大陆的住宿和体验预订只占爱彼迎全球业务收入的1%左右。爱彼迎中国于2022年7月30日退出中国大陆市场。
——译者注

企业提供的空余房间共享服务范围从最早的"气垫床"扩大到了私人公寓、整栋房屋及其他任何类型的房产。2010年6月，创始人的LOFT公寓成为企业的办公室。2009年，该企业已经拥有15名员工，2010年预订量比前一年增加了800%，共在89个国家和地区开展业务。2011年，它成为美国最重要的公司之一，并获得了Andreessen Horowitz、Digital Sky Technologies、General Catalyst Partners、Jeff Bezos、Ashton Kutcher等主要投资者的进一步融资。从各个角度来看，爱彼迎都出现了指数级增长。爱彼迎明智地将21世纪的数字革命与以适中价格提供简单住宿的需求结合起来，并允许人们在日益社会化和全球化的环境中创建用户社区。

爱彼迎的生态系统存在两类参与者。一类是寻求比酒店住宿更便宜、更具社会性的代替方案的租客；另一类是寻求将空房间租出来以赚取合理利润的房东。

租客选择爱彼迎满足住宿需求。从经济角度来看，相比于酒店，爱彼迎更加便宜；从社会角度来看，这种类型的共享住宿也已经成为爱彼迎的强项之一，这也是那些想要获得不同于传统酒店系统体验的租客选择爱彼迎的理由。我们发现，在平台上注册的房东也有相同的需求——他们也想结交新朋友。

房东是那些提供空房间并希望赚取利润的人。为此，他们可以在门户网站上上传自己的房产照片，增添详细的信息并设定租赁条件。租客可以根据他们的目的地和网站上的房源，选择他们想要租住的空间。爱彼迎还在世界各大城市拥有一个庞大的自由摄影师网络，他们会为房东上传的房产拍照。

爱彼迎为用户提供全天候支持服务。此外，该服务还提供促销和忠诚度计划，以及针对社交平台的服务，以吸引新用户。

积极的价值主张会影响爱彼迎的两类用户。对于租客来说，使用App寻找房源更方便快捷，而且房租比酒店低得多。根据爱彼迎的联合创始人之一Brian Chesky的说法，使用该服务不仅是简单地租住了一个房间，更是接受了一种对社区的归属感。网站上的每一项内容都有助于在用户之间建立联系和归属感，如邻里指南、对旅客十分有用的旅游指南，以及爱彼迎上由不同旅行者拍摄的合辑视频。另一个积极的价值主张是个性化，租客只需要在网站上输入个人偏好，就可以找到一个符合自身需求的房间或公寓。

对于房东来说，爱彼迎提供了通过出租房间或整个公寓来赚钱的机会，同时还为他们提供房屋保险。此外，爱彼迎还有一个供双方参与的评估系统，有助于提高服务的整体质量。

爱彼迎的主要合作伙伴，除了客人和房东，还有地区房地产中介，他们可以将自己的房产出租以获得额外收入；IT服务提供商（网页设计师、托管公司）；当地摄影师，负责在爱彼迎主页上视觉化呈现每个房间的独特之处；地方政府，用于购买广告空间；付费服务提供商；当地清洁机构；投资者。目前，爱彼迎已经通过融资累计筹集了40亿美元。

爱彼迎拥有一个庞大的房东网络，因此无论什么样的租客都能找到满意的房源。企业所依赖的其他资源是能够保持网站稳定和易于使用的网络技术专家，能通过广告展现爱彼迎时尚、直观形象的创造性人力资本，以及简单快捷的支付系统。

爱彼迎的关键活动包括线上和线下的广告、营销活动、网络平台维护（包括网站和App）、用户关系和当地活动的各种赞助。

使用爱彼迎并与他人共享住宿空间，可以减少水和能源的浪费。2016年，在北美和欧洲选择爱彼迎而不是酒店的游客，节省的能源相当于约90万户家庭一年使用的能源，相当于10800个奥林匹克游泳池的水资源，相当于减少了180万辆汽车的尾气排放。

爱彼迎的主要目标是扩大其市场领导地位，这正是优步在城市交通领域试图做到的。

爱彼迎从房东和租客那里都抽取了分成。爱彼迎会收取房东预订费用的3%作为服务费，租客通常还需再多支付6%~12%的费用。

爱彼迎的成本主要包括：与在线支付企业的结算费用、在线平台的开发和维护费用、企业向房东提供的保险费用等。此外，该业务严重依赖人力资源——爱彼迎需要留住那些极富创造力的人才以维持其成功。最后，爱彼迎还承担了大量线上和线下广告活动（如广告牌）以及活动赞助的成本。

爱彼迎的商业模式与优步非常相似，特别是它的财富建立在一个技术非常先进和直观的平台，以及铺天盖地的营销和广告上。

（以上信息和数据来自爱彼迎公司网站。）

本章小结

» 产品服务系统是企业实施服务化战略的完整商业模式。

» 商业模式画布是一个有用的框架，它将商业模式分解为九个要素模块。

» 可以采用商业模式流程创新框架（BMPI）来支持商业模式的设计和实施流程。

» PSS在其定义中引入了从不同角度影响和改变传统商业模式的各种要素。

» PSS带来了商业模式重心的转移，从产品转向"超越"产品的服务能力。

» 基于PSS的商业模式由六个关键要素组成：产品设计、价值共创、与合作伙伴功能集成、服务化程度、售前和售后价值沟通，以及客户承诺和客户保留。

» 基于PSS的商业模式的关键要素可以通过不同的方式进行交互，以产生新的服务提供。

原版书参考资料

F. Adrodegari, N. Saccani, M. Perona, A. Agirregomezkorta, Business model innovation: a process model and toolset for servitizing industrial firms, in *Practices and Tools for Servitization—Managing Service Transition*, ed. by M. Kohtamaki, et al. (Palgrave MacMillan, Cham, 2018), pp. 309–321

R.H. Amit, C. Zott, *Business Model Innovation: Creating Value in Times of Change*. SSRN eLibrary (2010)

A. Annarelli, C. Battistella, F. Nonino, Product service system: a conceptual framework from a systematic review. J. Clean. Prod. **139**, 1011–1032 (2016)

C.M. Armstrong, K. Ninimaaki, S. Kujala, E. Karell, C. Lang, Sustainable product-service systems for clothing: exploring consumer perceptions of consumption alternatives in Finland. J. Clean. Prod. **97**, 30–39 (2015)

T. Baines, H.W. Lightfoot, Servitization of the manufacturing firm. Int. J. Oper. Prod. Manag. **34**(1), 2–35 (2013)

T.S. Baines, H. Lightfoot, E. Steve, A. Neely, R. Greenough, J. Peppard, R. Roy, E. Shehab, A. Braganza, A. Tiwari, J. Alcock, J. Angus, M. Bastl, A. Cousens, P. Irving, M. Johnson, J. Kingston, H. Lockett, V. Martinez, P. Michele, D. Tranfield, I. Walton, H. Wilson, State-of-the-art in product-service systems. Proc. Inst. Mech. Eng. Part B J. Eng. Manuf. **221**(1), 1543–1552 (2007)

A.P.B. Barquet, M.G. de Oliveira, C.R. Amigo, V.P. Cunha, H. Rozenfeld, Employing the business model concept to support the adoption of product-service systems (PSS). Ind. Mark. Manage. **42**(5), 693–704 (2013)

K. Boyer, R. Hallowell, A. Roth, E-services: operating strategy—a case study and a method for analyzing operational benefits. J. Oper. Manag. **20**(2), 175–188 (2003)

J. Cenamor, D. Rönnberg Sjödin, V. Parida, Adopting a platform approach in servitization: leveraging the value of digitalization. Int. J. Prod. Econ. **192**, 54–65 (2017)

H. Chesbrough, Business model innovation: opportunities and barriers. Long Range Plan. **43**(2–3), 354–363 (2010)

M. Cook, T.A. Bhamra, M. Lemon, The transfer and application of product service systems: from academia to UK manufacturing firms. J. Clean. Prod. **14**, 1455–1465 (2006)

J. Gao, Y. Yao, V.C.Y. Zhu, L. Sun, L. Lin, Service-oriented manufacturing: a new product pattern and manufacturing paradigm. J. Intell. Manuf. **22**(3), 435–446 (2011)

B.J. Gilmore, J.H. Pine, The four faces of mass-customization. Harvard Bus. Rev. **75**(1), 91–101 (1997).

C. Grönroos, P. Voima, Critical service logic: making sense of value creation and co-creation. J. Acad. Mark. Sci. **41**(2), 133–150 (2013)

G.T. Gundlach, P.E. Murphy, Ethical and legal foundations of relational marketing exchanges. J. Mark. **57**(4), 35–46 (1993).

D. Kindström, C. Kowalkowski, Development of industrial service offerings: a process framework. J. Serv. Manage. **20**(2), 156–172 (2009)

D. Kindström, C. Kowalkowski, Service innovation in productcentric firms: a multidimensional business model perspective. J. Bus. Ind. Market. **29**(2), 96–111 (2014)

D.M. Lambert, M.A. Emmelhainz, J.T. Gardenr, Developing and implementing supply chain partnerships. Int. J. Logist. Manag. **7**(2), 1–17 (1996)

J. Lee, M. AbuAli, Innovative product advanced service systems (I-PASS): methodology, tools, and applications for dominant service design. Int. J. Adv. Manuf. Technol. **52**, 1161–1173 (2011)

S. Lenka, V. Parida, J. Wincent, Digitalization capabilities as enablers of value co-creation in servitizing firms. Psychol. Mark. **34**(1), 92–100 (2017)

C. Lerch, M. Gotsch, Digitalized product-service systems in manufacturing firms: a case study analysis. Res. Technol. Manage. **58**(5), 45–52 (2015)

V. Martinez, M. Bastl, J. Kingston, S. Evans, Challenges in transforming manufacturing organisations into product-service providers. J. Manuf. Technol. Manage. **21**(4), 449–469 (2010)

O. Mont, Clarifying the concept of product-service system. J. Clean. Prod. **10**, 237–245 (2002)

A. Osterwalder, The business model ontology—a proposition in a design science approach. Ph.D. thesis (2004). Available at: http://www.hec.unil.ch/aosterwa/PhD/Osterwalder_PhD_BM_Ontology.pdf

A. Osterwalder, Y. Pigneur, *Business Model Generation: A Handbook for Visionaries, Game Changers, and Challengers* (Wiley, Hoboken, NJ, 2010)

M. E. Porter, J. E. Heppelmann, How smart, connected products are transforming competition, in *Harvard Business Review*, vol. 92 (2014)

W. Reim, V. Parida, D. Örtqvist, Product-service systems (PSS) business models and tactics—a systematic literature review. J. Cleaner Prod. **97**, 61–75

D.J. Teece, Business models, business strategy and innovation. Long Range Plan. **43**(2–3), 172–194 (2010)

A. Tukker, Eight types of product-service system: eight ways to sustainability? Experience from SusProNet. Bus. Strategy Environ. **13**, 246–260 (2004)

W. Ulaga, W.J. Reinartz, Hybrid offerings: how manufacturing firms combine goods and services successfully. J. Mark. **75**(6), 5–23 (2011)

R. Wise, P. Baumgartner, Go downstream: the new profit imperative in manufacturing. Harvard Bus. Rev. **77**(5), 133–141 (1999)

附录 A

服务型制造相关概念的本体论和认识论解读[①]

[①] 本部分内容原为英文版中第一章第一节中的一部分（卡片），鉴于其内容较为晦涩，为便于中文版正文行文，译者将其改为全书附录。——译者注

本附录从本体论和认识论的视角来辨析学者们已经提出的若干服务型制造相关概念。

本体论基于两种不同的假设：(1) 现实主义、客观主义假设：像"组织"这样的现象独立于我们的感知或认知结构。(2) 理想主义、主观主义假设：社会现实是我们意识和认知的创造或投射。

认识论基于我们构建现实的方式和我们赋予外部事件意义的方式。因此，可对认识论进行如下区分：(1) 认识论的客观性——我们仅通过直接的感官体验来感受世界，所以我们只关注事实；"真实"基于表现绩效和质量的数据、财务和会计的数字和图表、描述商业计划的战略文件，以及从统计数据中推断出的绩效预测。(2) 认识论的主观性——人们通过自己赋予自身所在世界的意义来理解社会世界；在组织情境下，人们关注文本形成背后的社会过程，这会激励人们继续从事他们的工作。

通过这些理论视角，我们可以对附录图中所展现的术语——产品服务系统及其近义词进行有意义的分析。

首次引入PSS这一术语的文献是Goedkoop等（1999），他们对本体论有着明确的理想主义、主观主义看法。例如，他们说："经济增长与感知价值创造有关，而并不一定与经济流通中的物质或产品相关。"另一方面，认识论观点既包含主观主义元素，又包含客观主义元素。主观主义元素主要与可持续发展性的社会维度相关，来自对消费方式（consumption schemes）的反思，以及消费方式如何受到PSS的影响。与此同时，在经济方面还存在着认识论客观主义元素，明确地表明有必要进行经济评估和PSS实施的可行性评估。因此，可将Goedkoop等（1999）的论文归类为解释主义论文。

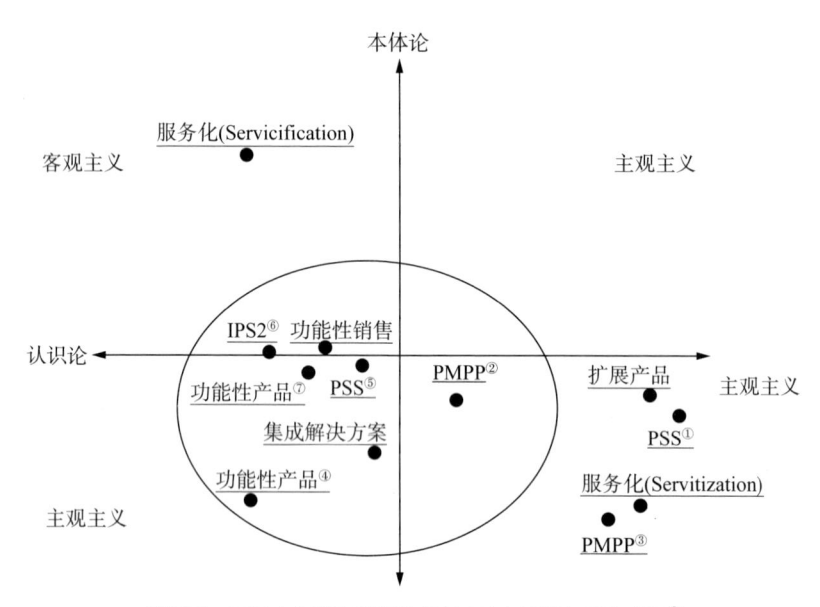

附录图 不同本体论和认识论观点下的产品服务系统术语①

产品服务系统（Product Service System）——PSS

Mont（2002）的论文体现了本体论现实主义、客观主义观点。Mont 强调了服务业、服务经济的客观主义和可量化本质。在 Goedkoop 等

---

① Mont（2002）中提及的 PSS。本体论方面有着明确的现实主义、客观主义倾向，认识论方面则偏向于主观主义倾向。——译者注
② Umeda 等（2000）提出的后大规模生产范式（Post mass production paradigm, PMPP），本体论在体现主观主义的同时，存在一些客观主义观点，认识论则表现出明显的主观主义倾向。——译者注
③ Tomiyama（1997）提出的后大规模生产范式（Post mass production paradigm, PMPP），即对研究的本体论和认识论方面进行主义感知，本体论和认识论均表现出明显的主观主义倾向。——译者注
④ 功能性产品不同于 Alonso-Rasgado 等（2004）与 Lindström 等（2012）所提的。此时，本体论表现出明显的主观主义倾向，认识论表现出明显的客观主义倾向。——译者注
⑤ Goedkoop 等（1999）的论文中提及的 PSS 的特征。本体论有着明确的理想主义、主观主义看法；认识论观点介于客观主义和主观主义之间。——译者注
⑥ IPS2，Industrial Product Service System，工业产品服务系统。——译者注
⑦ Alonso-Rasgado 等（2004）与 Lindström 等（2012）提及的功能性产品的特征，他们的文章呈现出强烈的本体论客观主义倾向，认识论则介于主观主义与客观主义之间。——译者注

（1999）的论文中，认识论观点介于客观主义和主观主义之间。在这种情况下，认识论客观主义元素侧重于可持续发展性的环境、社会方面，强调需要对去物质化及其对物料流通产生的影响进行明确评估，从而对物料负担的减轻、环境影响的降低、消费效率和生产效率的提升进行评估。认识论主观主义元素侧重于对产品附加值本质的反思（相较于PSS的传统供应）。因此，可将Mont（2002）的论文归类为实用主义[①]论文。

（基于本体论的）服务型制造和服务化（Servitization）——（基于认识论的）服务型制造和服务化（Servicification）

Vandermerwe和Rada（1988）在论文中首次引入了（基于本体论的）服务化（Servitization）一词。他们的论文是一篇鲜明的后现代主义[②]论文——体现了强烈的本体论主观主义，指出了服务化（Servitization）定义并对服务业的性质及其"新角色"进行了反思。关于本体论，论文的方法论中出现了一个鲜明的认识论主观主义立场：实际上，这篇论文的研究基于对服务业和制造企业高管的采访，目的是强调"在企业战略中，服务变得日益重要"。

Lodefalk（2010）在论文中引入了（基于认识论的）服务化（Servicification）一词，从本体论和认识论的角度来看，他的论文显示出强烈的客观主义性质。这就是为什么将该文归类为实证主义[③]。Lodefalk认为，国家与企业的边界不太相关，每个组织都可以选择在国内或国外实行垂直整合或专业化，并概述了四种不同的战略。这种贴近现实的分类揭示了一种趋势，即通过量化、离散的数据对现实进行分类和描述，这是一种典型的本体论客观主义观点。在认识论方面，该文侧重于使用微观层面

[①] 实用主义重在强调经验的重要性，主张经验来自个体对现实生活的参与。——译者注
[②] 前现代主义观点仅仅接受一个现实，个人的经验无关紧要，也不能改变现实；现代主义观点认为有一个客观现实，但是，人们对其有不同的经验，客观现实和主观经验能够并存；后现代主义观点认为没有客观事实，只有现实的印象或主管经验，并且可以将其视为现实或真理。——译者注
[③] 实证主义相信外在世界存在，而且人的思想及意志与世界分开，个人是可以使用正确的方法客观地找到真相的。——译者注

的数据对工业化国家情境下的服务化（Servicification）进行分析。这篇论文旨在通过定量的方法对研究活动中遇到的服务进行描述与分类。

产业产品服务系统（Industrial Product Service System—IPS2）

Meier等（2010）的论文以实用主义的观点，引入了产业产品服务系统（Industrial Product Service System—IPS2）这一术语。这篇论文从一个意味深长的陈述开始："世界正在改变，工业化国家面临着向服务型社会转型的结构性变化。"为了支撑这一论点，作者提供了一些事实证据：2005年，美国服务业占GDP的比重为76%，德国为70%，日本为69%，从而从本体论角度揭示了一种客观主义方法。这篇论文通过一系列主观主义的思考，呈现和描述B2B服务化环境，如"工业的产品服务系统商业模式需要从销售产品向销售功能转型"，以及明确地描述这一情况的统计数据和案例研究。这篇论文的重点是为产业产品服务系统商业模式提供一个框架，该框架呈现出了数量考量和质量考虑的有趣结合。我们将这篇论文定位在认识论主观主义和客观主义之间。

后大规模生产范式（Post Mass Production Paradigm—PMPP）

Tomiyama（1997）的文章引入了后大规模生产范式（Post mass production paradigm，PMPP）这一术语。该文体现了一种明确的倾向，即对研究的本体论和认识论方面进行主观主义感知，因此，我们将该文归类为后现代主义论文。该文开始将大规模生产和大规模消费模式视为"现代罪恶"（modern evils），因为其中的一些方面与市场饱和和自然资源无节制使用相关。Tomiyama认为："当技术进步遇到自然、社会、人力资源的限制时，现代罪恶便会出现。"他还提到，可以通过重新考虑当前（指1997年）经济活动的模式，减少生产和消费的数量，将生产和消费数量与"自然、社会和人力资源约束"相平衡，从而达到一种"适当的、可管理的规模"，进而缓解这一问题。他认为，可以通过后大规模生产范式实现经济增长与资源、能源消耗和废物产生的解耦，旨在从数量上的充足供应向质量上的充分满足转型，表现出强烈的本体论主观主义立场。论文还通过一系列聚焦于制造企业服务范围扩展的定性特征的观点，来解释这一新范式的转型，以实现可持续生产和消费的目标。这篇论文的分析主要是定性的，因此，我们将这篇论文归类为认识论主观主义。

Umeda 等（2000）的论文同样涉及了后大规模生产范式（PMPP），论文开头重提了与Tomiyama（1997）论文中相同的有关大规模生产和消费的思考，以及根据后大规模生产范式重新配置当前（指2000年）商业模式的需要。然而，该文也强调了产品、服务、生命周期设计的结构变化的需要，这在实现环境–社会可持续发展目标中起着核心作用。与上述论文（Tomiyama, 1997）一样，这篇论文对生产和消费的可持续发展性主题表现出强烈的本体论主观主义，但同时存在一些客观主义观点。在认识论方面，本论文提出了一种"建立可持续闭环产品生命周期的生命周期设计方法"（methodology for the life-cycle design to establish sustainable closed-loop product life cycles）。该方法从环境意识和经济效益的综合视角，对产品生命周期进行了评估，并加以优化。该文还通过一个案例研究讨论了该方法的可行性和优越性。综上所述，我们可以将该文归类为解释主义[1]和传统主义[2]之间的一种中庸方式。

功能性销售（Functional Sale）

Sundin 和 Bras（2005）的论文采用了功能性销售（Functional Sale）这一术语，该论文同样具有一些实用主义特征，我们将其归类为实证主义。这篇论文从不可持续的生产和消费模式对环境产生的影响出发，强调基于闭环物质流（closed-loop material flows）的可持续发展的必要

---

[1] 解释主义主张人类对世界的体验并不是对外界物质世界的被动感知与接受，而是主动的认识与解释。解释主义的本体论基础是视现实世界为人类对于不同行为与状况的解释的产物，即现实世界的真相是由人的思想主观构建出来的，而不是客观且唯一的。解释主义的认识论主张对于复杂世界的认知是通过研究生活在这个世界中的人群的经验以及观点而实现的，研究者应该深入现实生活去领会并且通过科学化的手段及语言去解释并重建这些概念与含义。——译者注

[2] 传统主义是一种盛行于19世纪的神哲学学说，强调人们对于世界的认识基于口传、语言、教育中传递下来的社会"传统"，否认人们认识世界的能动性，从而形成形而上的认知。——译者注

性，指出可以通过"更高程度的产品回收"来实现这一目标，如产品再制造。打造闭环物质流的另一种方法是专注于功能性销售，而不是出售实体产品。此外，"本研究不包括产品再制造是否会对环境产生正面或负面影响，因此，本文侧重于再制造的技术和经济两个方面"。因此，即使该文从与 Tomiyama（1997）和 Umeda 等（2000）相同的思考出发，它也从更加客观的本体论角度来考虑环境问题。我们可以从以下的摘录中找到客观主义（但在某种程度上，也包括主观主义）认识论的元素："在当前的消费模式中，功能性销售的现象变得越来越普遍，并且它的出现主要由市场推动。"功能性销售非常注重如何满足客户需求和创造客户价值。由提供功能的企业决定如何实现客户所购买的功能。在短租、租赁和功能性销售的情况下，提供商不再销售实体产品，而是与客户签订一份服务合同。

功能性产品（Functional Product）

Alonso-Rasgado 等（2004）的论文对于功能性（总代管，total care）产品的贡献，呈现出一种强烈的客观主义倾向。论文从定义和问题表述开始，并以明确的"实用意图"直入主题。该文侧重于"在功能性产品背景下的服务设计，并通过示例提出建议"。Alonso-Rasgado 强调功能性产品的长期性，以及提供商"与客户建立密切业务关系"的必要性，以便更好地设计整个硬件和服务系统，从而最高程度地满足客户需要。（这是客观主义和主观主义认识论主张）此外，更多体现本体论客观主义倾向的元素，我们可以从以下内容中找到："功能性产品存在一些关键性的优势。对于客户来说，功能性产品使客户以最低的资本支出获得有保证的可用性，从而可以提供持续竞争的产品。对于提供商来说，功能性产品为其提供了开发更多知识、平滑现金流和保持长期业务稳定性的机会。"上面提到的摘录显然表明了该文的实用性，或者更确切地说，是实用主义的倾向。确实，由于其本体论客观主义的商业看法，以及主观主义与客观主义相结合的认识论观点，我们将这篇论文归类为实用主义论文。

就像上述Alonso-Rasgado等（2004）的这篇论文那样，Lindström等（2012）的论文对功能性产品及其规划、开发和管理的相关议题，提出了清晰的实用性观点。该文的引言清晰地呈现出一种客观主义本体论视角。该文侧重于功能性产品的开发过程。更确切地说，基于"半结构化和开放式访谈"的研究，论文提出了功能性产品的开发过程概念。此外，"在功能性产品的开发情境中，通过开发硬件、软件、服务支持系统和运营管理来实现一项功能，需要做出大量的决策，管理这样一个开发项目可能会十分复杂。鉴于这种复杂性，开发功能性产品可能需要所有组件的开发保持良好的集成和协调"。从中可以体现，有几种元素与本体论客观主义及认识论客观主义和主观主义相联系，我们认为该文属于实用主义论文。

扩展产品（Extended Product）

Thoben等（2001）引入了扩展产品（Extended Product）这一术语。他们首先对市场动态和竞争中发生的变化进行了思考，因为"先进的物流和运输系统使不同的国内和国际市场之间的联系更加紧密……CEO的工作主要是对像电子商务、移动商务这类技术策略或像股东价值这类财务策略的讨论，这些技术策略和财务策略对企业的敏捷性、灵活性和创新性产生巨大影响"。他们所谓的"产品扩展"对机会进行细分，以培育差异化：产品差异化是"基于产品的实体和集成服务的无形扩展"。通过这种方式，提供一种被称为扩展产品的实用包，可以更好地满足客户需求。差异化和竞争也不仅仅体现在产品的实体特征上。

扩展产品的定义必须考虑隐藏在消费者选择背后的两个基本概念：需求（demand）和要求（requirements）。"要求定义了什么是客户需要（needs），而需求则描述了满足要求的具体项目。"Thoben等（2001）的这篇论文的重点是提供扩展产品概念的定义和清晰的描述，即研究传统产品和扩展产品在不同方面的差异——产品的传统概念及其扩展产品的概念扩展，传统产品的生命周期阶段及其在扩展产品情况下的扩展等。最后，此文提出了一个分层模型来描述和表示扩展产品。这篇论文从本体论主观主义角度出发，深入探讨扩展产品的概念，以对其特征进行清晰的描述。该文从不同方面分析和比较传统产品和扩展产品的特点，提出了主观主义和客观主义的认识论议题。为此，我们将这篇论文归类为解释主义论文。

集成解决方案（Integrated Solution）

Davies（2004）的论文提出了集成解决方案（Integrated Solution）的概念[①]。在该文引言中，Davies表明，竞争优势不仅在于提供服务，而且在于服务与产品的有机结合，从而提供高价值的集成解决方案，以满足客户商业或运营的需求。高价值服务供应这种新趋势，激励着企业更新商业模式，并且为如何获得竞争优势提供了一种新思路："企业培育自身的'核心制造能力'，并将其与满足客户需求的高价值服务进行集成。"调查这些议题时，此文采用了案例研究方法，对五家国际公司进行为期三年的合作研究项目。Davies（2004）比较了为资本品和消费品提供的集成解决方案的差异，并详述了这种差异的重要性。由于其双重本体论的立场和鲜明的客观主义认识论主张，有所保留地说，我们将其归类为传统主义和实用主义之间的一种中庸方式。

综上，有些论文提及了相同的术语——如PSS——并表现出相同的认识论观点，但持有不同的本体论观点。与此同时，后大规模生产范式具有相同的本体论主观主义和认识论主观主义观点，但程度不同，如涉及功能性产品的论文就体现了本体论客观主义和认识论主观主义。

尽管术语（基于本体论的）服务型制造和服务化（Servitization）与（基于认识论的）服务型制造和服务化（Servicification）表面上看十分相似，但我们可以看到过去二十年间（1988—2010年）对这两个词不同的解释，这表明这两种术语的认识论观点及本体论观点完全相反。

与PSS相关的两篇基础文献（Goedkoop等，1999; Mont, 2002）有着

[①] 在《服务创新：对技术机会和市场需求的组织响应》（乔·迪德，福兰克·赫尔编著，李靖华等译，知识产权出版社，2010）的第12章"企业移向'下游'高价值服务业了吗"中，Davies对集成解决方案有更为详细的描述。——译者注

相同的认识论观点，却存在着不同的本体论倾向。我们可以解释这种差异，因为 Goedkoop 等（1999）的这篇文献是由荷兰经济事务和环境部（Dutch Ministries of Economic Affairs and Environment）委托实践者（为 PWC 工作）所写的一份报告，而 Mont（2002）的文章是一篇学术性论文。这一事实可以解释研究工作潜在的不同观点，我们可以将关注本体论方面的 Goedkoop 等（1999）所做的报告视为一种特例。

关于后大规模生产范式的论文（Tomiyama, 1997; Umeda 等，2000）间的差异可能存在以下原因：Tomiyama（1997）的论文是这一研究议题的先驱，并将自己放在了一个先入为主的位置上。与该时期的研究相比，Umeda 等（2000）的论文则定位于一个更加成熟的研究领域。

涉及功能性产品的论文仅在认识论方面表现出一些细微的差异，这可能是由作者的不同观点引起的。

我们将许多论文定位于实用主义研究流派之内或者附近，它们中的大多数表现出了相同的本体论客观主义和认识论主观主义倾向。

这一群体中存在的细微差异，可能源自众多作者来自不同的研究领域（如工程和设计，市场营销，信息技术，商业、管理和会计等）。

所以，正如涉及经济学和商业的大量文章所预测的那样，绝大多数关于（基于本体论的）服务型制造和服务化（Servitization）的论文具有客观主义本体论观点，但也存在主观主义认识论观点。这可能是由于 PSS 非常关注客户的需求和偏好，以及功能的实现，这些特征意味着需要从更加主观的角度重新思考整个 PSS 商业模式。

原版书参考资料

T. Alonso-Rasgado, G. Thompson, B.O. Elfström, The design of functional (total care) products. Journal of Engineering Design. **15**(6), 515−540 (2004)

A. Davies, Moving base into high-value integrated solutions: A value stream approach. Industrial and Corporate Change. **13**(5), 727−756 (2004)

M.J. Goedkoop, C.J.G. van Halen, H.R.M. te Riele, P .J.M. Rommens, Product service systems, ecological and economic basics. Report for the Dutch ministries of Economic Affairs and of Environment (1999)

J. Lindström, M. Löfstrand, M. Karlberg, L. Karlsson, A development process for functional products: Hardware, software, service support system and management of operation. International Journal of Product Development. **16**(3–4), 284–303 (2012)

M. Lodefalk, Servicification of manufacturing—Evidence from Swedish firm and enterprise group level data. Working Paper, Swedish Business School at Örebro University (2010)

H. Meier, R. Roy, G. Seliger, Industrial product-service system—IPS2. CIRP Annals - Manufacturing Technology. **59**, 607–627 (2010)

O. Mont, Clarifying the concept of product-service system. Journal of Cleaner Production. **10**, 237–245 (2002)

E. Sundin, B. Bras, Making functional sales environmentally and economically beneficial through product remanufacturing. Journal of Cleaner Production. **13**, 913–925 (2005)

K.D. Thoben, J. Eschenbächer, H. Jagdev, Extended products: Evolving traditional product concepts, in 7th International Conference on Concurrent Enterprising, vol. **7** (2001), pp. 429–439

T. Tomiyama, A manufacturing paradigm toward the 21st century. Integrated Computer-Aided Engineering. **4**(3), 159–178 (1997)

Y. Umeda, A. Nonomura, T. Tomiyama, Study on life-cycle design for the post mass production paradigm. Artificial Intelligence for Engineering Design Analysis and Manufacturing. **14**, 149–161 (2000)

S. Vandermerwe, J. Rada, Servitization of business: Adding value by adding services. European Management Journal. **6**(4), 314–324 (1988)

附录 B
Appendix

词汇表

商业模式画布（Business model Canvas）

商业模式画布是为了对整个商业模式进行图形化表示和分析而开发的模型，分为九个关键模块：关键伙伴、核心资源、关键活动、价值主张、客户关系、分销渠道、客户细分、成本结构、收入结构（Osterwalder和Pigneur, 2010）。

循环经济（Circular economy）

循环经济是通过计划（intention）和设计而具有恢复性或再生性的产业经济（Ellen MacArthur Foundation, 2013）。这一理念旨在实施以设计、维护、维修、再利用、再制造、翻新和回收为重点的可持续发展实践。与传统线性的"生产—消费—废弃"方法相比，该方法通过关闭或收窄物质和能源的循环来减少资源投入、能源排放和泄漏浪费（Geissdorfer等，2017）。

协同消费（Collaborative consumption）

根据Botsman和Rogers于2010年提出的定义，协同消费是一种基于获得商品而非独占商品的文化经济模式，通过技术和点对点的方式，重塑了传统的共享、出借、交易、出租、捐赠、交换等概念。

竞争优势（Competitive advantage）

竞争优势最初由波特（Porter, 1985）定义，是指一种或一系列允许一家企业超越其竞争对手的特性。

竞争战略（Competitive strategy）

竞争战略是一种旨在获取长期发展、构建竞争优势的行动计划。

成本领先战略（Cost leadership strategy）

成本领先战略是一种竞争战略，其目标是在给定的产业内获得最低的成本，从而能够给出比竞争对手更低的价格，以吸引更多的顾客。一家企业要施行这一战略，就必须在降低成本的同时保持产品的特性，而这种特性是顾客认为必不可少的。成本优势的获取需要建立在对竞争对手而言难以复制或复制成本高昂的要素的基础上。

差异化战略（Differentiation strategy）

差异化战略是一种竞争战略，目的是在市场上提出一种具有特色的产品或服务，使其具有独特性和不可模仿性，从而阻止竞争对手提出同样的最终商品。有时，差异化就在于提供市场尚未提供的产品、服务；另一方面，它可以被简单地看作是客户通过适当的营销活动而产生的不同看法。

数字驱动产业（Digital-driven industries）

数字驱动产业是指企业的数字化转型（数字化）深刻地影响了企业及其所在市场的竞争性质的产业。

数字化（Digitalization）

数字化指企业业务的数字化变革，是一个在组织不同层次采用数字技术的过程。

经济附加值（Economic value added，EVA）

经济附加值（EVA）是衡量公司财务绩效的指标，是通过从经营利润中扣除资本成本，并进行纳税调整而确定的。它是一种综合的、有效的、表现公司真实经济利润的方式，也是公司产生利润和财富能力的体现。

扩展产品（Extended product）

扩展产品是Hirsch和Eschenbacher（2000）开发的一个术语，Thoben等（2001）进一步发展了这个术语，表明了通过增加额外服务来扩大和改善产品功能的一种方法。它是文献中PSS的主要同义词之一，即使它更像面向产品的PSS。

功能性产品（Functional product）

功能性产品表示"一个由硬件和支持服务所组成的集成系统"（Alonso-Rasgado等，2004），其中服务是为了产品的功能提供支持。功能性产品的服务不仅包含维护，还包括决策和运营规划、再制造和培训（education），目的是向客户提供功能而非产品本身。

功能性销售（Functional sale）

功能性销售是指并不将产品销售给客户，而是提供商与客户或客户之间签订使用合同的一种提供模式。该合同类似于出租（renting）或租赁（leasing）[①]合同。因为它的重点（如术语所示）是提供功能，而不是产品或实物组件。如果（event if）与功能性产品的概念一样，它更类似于面向使用的PSS，那么它就是PSS同义词之一。

产业PSS（Industrial PSS，IPS2）

产业PSS（IPS2）是B2B情境下的一种知识密集型社会技术系统。其集成性活动的特征是规划、开发、提供和使用包括软件组件在内的一系列产品和服务（Meier等，2003, 2010）。

集成解决方案（Integrated solution）

集成解决方案是PSS的同义词，由Davies于2004年提出，是为根据

[①] lease是租赁的意思，rent是简单意义上的出租。宽泛点讲，lease是长期的、更正规的，rent是短期的。

比如，很多美国人并不选择购买汽车，而是选择租赁（lease），一般租赁期限是五年，租赁来的车都是新车，租车人每年支付两三千美元的租赁费用，因为车子的所有权还属于租赁公司，所以五年后租车人需要把车子还给租赁公司。这种方式比按揭贷款买车流行，因为同样可以开到新车，每年同样支付与按揭贷款差不多的费用，但车子用了五年之后还给公司，规避了之后的维修费用（汽车用久了一般都会出现这样那样的问题，需要不断维修）。

这种方式也比直接买二手车好，因为二手车有很多不确定因素，可能开不久就要维修了。汽车还给租赁公司之后，租赁公司把这些用了五年的汽车进行再利用，比如租给出租车公司或租给需要二手车的公司、学校等。这样其实是更有效地合理利用了资源和资金。

一般来说在租赁期间正常使用造成的保养费用（如汽车保养、定期更换零部件的费用），由租赁公司承担；如果是事故造成的维修费用，则由汽车保险公司承担。如果是人为原因造成的维修费用，就由租车人承担。如果有纠纷，就诉诸法律。

而租车（rent a car）一般是短期的，比如从纽约飞到西雅图，下了飞机，就可以到机场的汽车出租公司，按天短租一辆汽车。普通的车型一天的租金可能只要50美元甚至更便宜，再按天数支付一些保险费。把车租走的时候一般车子里的油是满的，还车的时候再把油加满就可以了。——译者注

特定客户需求量身定制的产品和服务的组合。在这个概念中，焦点更多地转向能够提供有效竞争优势的集成元素，而不仅仅是产品和服务的简单组合。

市场细分（Market segmentation）

市场细分是指将一个市场或一个广泛的客户群体划分成一个个较小的群体（称为细分群体），再根据特定细分群体的某些特征来确定特定的客户群体的过程。这些特征可能是共同利益、共同需求、相似的生活方式或人口统计学特征。

大规模定制（Mass customization）

大规模定制是指通过产品重组和过程重组，运用现代信息技术、柔性制造技术等，把定制产品的生产问题转化或部分转化为规模生产问题，以大规模生产的成本和速度，为单个客户或小规模多品种市场定制任意数量的产品。从本质上讲，大规模定制是两种相冲突范式的综合，即个性化定制产品的大规模生产，用定制的灵活性来满足特定客户的需求，用大规模生产来实现低成本和易换性。

净现值（Net present value，NPV）

净现值是当前现金流量和未来现金流量的实际总和，它提供了一个综合价值，用以表示特定产品、提供、战略在可能持续数年的时间窗口内创造价值的能力。

利基战略（Niche strategy）

利基战略是一种竞争战略，正如名字本身所暗示的那样，它着眼于特定的客户群体。它可以是一种以成本为导向的策略，以最低的价格提供一种产品，旨在服务于一个有限的消费者圈子；也可以追求差异化，从而以更高的价格提供产品，但同时，也可以为特定的客户标准定制产品。

运营管理（Operations management）

运营管理涉及企业内部生产过程的设计和控制，以及业务运营的设计（及最终的重新设计）。运营管理必须确保业务运作的有效性和高效率：通过管理整个生产系统，在满足客户需求（有效性）的同时，尽可能地少使用资源（提升效率）。

运营战略（Operations strategy）

运营战略是通过对生产过程和相关基础设施的支持，详细说明资源将如何分配以达到战略目标的战略计划。运营战略可以被看作是高层战略与运营管理的连接点。

路径依赖（Path dependence）

路径依赖是指组织过去的选择对现在和将来所产生的作用及影响，如同物理学中的"惯性"，带有历史的印记，触发这种"惯性"产生的基础性因素为该路径依赖形成的初始条件。

后大规模生产范式（Post mass production paradigm）

后大规模生产范式是"一个能够鼓励和维持经济增长而不依赖于大批量生产和消费的经济活动体系"（Tomiyama, 1997）。

产品服务系统（Product-service system）

产品服务系统是一种商业模式，侧重于提供一套可销售的产品和服务，旨在实现经济、社会和环境上的可持续性，最终满足客户的需求（Annarelli等，2016）。

产品导向的 PSS（Product-oriented PSS）

在 Tukker（2004）提出的 PSS 中，产品导向的 PSS 是第一类，也是最简单的一类。这类 PSS 的侧重点在产品"销售"上，额外服务的供应在产品–服务包的提供中被视为附加的。

产品–服务连续统一体（Product-service continuum）

产品–服务连续统一体是服务化在产品与服务结合方面提供的无数机会的理想表征。"连续体"一词在这个意义上被用作离散的对立面，恰恰是为了传达这个概念。在一个极端，存在着纯粹的产品；在另一个极端，存在着纯粹的服务；而在中间，源于产品与服务的融合，存在着无限组可以开发和实施的可能的产品-服务提供。

结果导向的 PSS（Result-oriented PSS）

结果导向的 PSS 是 Tukker（2004）提出的 PSS 中的第三类，也是最激进的一类。正如"结果"一词所凸显的，它集中于产品提供的最终结果。制造商和客户对交付的结果、产出、绩效达成一致意见，但对交付方式的规定较少。

服务化悖论（Service paradox）

服务化悖论是 Gebauer 等（2005）强调的一种令人困惑的现象。服务化的增加导致收入增加，但并不总是与利润增加相同步。正如在许多情况下所观察到的，提供服务往往意味着固定成本的增加，加上服务化的可拓展性差，可能会侵蚀大部分利润，使采用这种业务模式的绩效实际上适得其反。

制造服务化和服务化（Servitization）

制造服务化和服务化是指制造企业不再仅仅提供产品，而是以客户为中心，提供包括产品、服务、支持、自服务和知识在内的产品-服务包，并且服务逐渐占据产品-服务包的主导地位，成为价值增值的主要来源（Vandermerwe 和 Rada 1988）。

服务化价值修正系数（Servitization value correction coefficient，SVCC）

服务化价值修正系数（SVCC）是一个定量的估计指标，旨在为决策提供参考和支持，以评估和预测在 PSS 实施中产生具体和相关影响的非货币因素的战略价值。

共享经济（Sharing economy）

共享经济指通常是私人的用户之间存在资产或服务共享的经济系统。这些共享的产品可能由其中一个用户拥有，也可能由一个同时提供给不同用户的企业拥有。目前，该术语是一个内涵极其丰富的词，包含多个概念，以表达多种共享模式。

可持续发展（Sustainability）

经济背景下的可持续发展，是指在平衡变化的过程中协调投资、制度变迁、技术开发和资源开发的活动，目的在于保持并因此提高满足人类需求和雄心的潜力，而不仅仅是在经济意义上。的确，可持续发展具有三重性质，因为这一术语可以被分解到经济、环境和社会三个维度上，以追求不同的目标和结果。

可持续发展驱动的产业（Sustainability driven industries）

可持续发展驱动的产业用以表明对环境可持续发展的关注深刻地影响了企业及其所在市场的竞争性质。

使用导向的PSS（Use-oriented PSS）

使用导向的PSS是Tukker（2004）提出的PSS中的第二类。在这一类PSS中，企业注意力从出售产品转移到了给予其使用的机会上：这就根据租用或共享的不同形式，在有限的时间跨度内给予不同的客户对同一产品的访问权。

价值共创（Value co-creation）

价值共创是指客户可能与企业一起积极参与价值创造的具体过程，例如，参与产品的设计阶段，或参与生产、组装、交付、安装阶段。